59 Tricks eines Vermieters in Luxemburg

Plus 8 Tricks eines vereidigten Gutachters

Nach wahren Begebenheiten

von Klaus Mieter

1. Auflage Dezember 2021

Für eine erste Orientierung finden Sie hier einen groben Leitfaden für dieses Buch.

Falsche und irreführende Angaben in Vermietungsanzeigen.

Das Erstbegehungsprotokoll (État des lieux d'entrée), der Mietvertrag.

Energiepass, Reparaturen, Ersatz defekter Geräte, kaputter Balkon etc.

Das Verfahren der Festlegung der Miete.

Die Auswechslung des vereidigten Gutachters.

Das Begehungsprotokoll bei der Rückgabe des Mietobjekts (État des lieux de sortie).

5 provozierte Klagen, 5 Gegenklagen, die Verbündeten des Vermieters.

5 Gerichtsverhandlungen beim luxemburgischen Friedensgericht.

Verfahrensspielchen und Psychospielchen des Vermieters.

Das Impressum ist bei den Haftungsausschlüssen.

Inhaltsverzeichnis

Die Hauptfigur

Die Hauptfigur in dieser Erzählung ist der Vermieter Vincent. Vincent war auch insofern die Hauptfigur, als dass man ihm Handlungen, Unterlassungen und Aussagen seines Maklers, seines Rechtsanwaltes und anderer seiner Erfüllungsgehilfen zurechnen kann.

Das Buch schildert nach wahren Begebenheiten die Geschichte eines Mietverhältnisses mit Vincent vom Anfang bis zum Ende. Innerhalb von wenigen Jahren provozierte der Vermieter 5 Gerichtsverhandlungen mit verschiedenen Themen und Schwerpunkten. Es waren also nicht nur die Tricks, die das Mietverhältnis spannend und unterhaltsam machen. Als ob die vielen Tricks von Vincent nicht genug wären, steuerte der vereidigte Gutachter Gustave noch einige Tricks bei. Ich empfand die Tricks, wie ein gut aufgefülltes Waffenarsenal. Das Buch ist zeitlos, da Mietgesetze und Mietrecht nicht oft geändert werden und somit alle Tricks weiterhin einsetzbar sind.

Vincent sah mit seiner Glatze, seiner Höckernase, seinem Ziegenbart, seinen Koteletten und seinem gedrungenen Körperbau irgendwie furchteinflößend aus. Furchteinflößend waren auch viele seiner Tricks und die unterstützenden Dienstleistungen seiner Verbündeten.

Die Tricks von Vincent werden in diesem Buch erklärt. Auch die unterstützenden Dienstleistungen seiner Verbündeten. Ferner wird dargelegt, wie Vincent Klagen provozierte, um anschließend zu versuchen, mit Gegenklagen Geld zu verdienen.

Vincent beauftragte seinen Rechtsanwalt mit Verfahrensspielchen beim Friedensgericht, um mich den Mieter zu zermürben.

Das luxemburgische Mietrecht ist wahrscheinlich eines der mieterfreundlichsten auf der Welt. Dennoch hat es einige Schwächen, die von einem Rechtsanwalt zu Lasten der Mieter gnadenlos ausgenutzt werden können. Dank seiner vielen Tricks und seiner Neigung Klagen zu provozieren, hat Vincent geholfen, diese Schwächen sichtbar zu machen. Wird auch nur eine dieser Schwächen von dem luxemburgischen

Gesetzgeber ausgemerzt, dient das nicht nur der Rechtshygiene, sondern auch der gesellschaftlichen Hygiene. Klare gesetzliche Regelungen im Mietrecht mit leicht verständlichen Texten verkleinern die Streitfläche. Das reduziert die Anzahl der Klagen. Das Friedensgericht wird entlastet. Soweit es keine klaren gesetzlichen Regelungen gibt, muss das Friedensgericht wie ein Lückenfüller arbeiten. Die Arbeit als Lückenfüller erhöht die Arbeitsbelastung des Friedensgerichts. Das Friedensgericht kann aber nicht beliebig zu Gunsten der Mieter improvisieren. Denn das Friedensgericht ist an die die Gesetze gebunden. Wegen der Gewaltenteilung darf sich das Friedensgericht nicht über das bestehende Mietrecht hinwegsetzen. Die Möglichkeiten des Friedensgerichts, Schwächen des luxemburgischen Mietrechts ausmerzen, sind also begrenzt. In vielen Fällen sind dem Friedensgericht die Hände gebunden.

Das Buch weist unter den Überschriften „Reformbedarf" und „Reformvorschlag" auf die Schwächen des luxemburgischen Mietrechts hin. Um eine Rechtsfortbildung zu Gunsten von Mietern und Mietinteressenten anzuregen. Die Figur des Vincent liefert mit seinen vielen Tricks die plakativen Beispiele dafür.

Obwohl das Buch einen breiten Einblick in das luxemburgische Mietrecht gewährt, ersetzt das Buch nicht die Beratung durch einen Rechtsanwalt, da der Autor kein Rechtsanwalt ist. Daher sind in dem Buch problembezogene Detailfragen enthalten, die Sie ggf. einem Rechtsanwalt für luxemburgisches Mietrecht stellen können.

Das luxemburgische und das deutsche Mietrecht haben viele Gemeinsamkeiten. Aber ein paar bemerkenswerte Unterschiede gibt es gleichwohl.

Die Studie des Observatoire de l'habitat und andere Quellen

Eine Studie des "Observatoire de l'habitat" weist darauf hin, dass die steigenden Immobilienpreise in erster Linie die Mieter belasten. Insbesondere die unteren Einkommensschichten sind betroffen. Bereits im Jahr 2019 gaben Neumieter 39,7 % ihres verfügbaren Einkommens fürs Wohnen aus. Die unteren Einkommensschichten mussten sogar 50 % ihres verfügbaren Einkommens im Jahr 2019 für Wohnen abzwacken. Laut dem Institut Eurostat waren im Jahr 2019 die Immobilienpreise in

Luxemburg mit 10,1 Prozent deutlich schneller gestiegen als im restlichen Europa. Die STATEC, das luxemburgische Institut für Statistik und Wirtschaftsstudien, meldete, dass im Jahr 2020 Neu- und Altbauwohnungen in Luxemburg im Jahr 2020 um 14,5 % teurer geworden sind.

Die Finanzbranche in London zählt fast 380.000 Beschäftigte. Wenn im Laufe der Zeit wegen des Brexits nur 1.000 gutverdienende Banker von London nach Luxemburg umziehen, bedeutet das im Zweifelsfall, das in Luxemburg zusätzlich 1.000 Häuser zum Mieten oder Kaufen nachgefragt werden.

Unabhängig vom Brexit wird damit gerechnet, dass die Einwohnerzahl von Luxemburg von heute circa 640.000 bis zum Jahr 2050 auf 1,1 Millionen hochschnellt.

- https://my-life.lu/de/vermietung-von-immobilien-in-luxemburg-10033/

Somit ist ein Ende der Preissteigerungen für Immobilien nicht in Sicht. Das sind schlechte Nachrichten für Mieter und Mietinteressenten. Das sind gute Nachrichten für Vermieter und Eigentümer, auch wenn der Zusammenhang zwischen steigenden Immobilienpreisen und steigenden Mietpreisen durch die luxemburgische Regierung unterbrochen war. Denn wegen der Coronakrise gab es ein befristetes Mieterhöhungsverbot. Laut der o. g. Quelle rund 30 % der luxemburgischen Bevölkerung Mieter. Der Anteil der Mieter wird in den folgenden Jahren steigen, da sich wegen der explodierenden Immobilienpreise immer weniger Menschen dem Kauf einer passenden Immobilie in Luxemburg leisten können. Schon jetzt ist der Kauf einer Immobilie, ohne geerbt zu haben, kaum noch möglich. Die Bevölkerung teilt sich beim Versuch, eine Immobilie zu kaufen, zwischen Erben und Menschen ohne Erbschaft auf. Damit ist der Nährboden für einen sozialen Sprengstoff gelegt.

Umso wichtiger ist es, das luxemburgische Mietrecht so zu gestalten, dass der Mieter nicht so leicht das Opfer von Tricks von Vermietern werden kann. Auch unter Verfahrensspielchen des Vermieters beim Friedensgericht darf der Mieter nicht leiden. Da diese nur dazu dienen, den klagenden Mieter zu zermürben.

Das luxemburgische Rechtssystem muss so konstruiert werden, dass zwischen Mieter und Vermieter „Waffengleichheit" herrscht. Zugeben, der Begriff der

„Waffengleichheit" hört sich martialisch an, aber in einigen Rechtsordnungen ist das sogar ein verfassungsrechtlicher Grundsatz.

Würden die in diesem Buch unterbreiteten Reformvorschläge umgesetzt, würde das nicht den Anstieg der Immobilienpreise und der Mietpreise bremsen. Aber für Mieter und Mietinteressenten gäbe es etwas mehr Gerechtigkeit. Letztendlich ist es eine politische Frage, inwieweit man den Mieterschutz in Luxemburg über Gesetzesänderungen verstärken und ausbauen möchte. Wenn durch diese Gesetzesänderungen dann noch das Friedensgericht entlastet werden würde, wäre das für alle Beteiligten sehr nützlich.

Falsche und irreführende Angaben in den Vermietungsanzeigen

Auf das Haus von Vincent war ich durch eine Vermietungsanzeige im Internet aufmerksam geworden. Nach meiner Kündigung des Mietvertrags stellte Vincent mehrere Neuvermietungsanzeigen in das Internet. Keine der mir bekannten Vermietungsanzeigen war korrekt. Sie enthielten falsche und/oder irreführende Angaben, wie die folgenden Kapitel zeigen.

Trick 1 vom Vermieter Vincent:

Vincent berief sich darauf, dass der Inhalt der Vermietungsanzeigen ausschließlich in den Verantwortungsbereich des jeweiligen Immobilienmaklers bzw. der jeweiligen Immobilienagentur fällt.

Der Trick hierbei ist, dass verschwiegen wird, dass die von Vincent beauftragten Immobilienmakler Erfüllungsgehilfen von Vincent sind. In einem seiner Urteile wies das Friedensgericht darauf hin, dass der von Vincent beauftragte Immobilienmakler ein Erfüllungsgehilfe von Vincent sei. Das bedeutet, das falsche Angaben und/oder irreführende Angaben in den Vermietungsanzeigen so zu behandeln sind, als ob Sie von Vincent direkt stammen. Es muss daher nicht grundsätzlich untersucht werden, ob der Immobilienmakler eigenmächtig oder auf Anweisung von Vincent falsche Angaben oder irreführende Angaben in den Vermietungsanzeigen platziert hatte.

Zudem ist es nicht glaubwürdig, dass Vincent sich nicht die Vermietungsanzeigen für sein Haus anschaute und damit kontrollierte.

Es ist kein Grund ersichtlich, warum Vermieter das Privileg haben, falsche oder irreführende Angaben in Vermietungsanzeigen sanktionsfrei veröffentlichen dürfen.

Falsche qm-Angaben in den Vermietungsanzeigen

Wie Vincent mit den qm-Angaben in seinen Vermietungsanzeigen jonglierte, können Sie aus der folgenden Tabelle mit einem Blick erkennen.

Vermietungsanzeige	Angegebene qm
Vermietungsanzeige I vor meinem Einzug in das Haus	plus/minus 140 qm
Vermietungsanzeige II nach meiner Kündigung	150 qm Wohnfläche
Vermietungsanzeige III nach meiner Kündigung	plus/minus 150 qm

Es handelte sich immer um das gleiche Haus, dessen Fläche sich nicht geändert hatte. Auch die Grundstücksgröße blieb konstant.

Falsch ist auf jeden Fall, dass das Haus eine Wohnfläche von 150 qm haben soll. Ich schätze die Wohnfläche des Hauses auf circa 120 qm. Trauen Sie Mietinteressenten zu, dass diese nach der Besichtigung eines Hauses beurteilen können, ob ein Haus circa 120 qm Wohnfläche oder 150 qm Wohnfläche hat?

Falls ja, dann hatte keiner der 6 Mietinteressenten, die ich durch das Haus geführt hatte, den Mut gehabt, darauf hinzuweisen, dass das Haus keine 150 qm Wohnfläche hat. So groß ist die Wohnungsnot in Luxemburg, dass Mietinteressenten falsche qm-Angaben in Vermietungsanzeigen akzeptieren. Obwohl die Wohnfläche eines Mietobjekts für einen Mietinteressenten sicher von Bedeutung ist und keine statistische Randzahl darstellt. Für mich ist immer die Wohnfläche neben der Anzahl der Zimmer die zweitwichtigste Größe nach der Miethöhe. Entsprechen die Anzahl der Zimmer und die Wohnfläche nicht meinen Vorstellungen, lese ich die Vermietungsanzeige nicht bis zum Ende durch. Das Mietobjekt ist für mich uninteressant geworden.

Nachdem ich das Friedensgericht darauf aufmerksam gemacht hatte, dass das Haus keine Wohnfläche von 150 qm hat, ruderte Vincent in der Vermietungsanzeige III zurück. Er wandelte 150 qm Wohnfläche in plus/minus 150 qm ab.

Für mich suggeriert eine Angabe wie plus/minus 140 qm oder plus/minus 150 qm, dass es sich dabei um die Wohnfläche handelt. Welche Fläche sonst soll so groß sein? Handelt es sich dabei nicht um die Wohnfläche, ist das für mich eine irreführende Angabe.

Lassen Sie sich vor der Unterzeichnung des Mietvertrags einen Grundriss von dem Mietobjekt geben. Verweisen Sie darauf, dass Sie diesen Grundriss benötigen, um festzustellen zu können, ob Ihre Möbel in das Mietobjekt passen.

Mit etwas Glück ist dieser Grundriss mit qm-Angaben versehen oder es lässt sich aus ihm die Fläche der einzelnen Räume ableiten.

Fragen sie Ihren Rechtsanwalt, ob die in dem Grundriss enthaltenen oder aus ihm ableitbaren qm-Größen den Vermieter rechtlich binden.

Falls nein, haben Sie wenigstens noch den Vorteil, dass Sie nun besser überblicken können, ob Ihre Möbel in das Mietobjekt passen.

Es kann Ihnen aber passieren, dass ein anderer Mietinteressent Ihnen das Mietobjekt wegschnappt, der vom Vermieter keinen Grundriss anfordert. Es soll sogar Leute geben, die ein Haus kaufen, ohne es sich persönlich angeschaut zu haben. So überhitzt ist der Immobilienmarkt in Luxemburg.

Trick 2 vom Vermieter Vincent:

Vincent berief sich darauf, dass bei den Angaben plus/minus 140 qm und plus/minus 150 qm das Wort „Wohnfläche" fehlte. Daher kann sich aus seiner Sicht niemand darauf berufen, dass sein Haus eine Wohnfläche von plus/minus 140 qm oder von plus/minus 150 qm hat.

Trick 3 vom Vermieter Vincent:

Da unklar ist, welche Art von Fläche mit plus/minus 140 qm oder mit plus/minus 150 qm gemeint ist, kann auch nicht behauptet werden, dass es sich hier um falsche Angaben handelt. Denn es liegen nur irreführende Angaben vor.

Trick 4 vom Vermieter Vincent:

In dem Mietvertrag gab es keine qm-Angaben.

Folglich konnte ich mich nicht darauf berufen, dass im Mietvertrag eine Wohnfläche oder eine andere Fläche vereinbart war. Zudem lässt sich so auch nicht, die Miete pro qm berechnen. Eine Verhältniszahl, die gerne zu Vergleichszwecken benutzt wird.

Wohnflächenberechnung und die Energiebezugsfläche in Luxemburg

Sowohl der Anwalt von Vincent als auch der Gutachter wiesen darauf hin, dass es in Luxemburg keine einheitliche Berechnungsmethode zur Messung der Wohnfläche.

Welche verschiedenen Berechnungsmethoden es in Luxemburg zur Messung der Wohnfläche gibt hatte Gustave, der Gutachter, mir während der Hausbesichtigung nicht mitgeteilt. Welche Messmethode er für sein Gutachten verwenden wollte, blieb ebenfalls unklar.

Wenn Sie nach „Wohnflächenberechnung Luxemburg" googeln, stoßen sie auf die Wohnflächenberechnung von ILNAS.

Hinter dem Kürzel von ILNAS verbirgt sich das Institut luxembourgeois de la normalisation, de l'accréditation, de la sécurité et qualité des produits et services.

Hier einige Beispiele, was nach ILNAS nicht zur Wohnfläche zählt:

„Die Wohnfläche umfasst nicht:

die gemeinschaftlichen Teile;

Raumteile unter 2 Metern Deckenhöhe;

Wände, tragende Elemente (z. B. eine Säule) und die Trennwände;

Tür- und Fensteröffnungen;

Schächte an der Oberkante von Treppen, die nicht an eine andere Treppe angeschlossen sind;

nicht nutzbare Speicher/nicht nutzbare Zwischengeschosse;

Nutzbare, aber nicht ausgebaute Speicher/nutzbare, aber nicht ausgebaute Zwischengeschosse;

Keller;

Garagen;

Terrassen, Loggias, Balkone, Trockenräume außerhalb der Wohnung;

nicht beheizte Verandas;

Installationsschächte und technische Betriebsräume.“

Würde man die Berechnungsmethode von ILNAS auf das Haus von Vincent anwenden, hätte ich Zweifel, ob das Haus von Vincent eine Wohnfläche von 120 qm hat.

Weitere Informationen zur Berechnungsmethode nach ILNAS finden Sie hier:

- https://guichet.public.lu/de/citoyens/logement/surface-habitable/surface-habitable/calcul-surface-habitable.html

Gustave, der Gutachter hatte während seiner Hausbesichtigung, die Wohnfläche mit einem Laser-Entfernungsmesser gemessen. Das Friedensgericht, das den Gutachter Gustave bestellt hatte, hatte Gustave in seinem Urteil nicht aufgetragen, welche Berechnungsmethode er zur Ermittlung der Wohnfläche zu verwenden hat.

<u>Trick 5 vom Vermieter Vincent:</u>

Vincent berief sich in seiner Gegenklage darauf, dass das Haus laut dem Energiepass eine Energiebezugsfläche von 221,9 qm hat.

Das war alleine schon deswegen ein Trick, weil Vincent hier eine Nebelkerze geworfen hatte. Wohnfläche und Energiebezugsfläche sind nämlich nicht identisch. Sonst hätte Vincent, nachdem der Energiepass erstellt worden war, 221,9 qm als Wohnfläche angegeben. In den mir bekannten Neuvermietungsanzeigen wurde aber auf 150 qm Wohnfläche und auf plus/minus 150 qm hingewiesen. Die Energiebezugsfläche von 221,9 qm wurde in diesen Neuvermietungsanzeigen nicht erwähnt.

Für meine Anmietung des Hauses konnte die Energiebezugsfläche keine Rolle spielen, da es zu diesem Zeitpunkt noch keinen Energiepass für das Haus von Vincent gab. Folglich war die Energiebezugsfläche damals unbekannt. Dass die in der damaligen Vermietungsanzeige genannten plus/minus 140 qm die Energiebezugsfläche darstellen sollen, wurde in dieser Vermietungsanzeige auch nicht behauptet.

Die Energiebezugsfläche ist in Luxemburg so definiert.

Energiebezugsfläche (EBF) oder Gebäudenutzfläche: Es handelt sich bei der EBF um die tatsächlich als Wohnraum genutzte Fläche. Hierzu gehören z.B. Schlafzimmer, Esszimmer und Küche. Ausgeschlossen von der Energiebezugsfläche sind unbeheizte Keller, Garage, Balkon und Abstellräume.

- Siehe https://www.1nergie.lu/de/lexikon

Die Energiebezugsfläche wird übrigens auch in der Luxemburger Energieeffizienzverordnung erwähnt.

Da das Haus keinen Keller hatte und der Speicher mangels Heizkörpern mit seiner Fläche von rund 60 qm nicht beheizbar war, bleiben noch 2 beheizbare Stockwerke mit jeweils rund 60 qm übrig.

Es wäre interessant gewesen, ob ein neutraler Gutachter auch auf eine Energiebezugsfläche von 221,9 qm für das Haus von Vincent gekommen wäre. Falls der neutrale Gutachter eine signifikant geringere Energiebezugsfläche von 221,9 qm ermittelt hätte, wäre bei mir der Verdacht entstanden, dass Vincent absichtlich versucht hatte, mir erstmal einen Energiepass ohne Angabe der Energiebezugsfläche zu übersenden.

Reformbedarf

Hier besteht ein gewaltiger Reformbedarf. Dem Friedensgericht sind in zweierlei Hinsicht die Hände zu Lasten der Mieter gebunden. Wertlose Angaben wie plus/minus 140 qm oder von plus/minus 150 qm in Vermietungsanzeigen konnte das Friedensgericht nicht sanktionieren. Auch deswegen nicht, weil es diese Angaben nur in der Vermietungsanzeige gab und nicht im Mietvertrag. Das Friedensgericht musste in seinem Urteil dem Argument von Vincent folgen, dass plus/minus 140 qm nicht bedeuten, dass das Haus eine Wohnfläche von 140 qm oder plus/minus 140 qm hat. Zu der sich aufdrängenden Frage, welche Fläche die plus/minus 140 qm abbilden sollen, konnte das Friedensgericht keine Stellung beziehen. Da natürlich auch für das Friedensgericht unklar blieb, welche Art von Fläche die plus/minus 140 qm sein sollen.

Der Vermieter kann sich also darauf berufen, das die Angabe von plus/minus 140 qm oder von plus/minus 150 qm in der Vermietungsanzeige nur einen werbenden Charakter hat und somit nicht rechtsverbindlich eine Wohnfläche gemeint ist. Ein seriöses Interesse des Vermieters solche Angaben ohne Bezug zur Wohnfläche, machen zu dürfen, gibt es nicht. Da unklar ist, um welchen Teil des Mietobjektes es sich handeln soll. Theoretisch könnte der Garten hinter dem Haus sein eine Fläche von plus/minus 140 qm haben soll oder das Grundstücksteil vor dem Haus oder beide Grundstücksteile zusammen. Oder irgendein anderes Grundstückteil. Das Einzige was klar ist, dass damit nicht die Wohnfläche gemeint sein konnte.

Die gut gemeinte und eigentlich klarstellende Wohnflächenberechnungsmethode von ILNAS könnte das Friedensgericht selbst dann nicht in seinen Urteilen nicht verwenden, wenn es Mietvertrag eine qm-Angabe zur Wohnfläche gäbe, da diese Berechnungsmethode nicht allgemein gültig und somit unverbindlich ist.

Das Friedensgericht könnte nur in dem folgenden Spezialfall einem Mieter helfen.

Im Mietvertrag wird die Wohnfläche in Quadratmeter angegeben und es wird im Mietvertrag darauf verwiesen, das die Berechnung der Wohnfläche nach ILNAS erfolgt ist.

ILNAS verweist darauf, dass es bei Verwendung seiner Berechnungsmethode nur eine Fehlertoleranz von höchsten 5 % geben darf.

„Unabhängig davon, welche Messung vorgenommen wird, beträgt die Toleranz, d. h. der erlaubte Fehlerbereich bei der Berechnung der Wohnfläche höchstens 5 % (über oder unter der tatsächlichen Fläche)."

Ist Wohnfläche um mehr als 5 % vom Vermieter zu hoch angegeben, stellt sich die Frage, welche Sanktion(en) das zur Folge hat. Das zu klären ist aber nicht Aufgabe von ILNAS, sondern eine Aufgabe des luxemburgischen Gesetzgebers.

Reformvorschläge

In den Vermietungsanzeigen ist die Wohnfläche nach der Berechnungsmethode von ILNAS zwingend anzugeben. Dabei spielt es keine Rolle, wer die Wohnfläche berechnet hat. In dem Mietvertrag ist die in der Vermietungsanzeige genannten qm-Zahl der Wohnfläche zu übernehmen.

Kommt der Vermieter einer dieser beiden Verpflichtungen oder beiden Verpflichtungen nicht nach, ist der Mieter berechtigt unmittelbar von Beginn des Mietverhältnisses an (auch rückwirkend), die Kaltmiete pauschal um 10 % kürzen.

Die Fehlertoleranz von 5 % von ILNAS sollte in der Weise übernommen werden, dass wenn die Wohnfläche z. B. um 6 % zu hoch angesetzt worden ist, der Mieter berechtigt unmittelbar von Beginn des Mietverhältnisses an (auch rückwirkend), die Kaltmiete um 6 % kürzen.

Die Wohnfläche ist auch für die Mietinteressenten interessant, die sich wegen der allgemeinen Wohnungsnot in Luxemburg nicht trauen, nach der Wohnfläche des Mietobjekts fragen.

Schwachpunkt dieser Reformvorschläge ist, dass diese voraussetzen, das der die Wohnfläche berechnende Gutachter neutral ist.

Um dieses potentielle Problem zu umgehen, sollten im Streitfall Angestellte von ILNAS die Wohnfläche zu berechnen. Für so eine relativ einfache Aufgabe, benötigt man keinen vereidigten Gutachter. Zumal ein Angestellter von ILNAS nicht versucht ist, auf Folgeaufträge des Vermieters zu hoffen. Auch der Gesichtspunkt der Umsatzmaximierung spielt für einen Angestellten von ILNAS nicht die Rolle, wie bei einem auf eigene Rechnung arbeitenden Gutachter. Da der Angestellte von ILNAS nicht am Umsatz von ILNAS beteiligt ist.

Die Preise von ILNAS für eine Wohnflächenmessung und Wohnflächenberechnung sind nach Größe des Mietobjekts gestaffelt im Internet zu veröffentlichen. Bei der Preissetzung ist dabei zu berücksichtigen, dass es sich bei der Wohnflächenmessung und Wohnflächenberechnung um eine gemeinnützige Aufgabe handelt. Eine Gewinnerzielungsabsicht ist nicht erwünscht. Die Preise, für die Wohnflächenmessung und für die Wohnflächenberechnung von ILNAS sollen nur kostendeckend sein.

Der Keller des Hauses

Wie bereits erwähnt, war ich auf das Haus von Vincent durch eine Vermietungsanzeige aufmerksam geworden.

Trick 6 vom Vermieter Vincent:

Vincent gab in seiner Vermietungsanzeige an, dass sein Haus einen Keller hat.

Der Trick bestand darin, dass das Haus eben keinen Keller hatte. Ich kann mich noch gut erinnern, wie ich zusammen mit der Immobilienmaklerin um das Haus herumgegangen war, um mit ihr nach einem Eingang für den Keller zu suchen. Da wir auch im Haus keinen Eingang zu einem Keller gefunden hatten, war das Ergebnis der Besichtigung, dass entgegen der Angabe in der Vermietungsanzeige das Haus keinen Keller hatte.

An dieser Stelle kann man mir natürlich vorwerfen, dass ich den Mietvertrag trotzdem wegen der allgemeinen Wohnungsnot in Luxemburg unterschrieben hatte.

> Unterschreiben Sie den Mietvertrag trotz der allgemeinen Wohnungsnot in Luxemburg nicht, wenn in der Vermietungsanzeige falsche Angaben enthalten sind. Warum soll Vincent später aufhören zu lügen, wenn er bereits in der Vermietungsanzeige lügt?

Trick 7 vom Vermieter Vincent:

Nachdem ich den Mietvertrag gekündigt hatte, setzte Vincent eine Neuvermietungsanzeige in das Internet. Auch laut dieser Neuvermietungsanzeige hatte das Haus einen Keller.

Der Trick bestand darin, dass Vincent weiterhin behauptete, dass ein Haus einen Keller hat, obwohl ich mich schon bei Vincent über den fehlenden Keller beschwert hatte.

Um dem Immobilienmakler von Vincent zu helfen, führte ich die 6 Mietinteressenten durch das Haus. Alle Mietinteressenten sprachen Deutsch. Keiner der Mietinteressenten fragte nach dem Eingang zum Keller oder thematisierte den offensichtlich nicht sichtbaren Keller. So groß ist die Wohnungsnot in Luxemburg!

> Fragen Sie ihren Rechtsanwalt, ob Sie als Mieter Mietinteressenten wahrheitsgemäß auf falsche oder irreführende Angaben in Vermietungsanzeigen hinweisen dürfen.

Als der Gutachter Gustave das Haus von Vincent besichtigte, forderte ich Vincent auf, dem Gutachter den Keller zu zeigen. Da ich nicht erkennen konnte, dass Gustave sich den Keller zeigen lassen wollte. Vincent wies dann darauf hin, dass in den an Gustave übergebenen Unterlagen Stellung zum Keller bezogen wird. Mit dem lakonischen Hinweis von Vincent auf die übergebenen Unterlagen war das Thema Keller für Gustave erledigt.

Vor dem Friedensgericht behauptete Vincent, dass die Angabe des Kellers in den Vermietungsanzeigen auf einem Softwarefehler zurückzuführen sei. Auf diese Behauptung gehe ich später noch näher ein.

Bei der Neuvermietungsanzeige für das Haus von Vincent, die letztendlich zu der Neuvermietung führte, war der Keller als Bestandteil des Hauses nicht mehr aufgeführt. Da war der Druck für Vincent wohl zu groß geworden. Denn ich hatte das Friedensgericht über den fehlenden Keller informiert.

Reformvorschlag

Man sollte den folgenden Text in das Mietrecht übernehmen:

Hat ein Mietobjekt entgegen den Angaben in der Vermietungsanzeige keinen Keller oder keinen Speicher, so kann der Mieter unmittelbar von Beginn des Mietverhältnisses an, jeden Monat die Miete wegen des fehlenden Kellers pauschal um X % und wegen des fehlenden Speichers pauschal um Y % kürzen.

Man wird dann sehen, ob es dann weiterhin solche falschen Angaben in den Vermietungsanzeigen gibt.

Die Gasheizung und die elektrischen Jalousien im Haus

Trick 8 vom Vermieter Vincent:

In einer der Neuvermietungsanzeigen behauptete Vincent, dass sein Haus eine Gasheizung (chauffage au gaz) und elektrische Rollläden (volets électriques) hat.

Der Trick hierbei lag darin, dass das Haus von Vincent in Wirklichkeit eine Heizölanlage und mechanische Rollläden hatte. Softwarefehler wie bei dem fehlenden Keller?

Eigentlich überflüssig zu erwähnen, dass es sich hierbei nicht um einen Garagenparkplatz handelt.

Wie bereits erwähnt, war ich auf das Haus von Vincent durch eine Vermietungsanzeige aufmerksam geworden. In dieser Vermietungsanzeige behauptete Vincent, dass sein Haus ein parking extérieur hat.

Ob es sich dabei um eine irreführende Angabe handelt, hängt davon ab, was der Mietinteressent unter „parking extérieur" versteht.

Ist das für Sie ein „parking extérieur" wenn man das Auto noch irgendwie auf das mitvermietete Grundstück vor dem Haus quetschen kann, man aber dann die der Hauswand zugewandte Autotür nur noch einen kleinen Spalt öffnen kann?

Ist das für Sie ein „parking extérieur" wenn man das Auto noch irgendwie auf das mitvermietete Grundstück nur vor die Garage quetschen kann, man aber dann das Garagentor nicht mehr öffnen kann und man dann das Auto in der Garage nicht mehr aus der Garage herausfahren kann.

Tatsache ist, dass dieses „parking extérieur" im Erstbegehungsprotokoll (État des lieux) nicht erwähnt wurde, aber im Mietvertrag angegeben wurde.

Nach meiner Kündigung des Mietvertrags wurde in den mir bekannten Neuvermietungsanzeigen „parking extérieur" nicht mehr erwähnt. Ein Softwarefehler wie bei dem fehlenden Keller?

Wenn Sie nach „parking extérieur" googeln, werden Sie Bilder finden, in denen der Parkplatz mit einem oder mehreren weißen Streifen eingerahmt ist. Solche weißen Streifen gab es vor dem Haus von Vincent nicht.

Fragen Sie ihren Rechtsanwalt, welche Mindestvoraussetzungen für ein „parking extérieur" gegeben sein müssen.

Reformvorschlag:

Man sollte im Mietgesetz die Mindestvoraussetzungen für ein „parking extérieur" definieren. Je klarer ist, was unter einem „parking extérieur" zu verstehen ist, umso weniger Rechtsstreitigkeiten wird es geben. Kein Streit, keine Klage. Das Friedensgericht wird entlastet.

Hilfreich wäre es zudem, vorzuschreiben, dass ein „parking extérieur" nur dann ein „parking extérieur" ist, wenn es durch weiße Randbestreifungen gekennzeichnet ist. Durch diese zusätzliche Bedingung würde noch mehr Transparenz geschaffen.

Da die meisten „parking extérieur" bereits schon weiße Randbestreifungen haben, wäre das keine Regelung, die die Vermieter stark belastet. Ansonsten ist jedem Vermieter ein Eimer weiße Farbe zuzumuten.

Da Leute wie Vincent Regeln ohne Sanktionsmöglichkeit nicht beachten, sollte die Regelung eine Sanktionsmöglichkeit enthalten.

Gründe für falsche oder irreführende Angaben in Vermietungsanzeigen

Da man bei der allgemeinen Wohnungsnot in Luxemburg auch Mieter ohne falsche und/oder irreführende Angaben in den Vermietungsanzeigen findet, sind solche Angaben nicht notwendig. Da keine Notwendigkeit besteht, gibt es keine rationalen Gründe für falsche oder irreführende Angaben in Vermietungsanzeigen.

Aufgrund meiner Erfahrungen mit den Vermietungsanzeigen von Vincent empfehle ich Folgendes:

Drucken Sie auf jeden Fall die Vermietungsanzeige vor der Besichtigung des Mietobjekts aus und bewahren Sie die Vermietungsanzeige auf, wenn es zu einem Mietvertragsabschluss kommt.

Nach Abschluss des Mietvertrags kann es passieren, dass die Vermietungsanzeige aus dem Internet sofort entfernt wird. Da in der Regel Vermietungsanzeigen für den Vermieter kostenpflichtig sind.

Unterschreibt der Mietinteressent trotz falscher oder irreführender Angaben in der Vermietungsanzeige den Mietvertrag, hat sich der Mietinteressent der allgemeinen Wohnungsnot gebeugt.

Vielleicht wollen Leute wie Vincent nur Mieter, die falsche oder irreführender Angaben in der Vermietungsanzeige akzeptieren? Weil die besonders gefügig sind?

Falls Mieter besonders gefügig sind, die als Mietinteressent falsche oder irreführender Angaben in der Vermietungsanzeige akzeptiert hatten, wäre das ein rationaler Grund für falsche oder irreführender Angaben in Vermietungsanzeigen.

Im Fall von Vincent spricht gegen diese These, dass Vincent bei Abschluss des Mietvertrags zahlreiche mündliche Zusagen gemacht hatte, die er später größtenteils nicht eingehalten hatte. Denn wenn der Mietinteressent den Gefügigkeitstest bestanden hat, warum soll man dann später den Mietinteressenten mit leeren Versprechungen überfluten?

Das Erstbegehungsprotokoll (État des lieux d'entrée)

Der nächste Schritt bei der Anbahnung des Mietverhältnisses ist die Besichtigung des Mietobjektes. Der Mietinteressent bemüht sich um eine Besichtigung des Mietobjektes, wenn ihm die Vermietungsanzeige suggeriert, dass das annoncierte Mietobjekt seinen persönlichen Vorstellungen weitestgehend entspricht. Dabei vertraut der Mietinteressent darauf, dass die Angaben in der Vermietungsanzeige wahrheitsgemäß sind.

Kommt es zu einer Besichtigung des Mietobjektes und sind Sie nach der Besichtigung des Mietobjektes weiterhin daran interessiert, einen Mietvertrag zu unterschreiben, bestehen Sie auf Erstellung und beiderseitiger Unterzeichnung eines Erstbegehungsprotokoll vor Abschluss des Mietvertrages.

Warum Sie ein fehlendes Erstbegehungsprotokoll viel Geld kosten kann; darauf gehe ich noch später darauf ein.

Im Fall von Vincent lief das wie folgt ab.

Vor dem Abschluss des Mietvertrags fand wie üblich eine Besichtigung (Begehung) des Mietobjekts statt.

Die von Vincent beauftragte Maklerin erstellte auf einem Tablet das Erstbegehungsprotokoll. Nach der Besichtigung musste ich jede der 27 Seiten des Erstbegehungsprotokolls draußen in der Sonne mit dem Finger unterschreiben. Den Text im Erstbegehungsprotokoll konnte ich auf dem kleinen Tablet nicht lesen. Selbst wenn man den Text auf dem Tablet hätte lesbar vergrößern können, hätte mir das nichts genutzt, da der Text in französischer Sprache war.

In dem Erstbegehungsprotokoll waren 70 Fotos enthalten, die von dem Makler von Vincent unmittelbar vor Beginn der Hausbesichtigung erstellt worden waren. Daher hatte keinen Einfluss darauf, was Vincents Maklerin fotografierte und was sie nicht fotografierte. Einzelheiten auf den Fotos wie z. B. Kratzer an den Innentüren konnte ich auf dem Tablet nicht erkennen.

Warum mir die Immobilienmaklerin nicht sofort und direkt das Erstbegehungsprotokoll an meine E-Mail-Adresse übersenden konnte, hatte ich nicht verstanden. Die Immobilienmaklerin sprach kein Deutsch.

Auch ein sofortiger Ausdruck des Erstbegehungsprotokolls war nicht möglich, da es vor Ort keinen Drucker gab. Ich bat daher Vincent, mir das Erstbegehungsprotokoll so schnell wie möglich zu übersenden. Dies sagte mir Vincent mündlich zu.

> Bitten Sie den Vermieter, dass er Ihnen das Erstbegehungsprotokoll (État des lieux d'entrée) von ihm unterschrieben, als PDF-Datei für Sie zum Unterschreiben vor Abschluss des Mietvertrages übersendet.

Sie müssen dann zwar die PDF-Datei daheim ausdrucken, jede Seite unterschreiben und wieder einscannen. Aber dieser Aufwand kann sich für Sie lohnen.

> Achten Sie darauf, dass auch der Vermieter das Erstbegehungsprotokoll unterschreibt. Damit erkennt er die im Erstbegehungsprotokoll beschriebenen Mängel an.

Trick 9 vom Vermieter Vincent:

Entgegen seiner mündlichen Zusage hatte Vincent mir das Erstbegehungsprotokoll nicht zeitnah zukommen zu lassen. Ich erhielt ich das Erstbegehungsprotokoll als PDF-Datei von Vincent auf schriftliche Anforderung fast 2,5 Jahre nach meinen 27 Unterschriften.

Nach Erhalt des Erstbegehungsprotokolls las ich zum ersten Mal die Textteile des Erstbegehungsprotokolls und konnte erstmals genau den Inhalt der 70 Fotos erkennen.

Trick 10 vom Vermieter Vincent:

Beim Friedensgericht wollte Vincent von seiner mündlichen Zusage, mir das Erstbegehungsprotokoll zeitnah zur Verfügung zu stellen, nichts mehr wissen. Vielmehr berief er sich darauf, dass es Aufgabe der Maklerin gewesen sei, mir das Erstbegehungsprotokoll zeitnah zukommen zu lassen. Er habe mit der aufgetretenen Verzögerung nichts zu tun.

> Mündliche Zusagen sind bei Leuten wie Vincent nichts wert, da Sie in der Regel nicht beweisen können, dass es eine mündliche Zusage des Vermieters gegeben hatte.

Reformvorschlag

Im luxemburgischen Mietgesetz habe ich den Ausdruck „État des lieux" nicht gefunden.

Man sollte in das Mietgesetz Folgendes hineineinschreiben:

Der Vermieter hat, das bereits von ihm unterschriebene Erstbegehungsprotokoll, dem zukünftigen Mieter vor dem Abschluss des Mietvertrags zukommen zu lassen. Eine davon abweichende Vereinbarung ist unwirksam.

Eigentlich eine Selbstverständlichkeit. Damit ist auch klargestellt, dass der Vermieter und nicht sein Immobilienmakler diese Verpflichtung hat. Das Friedensgericht wird wegen der klaren Regel entlastet. Denn das Friedensgericht muss sich dann nicht mehr den Unsinn anhören, dass der Vermieter für die Übersendung oder Aushändigung des Erstbegehungsprotokolls nicht zuständig sei.

Da Leute wie Vincent Regeln ohne Sanktionsmöglichkeit nicht beachten, sollte diese Regel eine Sanktionsmöglichkeit beinhalten.

Der Abschluss des Mietvertrags

Ist der Mietinteressent mit dem Inhalt des Erstbegehungsprotokolls einverstanden, wird er auf den Abschluss des Mietvertrags drängen.

Das Mietobjekt ist in einem guten Zustand (bon état)
„Häufig enthalten Mietverträge eine Klausel, durch die der Mieter erklärt, er habe die Wohnung in gutem Zustand übernommen. Diese Art von Klausel ist rechtmäßig und bedeutet für den Mieter, dass er bei Nichtvorliegen eines Übergabeprotokolls zum Vertragsbeginn folglich bei Vertragsende den Gegenbeweis nicht mehr erbringen kann. Der Mieter muss daher von Rechts wegen für alle in der Mietwohnung bei Vertragsende festgestellten Schäden haften.“

- Siehe: https://guichet.public.lu/de/citoyens/logement/location/bail-a-loyer/conclure-contrat-bail-location.html

Daher ist es nicht überraschend, dass im Mietvertrag die folgende Klausel enthalten war:

Le locataire déclare connaître parfaitement les lieux. Il reconnaisse avoir loué les lieux dans un bon état et s'engage à bien les entretenir et à les rendre à la fin du bail dans ce même état, en parfait état locatif et sans qu'il y ait lieu d'effectuer des réparations, en tenant compte de l'usure normale.

Die maschinelle Übersetzung lautet:

Der Mieter gibt an, dass er den Ort genau kennt. Er bestätigt, dass er die Räumlichkeiten in gutem Zustand angemietet hat, und verpflichtet sich, sie unter Berücksichtigung des normalen Verschleißes in gutem Zustand und ohne

Instandsetzung zu erhalten und am Ende des Mietverhältnisses in einwandfreiem Zustand zurückzugeben.

Allein schon diese Klausel ist ein Grund das Erstbegehungsprotokoll vor dem Abschluss des Mietvertrags in Ruhe durchzulesen. Das setzt aber voraus, dass man im Besitz des Erstbegehungsprotokolls vor der Unterzeichnung des Mietvertrags ist.

Gott sei Dank hatte die Maklerin von Vincent die Mängel im Haus korrekt wiedergegeben. Im Erstbegehungsprotokolls war der Begriff „État d'usage" 10-mal zu finden. Ichübersetze das mit „abgenutzter Zustand". Es konnte also keine Rede davon sein, dass das gesamte Haus von Vincent in einem guten Zustand war.

Trick 11 vom Vermieter Vincent:
Obwohl Vincent – im Gegensatz zu mir – beim Abschluss des Mietvertrags den Inhalt des Erstbegehungsprotokolls kannte, ließ sich Vincent durch meine Unterschrift unter den Mietvertrag bestätigen, dass sein gesamtes Haus in einem guten Zustand sei.

Spätestens jetzt dürfte klargeworden sein, warum Vincent nicht schon vor Abschluss des Mietvertrags das Erstbegehungsprotokoll übersandte, sondern erst fast nach 2,5 Jahren damit herausrückte. Wusste er bei der Übersendung des Erstbegehungsprotokolls nach fast 2,5 Jahren überhaupt noch, dass so viele Mängel in dem Erstbegehungsprotokoll enthalten waren?

Auch kein Wunder dürfte sein, dass Vincent nach meiner Kündigung für die Neuvermietung eine andere Immobilienagentur beauftragte. Damit hatte er sich einen großen Gefallen getan, denn der dann auf den Plan gerufene Immobilienmakler erwies sich als ein willfähriges Instrument von Vincent. Daher habe ich erhebliche Zweifel, ob der neue Immobilienmakler auch so viele Mängel im Erstbegehungsprotokoll aufgelistet hätte.

Dabei ist makeln eine Vermittlungstätigkeit. Denn der Immobilienmakler bringt Vermieter und Mietinteressent zusammen. Alleine schon deswegen, weil in

Luxemburg der Mieter den Immobilienmakler bezahlt, sollte der Immobilienmakler nicht nur die Interessen des Vermieters vertreten, sondern auch die Interessen des Mietinteressenten berücksichtigen.

> Achten Sie darauf, ob der Immobilienmakler wie eine Marionette des Vermieters auftritt.

Ich hatte also mit der Unterschrift unter den Mietvertrag bestätigt, dass das gesamte Haus von Vincent in einem guten Zustand sei. Im Erstbegehungsprotokoll stand das Gegenteil.

Trick 12 vom Vermieter Vincent:

Kurz vor meinem Auszug berief sich Vincent darauf, dass ich im Mietvertrag unterschrieben hatte, dass das Haus in einem guten Zustand sei. Das Erstbegehungsprotokoll, das zahlreiche Mängel des Hauses auflistete, erwähnte er nicht.

Der Trick bestand darin, zu suggerieren, dass das Erstbegehungsprotokoll ohne Bedeutung sei, da ich nach meinen 27 Unterschriften unter das Erstbegehungsprotokoll den Mietvertrag unterschrieben hatte. Damit versuchte Vincent bei meinem Auszug möglichst viele Renovierungsarbeiten und Reparaturarbeiten auf meine Kosten abzuwälzen.

> Fragen Sie ihren Rechtsanwalt, was denn bei sich widersprechenden Angaben gilt.
> Das Inhalt des Erstbegehungsprotokoll oder der Inhalt des Mietvertrags?

Dieses Problem ergab sich übrigens auch bei der Frage, ob das Haus von Vincent ein „parking extérieur" hatte. Im Erstbegehungsprotokoll war „parking extérieur" nicht erwähnt, im Mietvertrag dagegen schon.

Es ist zu berücksichtigen, dass in der Regel der Mietvertrag zeitlich nach dem Erstbegehungsprotokoll unterschrieben wird. Übertüncht dann die zweite

Unterschrift unter den Mietvertrag, die zuerst geleistete Unterschrift unter das Erstbegehungsprotokoll?

Reformvorschlag

Selbst wenn es schon eine gefestigte Rechtsprechung geben sollte, dass letztendlich der Inhalt des Erstbegehungsprotokolls maßgeblich ist, sollte im Mietgesetz folgender Passus enthalten sein.

Gibt es im Erstbegehungsprotokoll Angaben, die von den Angaben im Mietvertrag abweichen, gelten die Angaben des Erstbegehungsprotokolls. Davon abweichende Klauseln im Mietvertrag sind nichtig, es sei denn, es handelt sich um Klauseln, die zu Gunsten des Mieters sind.

In der Regel wird das Erstbegehungsprotokoll vor dem Mietvertrag unterschrieben. Die allgemeine Wohnungsnot in Luxemburg ist so groß, dass Mietinteressenten im Zweifelsfall den Mietvertrag auch dann unterschreiben, wen die darin enthaltenen Angaben zu Lasten von Ihnen vom Inhalt des Erstbegehungsprotokolls abweichen. Würden nur die vom Erstbegehungsprotokoll abweichenden Klauseln des später unterzeichneten Mietvertrags gelten, wüsste ich nicht, welche Bedeutung dem Erstbegehungsprotokoll noch zukommen soll.

Das Erstbegehungsprotokoll hätte nur dann noch eine Bedeutung, wenn bezüglich des Zustand des Mietobjekts mit einem Satz im Mietvertrag auf das Erstbegehungsprotokoll verwiesen würde. Dann aber weicht der Inhalt des Mietvertrags nicht vom Inhalt des Erstbegehungsprotokolls ab.

Die o. g. klarstellende Ergänzung des Mietgesetzes würden die Anzahl der Mietstreitigkeiten reduzieren und damit das Friedensgericht entlasten.

Wie man als Vermieter ein Mietverhältnis gegen die Wand fährt

Wenn nun der Mieter und der Vermieter den Mietvertrag unterzeichnet haben, müssten doch beide Seiten ein Interesse daran haben, dass im Mietverhältnisse keine Reibungsverluste vermieden werden und keine Partei das Mietverhältnis atmosphärisch gegen die Wand fährt.

In der Tat startete das Mietverhältnis trotz falscher und irreführender Angaben in der Vermietungsanzeige in einer guten Atmosphäre. Ich war froh, dass ich trotz der allgemeinen Wohnungsnot in Luxemburg ein Mietobjekt gefunden hatte. Die gute Atmosphäre war aber auch dadurch bedingt, dass Vincent entsprechend seiner mündlichen Zusage den Rasen hinter dem Haus mähte. Ich hatte bei Abschluss des Mietvertrags Vincent darauf hingewiesen, dass ich keinen Rasenmäher hatte. Vincent bot mir daraufhin an, für 135 Euro pro Jahr den Rasen zu mähen. Da es sich um ein phantastisches Angebot handelte, nahm ich das Angebot an und kaufte keinen Rasenmäher.

Ungefähr im September/Oktober hörte Vincent mit dem Rasen mähen auf. Ich dachte mir erstmal nichts dabei, weil das Wachstumswetter vorbei war und Vincent einen sehr leistungsstarken Rasenmäher hatte, der auch höher gewachsene Gräser abschneiden konnte. Im März des nächsten Jahres fragte ich bei Vincent nach, wann er denn mit dem Rasen mähen fortfahren wolle.

Trick 13 vom Vermieter Vincent:
Vincent behauptete Ende März, dass es bereits im Vorjahr eine Vereinbarung gegeben hätte, dass ich die WULLMAIS mit dem Rasenmähen beauftragen werde. Daher sei meine Anfrage überflüssig. Zudem sei es dringend notwendig, den Rasen zu mähen.

Der Trick hierbei war, dass es eine solche Vereinbarung nie gegeben hatte. Mit der in diesem Trick innewohnenden Lüge hätte ich an sich noch gut leben können, indem ich einfach einen Rasenmäher gekauft hätte und den Rasen selber gemäht hätte.

Das Fatale für mich war, dass das Gras mittlerweile so stark gewachsen war, dass man es mit einem normalen Rasenmäher nicht mehr schneiden konnte. Vincent wusste, dass das Gras sehr hoch war und hatte mich also bewusst auflaufen lassen. Ich fühlte mich verarscht.

Vincent deswegen zu verklagen, kam natürlich nicht in Betracht. Erstens war die Zusage und deren Inhalt nur mündlich und war daher nicht Bestandteil des Mietvertrags. Zweitens hätte ich nicht beweisen können, dass es eine solche Vereinbarung, dass die WULLMAIS zukünftig den Rasen mähen, nie gegeben hatte. Drittens handelte es sich hier um eine Gefälligkeitsleistung von Vincent, auf die ich als Mieter wahrscheinlich keinen rechtlichen Anspruch hatte. Daher konnte Vincent wahrscheinlich seine Tätigkeit einstellen, wann und wie er wollte.

Es blieb mir nichts Anderes übrig, als die WULLMAIS zu bitten, den Rasen zu mähen, wobei ich auf das sehr hohe Gras hinwies, welches man ggf. mit einer Sense schneiden muss.

Danach mähte ich den Rasen mit meinem eigenen Rasenmäher bis zu meinem Auszug selber. Da das preiswerter war, als externe Kräfte zu beschäftigen. Außerdem tut etwas Bewegung immer gut.

Die mündliche Zusage den Rasen zu mähen, hatte Vincent wenigstens noch teilweise umgesetzt. Daneben gab es noch weitere mündliche Zusagen, die Vincent überhaupt nicht einhielt.

- Das Unkraut auf den Verbundsteinen hinter dem Haus zu entfernen.
- Die Verbundsteine hinter dem Haus reinigen, da ich auch dafür kein Gerät hatte.
- Die Hecken und Sträucher hinter dem Haus zu schneiden.
- Das Geländer des Balkons zu streichen.
- Dass ich das Erstbegehungsprotokoll zeitnah erhalte.
- etc.

Mit leeren Versprechungen hatte Vincent also das Mietverhältnis gegen die Wand gefahren. Dabei hätte mir klar sein müssen, dass wer falsche und irreführende Angaben in der Vermietungsanzeige macht, auch zukünftig lügt.

Auf Grund der leeren Versprechungen war das Mietverhältnis zwar nicht klinisch tot, lag aber auf der Intensivstation. Bevor Vincent später dem Mietverhältnis den Todesschuss gab, verließ das Mietverhältnis nicht mehr die Intensivstation.

Einen Rechtsanwalt für luxemburgisches Mietrecht finden

Da die leeren Versprechungen von Vincent nicht die einzige Ursache für den komatösen Zustand des Mietverhältnisses waren, möchte ich erstmal darauf eingehen, ob und wie man einen Rechtsanwalt für luxemburgisches Mietrecht finden kann. Bevor ich weitere Probleme des Mietverhältnisses mit Vincent auflliste, die sich auftürmten.

Für Mietstreitigkeiten beim Friedensgericht gibt es keinen Anwaltszwang.

- https://guichet.public.lu/de/citoyens/logement/location/litige/defense-droits-tribunal-bail-loyer.html

Die Frage, ob man dennoch einen Rechtsanwalt beauftragen sollte, lässt sich nicht pauschal beantworten. Schauen Sie sich am besten die Mietstreitigkeiten in den folgenden Kapiteln an. Bei welchen Mietstreitigkeiten trauen Sie sich zu, ohne Rechtsanwalt beim Friedensgericht anzutreten?

> Bevor Sie einen Rechtsanwalt oder eine Rechtsanwältin beauftragen, fragen Sie, wieviel Jahre Berufserfahrung im Mietrecht vorliegen und wie viele Mietrechtsprozesse schon geführt worden sind.

Das luxemburgische Mietrecht ist kompliziert genug, dass Erfahrungsunterschiede und damit Qualitätsunterschiede, eine bedeutende Rolle spielen können. Auch die Frage nach dem Stundensatz sollte gestellt werden.

Mir ist nicht bekannt, dass es in Luxemburg eine Prüfung zum Fachanwalt für Mietrecht gibt.

Le Barreau de Luxembourg

In Luxemburg gibt es „Le Barreau de Luxembourg". Ich übersetze das frei mit Rechtsanwaltskammer. Auf der folgenden Webpage der luxemburgischen Rechtsanwaltskammer können Sie Rechtsanwälte nach Fachgebieten aussuchen.

- https://www.barreau.lu/accueil

Ungefähr in der Mitte der Webpage finden Sie die Worte „Contentieux, médiation, arbitrage". Wenn Sie auf diese 3 Worte klicken, finden Sie eine Liste von Rechtsanwälten. Als ich das letzte Mal auf diese 3 Worte geklickt hatte, bestand die Liste aus 141 Rechtsanwälten.

Frei übersetzt, sind diese Rechtsanwälte auf Zivilrecht, Mediation und Schiedsverfahren spezialisiert. Da das Mietrecht ein Teilgebiet des Zivilrechts ist, finden Sie wahrscheinlich in dieser Liste einige Rechtsanwälte, die auf Mietrecht spezialisiert sind. Aber eben nicht direkt.

Vielleicht empfiehlt einer dieser Rechtsanwälte eine Kollegin oder einen Kollegen, für Ihr Problem mit Ihrem Vermieter.

Die luxemburgische Rechtsanwaltskammer darf übrigens keine Empfehlungen aussprechen, da sie neutral zu sein hat.

Laut telefonischer Auskunft überprüft die luxemburgische Rechtsanwaltskammer nicht, ob die Rechtsanwälte tatsächlich in den angegebenen Fachgebieten über spezielle Kenntnisse verfügen.

Deutscher AnwaltVerein in Luxemburg (DAV)

Möchten sie unbedingt einen deutschen Rechtsanwalt haben, der in Luxemburg zugelassen ist, finden Sie hier eine Liste der Namen der Mitglieder des Deutschen AnwaltVerein in Luxemburg(DAV).

- http://dav.lu/mitglieder/

Informationen zu den einzelnen Rechtsanwälten müssen Sie leider mangels Links im Internet an anderen Stellen suchen.

Laut telefonischer Auskunft können Sie aber den DAV anschreiben, ob ein Anwalt für Mietrecht im DAV Mitglied ist. Ob der DAV auch Empfehlungen ausspricht, blieb unklar.

Wenn Sie statt nach „luxembourg avocat droit du bail" nach „avocat luxembourg droit immobilier" suchen, erhalten sie mehr Treffer.

Gerichtsverhandlungen beim Friedensgericht wegen Mietstreitigkeiten

Der Volksmund sagt: Vor Gericht und auf hoher See ist man in Gottes Hand. Das deckt sich nicht mit meinen Erfahrungen mit dem Friedensgericht.

Da wir uns allmählich den Gerichtsverhandlungen mit Vincents Anwalt nähern, folgen nun ein paar allgemeine Ausführungen, die im Prinzip für alle Gerichtsverhandlungen wegen Mietstreitigkeiten beim Friedensgericht gelten. Dieses Kapitel ist insbesondere für diejenigen interessant, die noch nie bei einer Gerichtsverhandlung des Friedensgerichts anwesend waren. Ich wollte erst schreiben „die noch nie Teilnehmer bei einer Gerichtsverhandlung waren", doch das wäre zu eng definiert. Denn die Gerichtsverhandlungen sind öffentlich. Als Überschrift über den Urteilen des Friedensgerichts steht demzufolge „Öffentliche Sitzung vom [Datum]".

Sind Sie nicht nur Besucher, sondern z. B. Mieter planen Sie Ihre Anfahrtszeit großzügig. Sie können in einen Stau geraten und/oder müssen noch einen Parkplatz suchen. Wenn Sie morgens um 9 Uhr Ihren Gerichtstermin haben, sind Sie nicht der Einzige, der Einlass begehrt. Vor 9 Uhr strömen die Mitarbeiter des Friedensgerichts, die Anwälte, die Zeugen und andere an den Prozessen Beteiligte in das Gerichtsgebäude.

Die Ladung (Convocation) für 9 Uhr morgens bedeutet übrigens nicht, dass Ihr Fall exklusiv um 9 Uhr verhandelt wird. Viele Parteien werden für 9 Uhr morgens vom Friedensgericht geladen. Es gibt also keine gestaffelten Termine wie z.B. die erste Gerichtsverhandlung um 9 Uhr, die zweite Gerichtsverhandlung um 9 Uhr 30 etc. Ich hatte nur Ladungen für 9 Uhr morgens erhalten.

Es gibt noch weitere Gründe, die Anfahrtszeit großzügig zu planen. Die Einlasskontrolle ist mit der am Flughafen vergleichbar. Haben Sie in ihrer Tasche einen Fotoapparat, weisen Sie gleich zu Beginn der Einlasskontrolle daraufhin. Laut der Aussage eines Mitarbeiters der Security kann man einen Fotoapparat in der Tasche haben und damit zur Gerichtsverhandlung mitbringen. Natürlich nicht, um im Gerichtssaal Fotos zu machen, sondern um Fotos als Beweisstücke präsentieren zu können. Als „Tasche" hatte ich immer einen Pilotenkoffer benutzt. Weil in den Pilotenkoffer bequem 2 Aktenordner hineinpassen. Der erste Aktenordner enthielt die Unterlagen für die bisher im Rechtsstreit angesprochenen Punkte und mein Manuskript, das ich vorlesen wollte. Der zweite Ordner enthielt weitere Unterlagen, mit denen ich mich gegen Lügen wappnen wollte, die erst in der Gerichtsverhandlung vorgetragen werden. Der zweite Aktenordner war also eine Art von Backup und war somit voller als der erste Ordner.

Ein weiterer Grund, die Anfahrtszeit großzügig zu planen, dass manchmal die Sitzplätze im Gerichtssaal nicht ausreichen und Sie wahrscheinlich nicht die ganze Zeit stehen wollen. Wenn Sie für 9 Uhr geladen worden sind und Sie haben um 8 Uhr 45 einen Sitzplatz im Gerichtssaal ergattert, haben sie nichts falsch gemacht. Die 15 Minuten Wartezeit bis 9 Uhr fallen insbesondere dann nicht ins Gewicht, wenn Sie zur Gerichtsverhandlung als Einzelkämpfer ohne Rechtsanwalt angetreten sind. Denn in der Regel werden erst die Streitigkeiten verhandelt, bei denen sowohl der Vermieter als auch der Mieter jeweils durch einen Rechtsanwalt vertreten sind. Die Rechtsanwälte sollen so schnell wie möglich, in ihre Büros zurückkehren können. Oder sollen an diesem Tag noch einen anderen Gerichtstermin wahrnehmen können.

Um 9 Uhr morgens betritt dann der Friedensrichter zusammen mit einer Gerichtsschreiberin oder einem Gerichtsschreiber den Gerichtssaal. Beide mit einer Menge Akten unter dem Arm. Wie Sie das wahrscheinlich aus einem Gerichtsfilm kennen, stehen dann alle auf, wenn der Friedensrichter erscheint.

Als Erstes findet eine Anwesenheitskontrolle statt. Denn es werden die Namen aller Vermieter und Mieter, aber nicht der Rechtsanwälte, aufgerufen. Wird Ihr Name genannt, melden Sie sich. Einige Rechtsanwälte nutzen die Gelegenheit und stellen einen Antrag auf Vertagung. Oder das Friedensgericht vertagt von sich aus eine

Verhandlung, weil eine erste Prüfung ergeben hatte, dass der Fall so kompliziert und so umfangreich ist, dass an diesem Tag keine Zeit bleibt, um diesen Fall zu verhandeln. Auf Grund der Vertagungen leert sich dann der Gerichtssaal etwas.

Anschließend nennt der Friedensrichter die Namen des Vermieters und des Mieters, deren Fall als Erster verhandelt wird. Sie werden dann feststellen, welcher Vortragstisch für die Partei des Vermieters und welcher Vortragstisch für die Partei des Mieters reserviert ist. Einmal war der Gerichtssaal so voll, dass ich erst darum bitten musste, dass mein Tisch, also der Tisch für den Mieter geräumt wird. Was aber faktisch kein Problem war. Erst trägt die Partei des Klägers, in meinen Fällen also die Partei des Mieters vor. Danach kommt die Partei des Vermieters mit ihrem Vortrag zu Wort.

Das läuft alles in einer gesitteten Atmosphäre ab. Dass der Anwalt von Vincent besser als Vincent sozialisiert war, merkte man. Ich hatte das nur einmal erlebt, dass sich 2 Rechtsanwälte gegenseitig angefaucht hatten. Der Gerichtssaal ist also der falsche Ort, um den aufgestauten Frust über den Vermieter loszuwerden.

Zwischenrufe wie z.B. im Deutschen Bundestag gibt es nicht. Sie können davon ausgehen, dass man Sie ausreden lässt und man Sie nicht ständig unterbricht. In allen meinen Gerichtsverhandlungen waren der Gesichtsausdruck und die Stimme des Friedensrichters neutral. Ich wusste nie, was der Friedensrichter von meinem Vortrag hält. Lassen Sie sich nicht dadurch verunsichern, dass Sie aus der Körpersprache des Friedensrichters nichts herauslesen können, wie es um ihren Fall steht. Sie haben die Klage eingereicht, dann ziehen Sie das auch durch. Eine zweite Chance haben Sie beim Friedensgericht nicht.

Der Vortrag bei den Rechtsanwälten beschränkte sich im Wesentlichen darauf, dass Sie ihre Klage oder Gegenklage vorlasen und ab und zu Mal ein Dokument als Beweisstück hervorkramten. Freie Rede gab es so gut wie nicht. Das ist sicher auch ein Grund für die zivilisierte Atmosphäre im Gerichtssaal. Als Einzelkämpfer ohne Rechtsanwalt fallen Sie also nicht negativ auf, wenn Sie sich es einfach machen und ihre Klageschrift ablesen. Das ist kein Geschworenenprozess wie in den Hollywoodfilmen, wo Sie mit ihrem rhetorischen Talent begeistern und ihr faszinierendes Schlussplädoyer zum game changer wird. Auch der Anwalt von

Vincent hatte in den Gerichtsverhandlungen immer tapfer die Gegenklagen von Vincent vorgelesen.

Dass sprödes Ablesen ihres Manuskripts hat im Übrigen den Vorteil, dass Sie keinen Punkt auslassen, den Sie erwähnen wollten. Da ich mich nicht eng genug an mein Manuskript gehalten hatte, hatte ich vergessen einen Punkt zu erwähnen bzw. hervorzuheben. Das hatte mich dann 230 Euro gekostet.

Wenn Sie dann von dem Friedensgericht zum Vortrag aufgefordert werden, achten Sie darauf, ob das Friedensgericht Sie darauf hinweist, dass Ihr Fall bereits vom Friedensgericht analysiert worden ist. Ich hatte das immer so verstanden, dass ich mich möglichst kurzhalten soll. In meinem Magen baute sich ein gewisser Zeitdruck auf. Aber weil ich einmal 230 Euro zahlen musste, weil ich etwas weggelassen hatte, war ich nicht geneigt bei meinem Vortrag irgendwelche Abkürzungen zu nehmen. Ich rechtfertigte das auch damit, dass ich nicht dafür verantwortlich bin, dass das Friedensgericht völlig überlastet ist und diese Tatsache nicht zu meinem Nachteil gereichen darf. Ich redete dann aber etwas schneller. Es war wirklich erstaunlich, wie der Friedensrichter zusammen mit dem Gerichtsschreiber fast fehlerfrei mitprotokollierten. Eine enorme Konzentrationsleistung und das wegen der vielen Streitigkeiten über Stunden. Ich könnte das nicht.

Wenn Sie dann von dem Friedensgericht zum Vortrag aufgefordert werden, wird von Ihnen erwartet, dass Sie Ihr Manuskript bereits in der Hand halten. Es geht nicht, dass Sie dann anfangen mühsam in der Tasche nach ihrem Manuskript suchen. Nur weil Sie ohne Rechtsanwalt angetreten sind, genießen Sie keinen Welpenschutz beim Friedensgericht. Sie tragen im Stehen vor. Auch der Anwalt der Gegenpartei trägt im Stehen vor. Ich musste mich ab und zu Mal hinsetzen, um nach einem Dokument zu suchen. Vor lauter Aufregung vergaß ich einmal, wieder auf zustehen und trug dann im Sitzen vor. Einen Rüffel dafür gab es dafür nicht.

Damit Ihr Vortrag flüssig herüberkommt und Sie bei ihrem Vortrag vor dem Friedensgericht nicht so nervös sind, sollten Sie Ihren Vortrag mehrmals daheim üben. Trauen Sie sich nicht zu, relativ unaufgeregt vor dem Friedensgericht vortragen zu können, sollten Sie in Erwägung ziehen, für den Vortrag einen Rechtsanwalt zu beauftragen. Was Sie wahrscheinlich nicht daheim üben können, dass während ihres

Vortrags vor dem Friedensgericht zahlreiche Leute hinter Ihnen sitzen, die darauf warten, dass Sie endlich mal mit ihrem Fall an die Reihe kommen.

Wer hinter Ihnen sitzt und warum da jemand hinter Ihnen sitzt, müssen Sie während Ihres Vortrags vor dem Friedensgericht ausblenden. Sie müssen auch nicht gesenkten Hauptes vortragen. Richten Sie ruhig mal den Blick zum Podium, wo der Friedensrichter mit seinem Gerichtsschreiber sitzt. Auch der Gerichtsschreiber hat ihre Beachtung verdient.

Problem: Energiepass (Passeport énergétique)

Da Vincent vergessen hatte, mir beim Einzug eine beglaubigte Version des Energiepasses auszuhändigen, setzte ich Vincent eine Frist von 8 Tagen um die fehlende Aushändigung persönlich, per Post oder per E-Mail nachzuholen.

Trick 14 vom Vermieter Vincent:
Vincent erwiderte, dass er sein Haus demnächst verkaufen möchte und dass dann sowieso ein neuer Energiepass erstellt werden muss.

Vincent weigerte sich also mir die beglaubigte Kopie des Energiepasses auszuhändigen. Der eigentliche Trick bestand zunächst darin, dass er behauptete, dass beim Verkauf eines Hauses ein neuer Energiepass zu erstellen sei.

Aber Artikel 17 Absatz 2 (vorher 11 Abs. 2) Energiepassgesetz hat den folgenden Text.

„(2) Au moment où un changement de propriétaire devient effectif, le propriétaire détenteur du certificat de performance énergétique est obligé de communiquer l'original de celui-ci au nouveau propriétaire."

Die maschinelle Übersetzung lautet:

(2) Bei Inkrafttreten des Eigentümerwechsels ist der Eigentümer, der Inhaber des Ausweises über die Gesamtenergieeffizienz ist, verpflichtet, dem neuen Eigentümer das Original des Ausweises über die Gesamtenergieeffizienz zu übermitteln.

Wie Sie wahrscheinlich schon gemerkt haben, ist in Artikel 17 Absatz 2 nicht die Rede davon, dass bei einem Eigentümerwechsel bzw. einem Verkauf eines Mietobjekts ein neuer Energiepass erstellt werden muss. Daher war es zu diesem Zeitpunkt schon sehr fraglich, ob es überhaupt zur Erstellung eines neuen Energiepasses kommt.

Mit der Weigerung mir eine beglaubigte Kopie des Energiepasses auszuhändigen, und mit der dubiosen Behauptung das Haus zu verkaufen, hatte Vincent eine Klage von mir beim Friedensgericht provoziert. Folglich klagte ich beim Friedensgericht auf Aushändigung einer beglaubigten Kopie des Energiepasses.

> Fragen Sie ihren Rechtsanwalt ob und wie man herausfinden kann, ob es einen Energiepass für ein Mietobjekt gibt.

Trick 15 vom Vermieter Vincent:

Nach Einreichung der Klage beauftragte Vincent einen Ingenieur für Energie und Umwelt, sich mit mir in Verbindung zu setzen, um einen Termin für eine Hausbesichtigung zu vereinbaren. Ohne eine Hausbesichtigung kann natürlich kein Energiepass erstellt werden.

Warum ist das ein Trick? Zwischen der Einreichung der Klage und dem Termin für die Gerichtsverhandlung war genügend Zeit, einen Energiepass erstellen zu lassen. Manche Energieberatungsfirmen bieten an, den Energiepass innerhalb weniger Tage zu erstellen. Es wäre also überhaupt kein Problem gewesen, mir den neu erstellten Energiepass noch vor dem Verhandlungstermin auszuhändigen. Vincent bzw. sein Anwalt hätten dann bei der Gerichtsverhandlung vortragen können, dass meine Klage gegenstandslos sei, da ich mittlerweile im Besitz einer beglaubigten Kopie des Energiepasses sei. Daher und weil der neue Energiepass den alten Energiepass ersetzt, besteht kein Grund, dass man mir die beglaubigte Kopie des alten Energiepasses aushändigt.

Daher vereinbarte ich mit dem Ingenieur einen Termin nach der Gerichtsverhandlung.

Lassen Sie sich schriftlich von der Person, die den Energiepass erstellen soll, bestätigen an welchen Tag Sie von ihr besucht worden sind, um die Erstellung des Energiepasses vorzubereiten.

Die Gerichtsverhandlung beim Friedensgericht wegen dem Energiepass

Der Anwalt von Vincent warf mir vor, dass ich die von Vincent beauftragte Erstellung des Energiepasses verzögern und damit behindern würde.

Trick 16 vom Vermieter Vincent:

Der Anwalt von Vincent behauptete im Auftrag von Vincent bei der Gerichtsverhandlung, dass ich ein völlig unnötiges Gerichtsverfahren eingeleitet hätte. Ich hätte wissen müssen, dass das Haus von Vincent keinen Energiepass hatte.

Ich konterte, dass für die von Vincent beauftragte Erstellung des Energiepasses keine Eile geboten ist, denn der von Vincent verwendete Terminus „neuer Energiepass" impliziert, dass es einen alten Energiepass gibt. Zudem kann man von mir nicht verlangen, dass ich ins Blaue hinein, Vincent in diesem Zusammenhang eine Lüge unterstelle. Folglich muss ich nicht wissen, dass es in Wirklichkeit keinen alten Energiepass gibt. Außerdem ändert diese Lüge nichts an der Verpflichtung von Vincent, mir eine beglaubigte Kopie des Energiepasses auszustellen.

Zudem konnte ich dem Friedensgericht beweisen, dass ich mich mit dem Ingenieur auf einen Termin geeinigt hatte und der Ingenieur den Termin bestimmt hatte.

Ferner argumentierte ich, dass es keine schriftliche Zusage von Vincent gab, dass ich von ihm eine beglaubigte Kopie des noch zu erstellenden Energiepasses erhalten werde. Die in der Zukunft liegende Erstellung eines Energiepasses ist nicht gleichbedeutend mit der Aushändigung einer beglaubigten Kopie des noch zu erstellenden Energiepasses. Außerdem sei es nicht meine Aufgabe, Vincent zu helfen, zu verschleiern, dass sein Haus in Wirklichkeit keinen Energiepass hat. Folglich muss ich den von Vincent beauftragten Ingenieur nicht vor der Gerichtsverhandlung ins Haus lassen.

Vincent ließ durch seinen Anwalt bei der Gerichtsverhandlung spontan verlauten, dass er sich bezüglich des vorhandenen Energiepasses im Haus geirrt hatte. Erst später hätte er gemerkt, dass das von mir angemietete Haus doch keinen Energiepass hatte. Spontan bedeutet, dass dieser angebliche Irrtum vorher nicht in der Gegenklage von Vincent erwähnt worden war.

Wenn Vincent irrtümlich davon ausgegangen war, dass das von mir angemietete Haus bereits einen Energiepass hatte, warum wollte er dann für dieses Haus einen neuen Energiepass erstellen lassen? Er wurde spätestens seit der Einreichung meiner Klage anwaltlich beraten und sein Anwalt wusste bestimmt, dass für den Verkauf des Hauses kein neuer Energiepass erforderlich war. Wenn ich das herausfinden kann, kann das der Anwalt von Vincent erst recht.

Die Entscheidung des Friedensgerichts bezüglich des Energiepasses

Da mir nicht so ganz klar war, welchen Schaden ich unmittelbar ich durch die fehlende Aushändigung der beglaubigten Kopie des Energiepasses hatte, verlangte ich schriftlich nach Einreichung der Klage einen symbolischen Schadensersatz von einem Euro. Das Friedensgericht hielt diese neue Forderung (demande nouvelle) gem. Artikel 53 Satz 2 Nouveau Code de procédure civile für zulässig.

Dies ist der Text von Artikel 53 Satz 2NCPC:

„Toutefois l'objet du litige peut être modifié par des demandes incidentes lorsque celles-ci se rattachent aux prétentions originaires par un lien suffisant."

Die maschinelle Übersetzung lautet:

Der Streitgegenstand kann jedoch durch Anschlussklagen verändert werden, wenn diese mit den ursprünglichen Ansprüchen in ausreichender Verbindung stehen.

Das Friedensgericht schloss aber eine ausreichende Verbindung aus, weil ich erst Jahre nach der Unterzeichnung des Mietvertrags meinen Anspruch auf Aushändigung der beglaubigten Kopie des Energiepasses geltend gemacht hatte. Außerdem war dem Friedensgericht nicht klar, welcher konkrete Schaden durch den einen Euro abgedeckt sein sollte.

Ferner hatte ich beim Friedensgericht mit Einreichung der Klage einen Antrag auf Zulassung von Rechtsmitteln gestellt. In seinem Urteil belehrte mich das Friedensgericht darüber, dass das Berufungsgericht darüber entscheidet, ob ein Rechtsmittel zulässig ist.

Folglich stellte ich in meinen weiteren Klagen keinen Antrag mehr auf Zulassung eines Rechtsmittels.

Das Friedensgericht folgte aber meinem Argument, dass „neuer Energiepass" impliziert, dass es einen alten Energiepass gibt. Aus den dem Friedensgericht vorliegenden Unterlagen ergab sich nicht, dass das Haus bei Einreichung der Klage keinen Energiepass hatte.

> Fragen sie Ihren Rechtsanwalt, wie die Rechtslage ist, wenn die beglaubigte Kopie des Energiepasses zwischen der Einreichung der Klage und der Gerichtsverhandlung an den Mieter ausgehändigt wird.

Zudem hielt das Friedensgericht eine Frist von 8 Tagen für die Vorlage einer beglaubigten Kopie des Energiepasses für angemessen. Somit bestätigte das Friedensgericht meinen Anspruch auf Aushändigung einer beglaubigten Kopie des Energiepasses nach Artikel 11 Absatz 1 und Absatz 3 des Energiepassgesetzes (jetzt Artikel 17 Absatz 1 und Absatz 3 des neuen Energiepassgesetzes). Somit war meine Klage auch nicht rechtsmissbräuchlich und schikanös.

Interessanterweise beließ es das Friedensgericht nicht dabei, sondern gab Vincent noch den folgenden Hinweis mit auf den Weg, dass sogar auch einem Mietinteressenten der Energiepass auszuhändigen ist. Damit dieser auf Grund der Energieeffizienz des Mietobjekts entscheiden kann, ob er den Mietvertrag unterschreibt. Im Prinzip steht das in Artikel 17 Absatz 1 Energiepassgesetz.

Wenn der Energiepass laut dem Energiepassgesetz für Mietinteressenten von Bedeutung ist, dann sind auch wahrheitsgemäße Angaben über die Wohnfläche des Mietobjekts, über die Verfügbarkeit eines Kellers und über die Verfügbarkeit eines parking extérieur für Mietinteressenten von Bedeutung.

Als ich die Hausbesichtigungen für 6 Mietinteressenten durchführte, hatte der neue Makler von Vincent keinem der 6 Mietinteressenten den Energiepass vorgelegt.

Regeln ohne Sanktionsmöglichkeit beachtet Vincent nicht. Vincent lebt in seiner eigenen Welt mit seinen eigenen Regeln und seinen eigenen Wahrheiten.

Ach ja, Vincent musste die Prozesskosten übernehmen und das Friedensgericht sprach mir im Wege der Schätzung, 90 Euro Prozesskostenentschädigung nach Artikel 240 NCPC zu. Wichtiger als die 90 Euro war mir, dass Vincent mit einer seiner Lügen endlich mal Schiffbruch erlitten hatte. Das hielt Vincent aber nicht davon ab, auch danach noch, immer dann zu lügen, wenn es ihm gerade passte.

Reformvorschlag
Schon bei den Römern galt: Dura lex sed lex. Das Gesetz ist hart, aber es ist das Gesetz. Damit Leute wie Vincent die Regeln des Energiepassgesetzes und darauf basierende richterliche Hinweise beachten und nicht missachten, sollte man im Energiepassgesetz Sanktionsmöglichkeiten einbauen. Z. B. in Artikel 17 Absatz 8 Energiepassgesetz. Gerade in Zeiten des Klimawandels und des Green Deals der EU sollte man stärker auf die Einhaltung der Energiepassregeln pochen. Daran ändert auch die Tatsache nichts, dass es wegen der allgemeinen Wohnungsnot in Luxemburg Mietinteressenten gibt, die nicht nach dem Energiepass des Mietobjekts fragen.

Nach der Gerichtsverhandlung
Ich hatte mich natürlich erkundigt, wie ein luxemburgischer Energiepass aussieht und was er beinhaltet. Hier gibt es z. B. im Internet ein Muster für den Energiepass.

- https://guichet.public.lu/dam-assets/entreprises/fr/espace-experts-energie/experts-habitation/habitation/specimens/specimen-cpe-de.pdf

Trick 18 vom Vermieter Vincent:

Vincent schickte mit dann später eine unvollständige Kopie des Energiepasses, die beglaubigt war. Es fehlte die erste Seite des Energiepasses, auf der die Wärmeschutzklasse und die Energieeffizienzklasse mit F und die Energiebezugsfläche in qm ausgewiesen werden. Ferner war in diesem Energiepass nicht die Seite vorhanden, auf der die Einzelmaßnahmen zur energetischen Verbesserung des Gebäudes aufgelistet waren.

Vincent hatte übrigens dem Ingenieur verboten, mir Details über den Energieverbrauch des Hauses mitzuteilen. Auch war es dem Ingenieur nicht erlaubt, mir eine Kopie des Energiepasses zu übersenden. Der Ingenieur hielt sich an die Arbeitsanweisungen von Vincent.

Nachdem ich mich darüber beschwert hatte, dass der Energiepass unvollständig sei, erhielt ich eine vollständige und beglaubigte Kopie des Energiepasses. Der vollständige Energiepass hatte 5 Seiten.

Trick 19 vom Vermieter Vincent:

Vincent entschuldigte sich, dass die letzte Seite der Kopie gefehlt hatte.

In Wirklichkeit hatten aber 2 Seiten gefehlt. Aus der Liste der Einzelmaßnahmen zur energetischen Verbesserung des Gebäudes ergab sich, dass über 4.000 Euro an Energiekosten in den nächsten 20 Jahren eingespart werden könnten, falls Vincent die von dem Ingenieur vorgeschlagenen Einzelmaßnahmen umsetzen würde.

4.000/240 Monate bedeuten demnach eine monatliche Ersparnis an Energiekosten von rund 17 Euro. Eigentlich überflüssig zu erwähnen, dass Vincent bis zu meinem Auszug, die von dem Ingenieur vorgeschlagenen Investitionen nicht getätigt hatte.

Wärmeschutzklassen und Energieeffizienzklassen in Luxemburg

In Luxemburg gibt es die Wärmeschutzklassen und die Energieeffizienzklassen A bis I. A ist die beste Wärmeschutzklasse und die beste Energieeffizienzklasse. Ein Energiesparhaus darf nur maximal die Klasse C haben. Da war das Haus von Vincent mit Klasse F für die Wärmeschutzklasse und die Energieeffizienzklasse weit davon entfernt.

Kein Wunder, dass Vincent in den mir bekannten Neuvermietungsanzeigen die Wärmeschutzklasse und die Energieeffizienzklasse seines Hauses nicht angegeben hatte, obwohl er ja mittlerweile für sein Haus einen Energiepass hatte.

Einzelheiten zu den verschiedenen Wärmeschutzklassen und Energieeffizienzklassen finden Sie übrigens hier.

- https://www.myenergy.lu/de/mediathek1/downloads/telecharger/969

Was kostet der Energiepass und wer bezahlt ihn?

Laut telefonisch erteilten Auskünften liegen die Kosten für die Erstellung eines Energiepasses zwischen 500 und 1.500 EUR. Da das Haus von Vincent nicht sehr groß war, betrugen die Kosten für die Erstellung dieses Energiepasses wahrscheinlich eher 600 Euro als 1.500 Euro. Der Besuch des Ingenieurs dauerte rund 30 Minuten.

> Laut telefonischer Auskunft meiner damaligen Wohngemeinde hätte die Beglaubigung des Energiepasses 3 Euro gekostet.

Das müsste doch preiswerter sein, als wenn im Fall von Vincent sein Rechtsanwalt die Kopie beglaubigt?

Obwohl sich aus der fallbezogenen Entscheidung des Friedensgerichts ergab, dass Vincent die Kosten für die Erstellung und Beglaubigung des Energiepasses zu übernehmen hat, möchte ich doch kurz darauf eingehen, wer grundsätzlich die Kosten für den Energiepass zu tragen hat.

Hier hilft ein Blick auf Artikel 14 Absatz 5 (früher Artikel 9 Absatz 5) Energiepassgesetz:

„(5) Les frais pour l'établissement du certificat de performance énergétique sont à supporter par la personne responsable pour initier l'établissement de celui-ci."

Die maschinelle Übersetzung lautet:

(5) Die Kosten für die Ausstellung des Ausweises über die Gesamtenergieeffizienz sind von der verantwortlichen Person zu tragen, die die Ausstellung veranlasst.

Also die bekannte Regel: Wer bestellt, der bezahlt. Der Vermieter wird hier nicht explizit genannt. Aber es gibt ja noch den Artikel 17 Absatz3 (früher Artikel 11 Absatz 3) Energiepassgesetz, der wie folgt lautet.

„(3) Au moment où un changement de locataire devient effectif, le propriétaire détenteur du certificat de performance énergétique est obligé de communiquer une copie certifiée conforme de celui-ci au nouveau locataire."

Die maschinelle Übersetzung lautet:

3) Bei Inkrafttreten eines Mieterwechsels ist der Eigentümer des Ausweises über die Gesamtenergieeffizienz verpflichtet, dem neuen Mieter eine beglaubigte Kopie des Ausweises zu übermitteln.

Da der Eigentümer dem neuen Mieter eine beglaubigte Kopie des Energiepasses zu übermitteln hat, hat der Eigentümer einen Energiepass zu haben. Hat er dennoch keinen Energiepass, hat er, der Vermieter, den Energiepass zu bestellen bzw. in Auftrag zu geben und nicht der Mieter. Schließlich händigt nicht der Mieter dem Vermieter die beglaubigte Kopie des Energiepasses aus, sondern der Vermieter dem Mieter.

> Wurde die Erstellung eines Energiepasses vom Vermieter beauftragt, bringen Sie als Mieter trotz dieser klaren Rechtslage schriftlich zum Ausdruck, dass Sie die Kosten für den Energiepass nicht übernehmen werden.

Eine Liste der zertifizierten Energieberater (Liste des conseillers en énergie myenergy certified), die vom luxemburgischen Ministre de l'Environnement zugelassen worden sind, ist an der folgenden Stelle verfügbar.

- https://www.myenergy.lu/fr/mediatheque1/telechargements/telecharger/888

Den Namen des Ingenieurs, den Vincent mit der Erstellung des Energiepasses beauftragt hatte, fand ich in dieser Liste hier. Daher ließ ich den Ingenieur ins Haus hinein.

Wer bezahlt defekte Küchengeräte?

Das Haus von Vincent hatte eine Einbauküche mit Küchengeräten. Wie üblich war diese Küche mit ihren Küchengeräten mitvermietet. Bei der Frage wer defekte Küchengeräte bezahlt, spielt es grundsätzlich keine Rolle, ob der Herd oder die Geschirrspülmaschine oder der Kühlschrank defekt ist.

Trick 20 vom Vermieter Vincent:
Vincent erzählte mir, dass die Geschirrspülmaschine 15 Jahre alt sei.

Anhand des Typenschildes konnte ich aber herausfinden, dass die Geschirrspülmaschine schon 19 Jahre war, als sich in ihr 2 Sprühdosen lösten. Somit wusste ich, dass Vincent mich angelogen hatte.

> Haben Sie das Gefühl, dass Ihr Vermieter oder ein Verkäufer Sie nicht korrekt über das Alter seiner Küchengeräte informiert, können Sie das direkt oder indirekt über das Typenschild das Alter des Gerätes bestimmen.

Wie Sie anhand eines Typenschildes das Alter eines Gerätes herausfinden können, wird hier erklärt:

- https://forum.teamhack.de/filebase/download/23/

Wenn der Vermieter falsche Angaben über das Alter seiner Küchengeräte macht, werden sie wahrscheinlich deswegen keine direkten Schadensersatzansprüche haben. Aber es kann nicht schaden, dem Friedensgericht belegen zu können, dass der Vermieter nicht die Wahrheit sagt.

Da es sich um eine Einbauküche handelte, gehe ich davon aus, dass der Kühlschrank und der Herd in etwa genauso alt waren. Dass die 3 Küchengeräte unterschiedlich alt waren, wurde von Vincent auch nicht behauptet. Weder der Vermieter noch der Mieter können sich beim Verkäufer oder Hersteller beschweren kann, wenn nach 19 Jahren Mängel bei Küchengeräten auftreten.

Natürlich hat der Vermieter das Recht, die Küchengeräte erstmal auf seine Kosten reparieren u lassen, anstatt sofort ein neues Küchengerät kaufen zu müssen. Da bei solchen alten Küchengeräten nicht mehr für alle Teile Ersatzteile lieferbar sind, kommt man schnell zu dem Punkt, dass eine Reparatur nicht mehr möglich ist und daher als Ersatz, ein neues Küchengerät gekauft werden muss.

Für die Geschirrspülmaschine war der Spülarm (Sprüharm), in dem die Sprühdüsen industriell reingepresst werden, nicht mehr lieferbar. Die Sprühdüsen waren zwar noch lieferbar, aber man konnte Sie nur noch mit der Hand auf dem Spülarm befestigen. Folglich lösten sich die neuen Sprühdüsen nach kurzer Zeit aus dem Spülarm. Mit der Hand befestigt ist nun mal nicht so wirksam, wie industriell oder maschinell reingepresst. Daher war aus meiner Sicht der Kauf einer neuen Geschirrspülmaschine unvermeidbar.

Trick 21 vom Vermieter Vincent:

Vincent behauptete, dass die Geschirrspülmaschine trotz der beiden fehlenden Sprühdüsen voll funktionsfähig sei. Dabei ließ er sich von so einem Typ von einem Küchenstudio unterstützen, indem dem dieser die Meinung von Vincent teilte. In seiner Gegenklage bezüglich der Geschirrspülmaschine berief sich Vincent dann auf die Aussage des Typs vom Küchenstudio. Zu Beginn des Streits hatte Vincent noch eingeräumt, dass schon bei einer fehlenden Sprühdüse, voraussichtlich die Geschirrspülmaschine nicht mehr so gut reinigt.

Der Trick hierbei ist, mich als Mieter abzustempeln, der grundlos quengelt und sinnlos nervt. Bei 2 fehlenden Sprühdüsen konnte keine Rede davon sein, dass die Geschirrspülmaschine voll funktionsfähig war. Wenn denn die Geschirrspülmaschine ohne die 2 Sprühdüsen voll funktionsfähig wäre, wieso hatte man sich dann die Mühe gemacht, diese bei der Produktion in das Gerät einzubauen?

Nach dieser Logik kann man selbst dann noch von einem voll funktionierenden Herd reden, wenn von 4 Herdplatten nur noch eine Herdplatte heiß wird.

Oder ein Kühlschrank funktioniert nach dieser Logik auch dann noch vollständig, wenn er sich im Sommer nur noch auf 15 Grad Celsius runterkühlen lässt. Er funktioniert, weil es im Haus über 20 Grad Celsius warm ist.

Richtig war, dass man die Geschirrspülmaschine noch ein- und ausschalten konnte und sie trotz der zwei fehlenden Sprühdüsen noch etwas reinigte.

Die Bedienungsanleitungen für die Küchengeräte

Infolge der Probleme mit der Geschirrspülmaschine fiel mir auf, dass ich weder für die Geschirrspülmaschine, noch für den Herd noch für den Kühlschrank eine Bedienungsanleitung erhalten hatte. Folglich forderte ich alle 3 Bedienungsanleitungen bei Vincent an.

Trick 22 vom Vermieter Vincent:
Vincent behauptete, dass die Bedienungsanleitung für die Geschirrspülmaschine bei der Hausübergabe in einer der Schubladen der Einbauküche lag.

Der Trick darin lag, mich als nervender, quengelnder und lügender Mieter hinzustellen. In Wirklichkeit hatte nie in einer der beiden Schubladen der Einbauküche die Bedienungsanleitung gelegen. Man kann den Trick von Vincent aus so interpretieren, dass ich so dumm bin, dass ich rund 2,5 Jahre lang die Bedienungsanleitung für die Geschirrspülmaschine in einer der beiden Schubladen übersehen hatte.

Bezüglich der Bedienungsanleitungen für den Herd und den Kühlschrank räumte Vincent wenigstens ein, dass ihm diese nicht vorliegen.

> Achten Sie darauf, dass Sie vom Vermieter spätestens beim Einzug für jedes angemietete Gerät eine Bedienungsanleitung erhalten.

Ist der Vermieter nicht im Besitz von allen Bedienungsanleitungen, halten Sie gegenüber dem Vermieter fest, welche Bedienungsanleitungen Sie vom Vermieter nicht erhalten haben. Das kann bei Ihrem Auszug bzw. bei der Rückgabe des Mietobjekts eine Rolle spielen.

Mein Vorschlag an den Vermieter bezüglich der neuen Geschirrspülmaschine

Um die Entscheidung für eine neue Geschirrspülmaschine zu beschleunigen, hatte ich eine Marktstudie erstellt und diese Vincent übersandt. Aus dieser Marktstudie ergab sich, dass eine Samsung Edelstahl Geschirrspülmaschine für 349 Euro mit deutlichen Abstand am preiswertesten war. In den 349 Euro waren die Lieferung und Installation des neuen Gerätes als auch die Entsorgung der alten Geschirrspülmaschine enthalten.

Die Reaktion des Vermieters auf meinen Vorschlag

- Ich soll die Geschirrspülmaschine für 349 Euro bezahlen.
- Die alte Geschirrspülmaschine soll ich auf dem Speicher stellen.
- Die neue Geschirrspülmaschine soll ich bei meinem Auszug entfernen.
- Bei meinem Auszug soll ich die alte Geschirrspülmaschine auf meine Kosten wieder anschließen.

Ferner betonte Vincent, dass er allein bestimmt, ob eine neue Geschirrspülmaschine gekauft wird.

Damit hatte Vincent eine Klage vor dem Friedensgericht provoziert. Zumal er sich nicht um Alternativen zur Samsung Edelstahl Geschirrspülmaschine für 349 Euro gekümmert hatte. Außerdem behaupteten er und der Schleimer von irgendeinem Küchenstudio nach wie vor, dass die Geschirrspülmaschine funktioniert.

Zwischen der Einreichung der Klage und der Gerichtsverhandlung liefert der Vermieter

Mit „liefert" ist gemeint, dass der Vermieter, entweder die von Ihnen gewünschte Reparatur ausführen lässt oder ein defektes Gerät austauschen lässt. Wahrscheinlich, weil Sie mit Einreichung der Klage beim Friedensgericht Druck auf den Vermieter ausgeübt hatten.

In der Regel ist der Zeitraum zwischen Klageeinreichung und Gerichtsverhandlung lang genug ist, um ein Küchengerät zu ersetzen. Auch viele Reparaturen können in diesem Zeitraum entsprechend Ihrem Klagebegehren vom Vermieter bzw. seinem Handwerker erledigt werden.

Im Fall von Vincent ging es um die Lieferung und Installation einer neuen Geschirrspülmaschine.

Circa 1 Woche nach Einreichung der Klage beim Friedensgericht meldete sich der Typ von irgendeinem Küchenstudio und wollte mit mir einen Termin für die Lieferung und Installation einer neuen Geschirrspülmaschine vereinbaren. Obwohl nach seinen Behauptungen die Geschirrspülmaschine funktionierte. Die Schleimerei hatte sich also für den Typ vom Küchenstudio gelohnt. Vincent bestellte die neue Geschirrspülmaschine bei ihm.

Da sich nicht aus diesem E-Mail ergab, dass Vincent die Kosten für die Lieferung und für die Installation der neuen Geschirrspülmaschine und die Kosten für die Entsorgung der alten Geschirrspülmaschine übernehmen wollte, ließ ich mir vor der Lieferung und Installation der neuen Geschirrspülmaschine Folgendes schriftlich bestätigen.

- Die alte Geschirrspülmaschine wird am Tag der Lieferung der neuen Geschirrspülmaschine auf Kosten von Vincent abtransportiert.
- Am Tag der Lieferung erhalte ich eine Gebrauchsanweisung, wenn möglich in deutscher Sprache, für die neue Geschirrspülmaschine.

- Dass ich überhaupt keine Kosten übernehmen muss. Weder für die Geschirrspülmaschine, noch für deren Installation, noch für die Entsorgung der alten Geschirrspülmaschine et.

Die schriftlichen Bestätigungen musste ich Vincent einzeln aus der Nase ziehen.

Die neue Geschirrspülmaschine reinigte übrigens schlechter als die 19 Jahre alte Geschirrspülmaschine, als diese noch vollständig funktionierte. Ich tröstete mich damit, dass ich bald ausziehen werde und dann mein Nachmieter dieses Gerät benutzen muss. Zumal ich als Mieter keinen Anspruch auf eine bestimmte Geschirrspülmaschine als Ersatzgerät hatte. Die 19 Jahre alte Geschirrspülmaschine gab es natürlich nicht mehr zu kaufen.

Nach der Lieferung und Installation der neuen Geschirrspülmaschine musste ich natürlich den Empfang der Geschirrspülmaschine quittieren. Vorsichtshalber schrieb ich auf die Empfangsbescheinigung, dass meine Unterschrift nicht bedeutete, dass ich irgendwelche Kosten übernehme. Anschließend kopierte ich die Empfangsbescheinigung für meine Akte.

Sie halten die Vielzahl dieser Vorsichtsmaßnahmen übertrieben?

Vincent behauptete später beim Friedensgericht, dass der Kauf einer neuen Geschirrspülmaschine nicht notwendig gewesen sei und auch die zusätzlichen Ausgaben für die Installation der neuen Geschirrspülmaschine und für die Entsorgung der alten Geschirrspülmaschine nur aus Kulanz von ihm bezahlt worden wären. Ferner darf ich Sie in diesem Zusammenhang auf das Kapitel „Wer bezahlt die Reparatur der Heizölanlage?" verweisen.

> Sichern Sie sich ab, wenn der Vermieter liefert, damit er später nicht behaupten kann, er sei lediglich für sie finanziell in Vorleistung getreten.

Hat der Vermieter mit dieser Behauptung beim Friedensgericht Erfolg und haben Sie Ihre Klage beim Friedensgericht zurückgezogen, weil Sie irrtümlich davon ausgegangen sind, dass die Reparatur oder Kosten für den Austausch des Gerätes vollständig von dem Vermieter übernommen werden, haben Sie ein Problem.

Was mit der beim Friedensgericht hängenden Klage machen?

Da die Geschirrspülmaschine auf Kosten von Vincent vor der Gerichtsverhandlung ausgetauscht worden war, drängte sich die Frage auf, was denn nun mit meiner Klage geschehen soll. Das Klageziel hatte ich erreicht, weil ich wie gefordert, eine neue Geschirrspülmaschine erhalten hatte. Nach dem deutschen Recht kann man eine Klage zurücknehmen oder die Klage für erledigt erklären. Letzteres ist kostengünstiger für den Kläger. Da ich nicht wusste, wie nach luxemburgischen Recht zu verfahren ist, entschied ich mich dafür, noch am Tag der Installation der neuen Geschirrspülmaschine, das Friedensgericht darüber zu informieren, dass ich eine neue Geschirrspülmaschine erhalten hatte. Ich ging damit der Frage aus dem Weg, ob ich meine Klage zurücknehme oder die Klage für erledigt erklären soll. Zudem hatte diese Vorgehensweise den Vorteil, dass niemand bei der Gerichtsverhandlung mir vorwerfen konnte, dass ich den Erhalt der neuen Geschirrspülmaschine verschwiegen hatte.

> Fragen Sie Ihren Rechtsanwalt, wie zu verfahren ist, wenn der Vermieter zwischen Klageeinreichung und Gerichtsverhandlung ihrem Klagebegehren entspricht.

Das Friedensgericht wies in seinem Urteil die Klage als gegenstandslos ab, weil die Geschirrspülmaschine ersetzt worden war. Ein finanzieller Nachteil ergab sich daraus für mich nicht.

Geschirrspülmaschine: Geltendmachung eines Folgeschadens

Im Zuge der Überlegungen, was ich mit meiner Klage beim Friedensgericht machen soll, kam ich auf die Idee, wegen der defekten Geschirrspülmaschine einen Folgeschaden geltend zu machen. Und zwar aus den folgenden Gründen:

Vincent war es gelungen, die Anlieferung der neuen Geschirrspülmaschine soweit zu verzögern, dass ich rund fast 4 Monate wegen der defekten Geschirrspülmaschine das Geschirr manuell nachreinigen musste. Das zog einen erhöhten

Wasserverbrauch nach sich. Folglich kam ich auf die Idee, einen Folgeschaden wegen des erhöhten Wasserbrauchs geltend zu machen.

Das war gedanklich von mir zu kurz gesprungen. Denn der Wasserbrauch hängt auch von anderen Faktoren wie z. B. Kochen und Duschen ab. Der Wasserbrauch kann auch von der Jahreszeit abhängen. Wer im Sommer öfters Sport treibt als im Winter, duscht im Sommer häufiger. Wer im Sommer öfters als im Winter im Restaurant isst, kocht im Sommer seltener. Finden Urlaubsreisen im Sommer statt im Winter statt, verringert das den Wasserverbrauch im Sommer im Verhältnis zum Winter. Zudem war es nicht möglich, für den Zeitraum von diesen fast 4 Monaten eine gesonderte Rechnung für den Wasserverbrauch zu erhalten. Der Rechtsanwalt von Vincent nahm diese Forderung in der Gegenklage leichtfüßig auseinander. Der Schadensersatz wegen meines Wassermehrverbrauchs wurde aber aus einem anderen Grund abgelehnt.

Die Notwendigkeit, das Geschirr manuell nachzuspülen, zog nicht nur einen erhöhten Wasserverbrauch nach sich, sondern natürlich auch einen erhöhten Arbeitsaufwand. Um nicht als gierig vor dem Friedensgericht zu erscheinen, setzte ich nur 15 Euro pro Stunde an. Der zusätzliche Arbeitsaufwand betrug pro Tag für das manuelle Nachreinigen des Geschirrs circa 30 Minuten. Somit machte ich pro Tag 7,50 Euro Schadensersatz für meinen erhöhten Arbeitsaufwand geltend.

Die Verhandlung beim Friedensgericht wegen der Geschirrspülmaschine

Für die Geltendmachung des Folgeschadens vergab das Friedensgericht kein neues Aktenzeichen. Die Verhandlung über den Folgeschaden fand also innerhalb der Verhandlung über den Ersatz der alten Geschirrspülmaschine statt.

Die Entscheidung des Friedensgerichts bezüglich der Geschirrspülmaschine

Das Friedensgericht stellte klar, dass ich als Mieter einen Anspruch auf eine funktionsfähige Geschirrspülmaschine habe. Zudem unstrittig sei, dass die Geschirrspülmaschine bei meinem Einzug funktionsfähig war.

Das Friedensgericht sah es aber nicht als erwiesen an, dass die manuell, wieder eingepfropften Sprühdüsen die Reinigungswirkung der Geschirrspülmaschine verschlechterten.

Hier hatte ich es während der Gerichtsverhandlung versäumt, hervorzuheben, dass es nicht um die manuell, wieder eingepfropften Sprühdüsen ging, sondern um 2 fehlende Sprühdüsen im Spülarm.

Formatieren Sie in ihrem Manuskript besonders wichtige Punkte oder Argumente mit Fettschrift, so dass Sie diese bei Ihrem Vortrag nicht vergessen und mit ihrer Stimme besonders betonen.

Leider hatte ich vergessen, den Spülarm und die beiden Sprühdüsen zur Gerichtsverhandlung mitzubringen. Dann hätte ich dem Friedensgericht zeigen können, dass in dem Spülarm zwei Sprühdüsen fehlten. Zudem hätte ich dem Friedensgericht die herausgefallenen Sprühdüsen vorlegen können. Anhand der neuen Ersatzsprühdüsen hätte ich darauf hinweisen können, dass diese sich aus dem Spülarm gelöst hätten. Dass also das manuelle Reinpfropfen der neuen Ersatzsprühdüsen, nicht zu einem dauerhaften Verbleib dieser Sprühdüsen im Spülarm führt. Die alten Sprühdüsen waren sichtbar so verfallen und so zerbröselt, dass es für das Friedensgericht klar gewesen wäre, dass diese in dem Spülarm keinen Halt mehr finden konnten.

Werden die kaputten Teile von einem Handwerker ausgetauscht, lassen Sie sich die kaputten Teile von dem Handwerker zeigen und erklären, woran man sieht, dass diese Teile kaputt sind. Fragen Sie den Handwerker ob er diese kaputten Teile noch braucht oder ob Sie diese kaputten Teile behalten können.

> Bewahren Sie kaputte Teile von Geräten, die Sie von dem Vermieter gemietet haben, als mögliches Beweismittel auf.

Ich hätte den Spülarm und die Sprühdüsen nicht von meinem Tisch im Gerichtssaal gezeigt, sondern Sie dem Friedensrichter übergeben, damit er sich ein besseres Bild von diesen Teilen machen kann.

> Halten Sie Dokumente oder andere Beweismittel für besonders wichtig, übergeben Sie diese dem Friedensrichter während Ihres Vortrages.

Das bedeutet nun nicht, dass Sie während Ihres Vortrages ständig zwischen Ihrem Tisch im Gerichtssaal und dem Friedensrichter hin- und herpendeln. Auch wenn aus Ihrer Sicht alle ihre Beweismittel wichtig sind. Während der Gerichtsverhandlung bezüglich des Energiepasses hatte ich dem Friedensrichter nur ein einziges Schriftstück übergeben. Das Schreiben von Vincent, in dem er behauptet hatte, dass sowieso ein neuer Energiepass erstellt werden muss. Ich legte dieses Schreiben vor, weil er damit implizit zum Ausdruck gebracht hatte, dass ein alter Energiepass existiert.

> Übergeben sie dem Friedensrichter ein Dokument, markieren Sie in dem Dokument die relevante Stelle.

Das gilt auch für die Anlagen in Ihren Schriftsätzen. Der Anwalt von Vincent setzte immer ein kleines Kreuz an den aus seiner Sicht relevanten Stellen. Das ist besser als einen gelben Textmarker zu verwenden. Denn bei einer Kopie laufen Sie Gefahr, dass die gelbe Markierung nicht mehr sichtbar ist.
Behalten Sie bitte immer im Auge, dass ihr Fall nur einer von vielen Fällen ist. Da das Friedensgericht völlig überlastet ist, machen Sie dem Friedensgericht die Arbeit so einfach wie möglich. Sie haben keinen Vorteil, wenn das Friedensgericht in einer dreiseitigen Anlage oder in einem dreiseitigen Dokument, das Sie dem Friedensrichter übergeben, nach der Stelle suchen muss, die Ihrer Meinung nach wichtig sein soll.

Zurück zur Entscheidung des Friedensgerichts. Wegen der falschen Behauptung des Typs vom Küchenstudio war das Friedensgericht nicht davon überzeugt, dass die Geschirrspülmaschine defekt war. Wie soll das Friedensgericht auch anders entscheiden? Der Typ vom Küchenstudio ist Experte, ich bin kein Experte und der Friedensrichter ist kein Spezialist für Sprühdüsen und Spülarme.

Wenn also ein Experte etwas für mich Nachteiliges behauptet, dann muss ich meine Anstrengungen mindestens verdoppeln, um das Gegenteil zu beweisen.

Wahrscheinlich hätte noch nicht mal die Übergabe der Sprühdüsen und des Spülarms ausgereicht, um die Meinung des Friedensgerichtes zu ändern. Ich hätte zusätzlich im Internet nach Fundstellen suchen müssen, in denen ein Experte erläutert, warum fehlende Sprühdüsen die Reinigungswirkung einer Geschirrspülmaschine entscheidend mindern und dass damit zusammenhängend manuelle Nachreinigungen notwendig sind. Ich hätte nach Handwerkern und Verkäufern von Geschirrspülmaschinen suchen müssen, die mir schriftlich bescheinigen, dass fehlende Sprühdüsen die Reinigungsleistung der Geschirrspülmaschine verringern und damit manuelle Nacharbeiten notwendig sind. Hier lagen also eine Menge Versäumnisse von mir vor. Aber eine Garantie kann ich hier nicht abgeben, dass diese zusätzlichen Maßnahmen zum Erfolg geführt hätten. Zudem kann man auch die Meinung vertreten, dass auch bei einer neuen Geschirrspülmaschine manuelle Nacharbeiten notwendig sein können.

Da das Friedensgericht nicht davon überzeugt war, dass die Geschirrspülmaschine defekt war, kam es zwangsläufig zu der folgenden Schlussfolgerung:

Es sei nicht erwiesen, dass die Geschirrspülmaschine ersetzt werden musste.

Die Zulässigkeit der nachträglichen Geltendmachung eines Folgeschadens (Wassermehrverbrauch, manuelles nachreinigen) bejahte das Friedensgericht nach Artikel 53 Satz 2 Nouveau Code de procédure civil, da ein ausreichender inhaltlicher Zusammenhang mit der Forderung nach einer neuen Geschirrspülmaschine vorhanden gewesen war. Da aber nicht erwiesen sei, dass die Geschirrspülmaschine defekt war, kann auch kein Schadensersatz für einen

Wassermehrverbrauch und für die investierte Zeit bzw. Arbeitskraft für das manuelle Nachreinigen verlangt werden.

Obwohl ich den Rechtsstreit verloren hatte, war das Friedensgericht nicht der Meinung, dass meine Klage rechtsmissbräuchlich und schikanös gewesen sei. Da laut der Aktenlage es zu Reparaturbemühungen gekommen war und letztendlich die Geschirrspülmaschine ersetzt worden war. Auf Grund meiner o. g. Versäumnisse musste ich dann 230 Euro Schadensersatz an Vincent zahlen.

Der kaputte Balkon

Rund ein Jahr nach meinem Einzug tropfte an mehreren Stellen vom Balkon eine rostbraune Flüssigkeit auf den Boden darunter. Es lösten sich sogar kleine Teile vom Boden des Balkons, die teilweise auf dem Nachbargrundstück landeten. Laut den Angaben von Vincent war der Balkon genau vor 11 Jahren renoviert worden.

Trick 23 vom Vermieter Vincent:

Vincent sah keine Notwendigkeit, den Balkon zu reparieren. Er wies daraufhin, dass selbst wenn der Balkon doch repariert werden würde, es sich um eine Gefälligkeit von ihm handeln würde. Dem Friedensgericht teilte Vincent mit, dass es sich nur um ein ästhetisches Problem handelt.

Somit stellte mich Vincent als einen quengelnden Mieter hin, der von ihm nicht notwendige und damit sinnlose Reparaturen einfordert.

Trick 24 vom Vermieter Vincent:

Nicht nur bei dem kaputten Balkon sprach Vincent von einer Gefälligkeit. Die Anschaffung der neuen Geschirrspülmaschine war laut Vincent ebenfalls eine Frage der Kulanz gewesen. Das war die Masche von Vinzenz.

Die Notwendigkeit einer Reparatur oder der Ersatz eines Gerätes wurde also immer von Vincent bestritten. Konsequenterweise konnte die Bezahlung einer Reparatur oder eines Ersatzgerätes aus seiner Sicht nur aus Gründen der Gefälligkeit oder der Kulanz erfolgt sein.

Der Trick dabei ist, dass Sie dann als Mieter im Zweifelsfall beweisen müssen, dass die Reparatur oder die Ersatzbeschaffung notwendig gewesen war. Wie wollen Sie das hinbekommen? Mir war das bei der Geschirrspülmaschine nicht gelungen. Richtig schlechte Karten haben Sie, wenn der Handwerker des Vermieters oder der Verkäufer des Ersatzgerätes (der Schleimer) behauptet, dass keine Notwendigkeit bestand und somit bestätigen, dass eine Kulanz oder eine Gefälligkeit des Vermieters vorliegt.

Nach rund 1,5 Jahren wurde übrigens der Balkon dann doch repariert.

Vincent berief sich darauf, dass sein Bauunternehmer so stark ausgelastet gewesen sei, dass er vorher keine Zeit gehabt hätte.

Das hört sich so an, als ob es in Luxemburg nur einen einzigen Handwerker gibt, der den Balkon hätte reparieren können. Dass bezweifele ich.

Bei der Reparatur des Balkons wurden nicht nur die Ursachen für den tropfenden Balkon beseitigt, sondern es wurden zusätzlich auch zahlreiche Fliesen auf dem Balkon ausgetauscht.

Die rostbraunen Flecken auf dem Boden hatte Vincent entgegen seiner Zusage nie entfernt. Dass bedeutete im Ergebnis, dass ich rund 1,5 Jahre lang die Stellen geputzt hatte, wo die rostbraunen Tropfen aufschlugen.

Der Mieter in Luxemburg kürzt wegen Mängeln einseitig die Miete

Statt nun den Vermieter wegen Mängeln z. B. bei einer Geschirrspülmaschine oder bei einem Balkon zu verklagen, könnte man daran denken, dass man solange die Miete kürzt, bis die alte Geschirrspülmaschine ersetzt und/oder der Balkon repariert ist.

Nach deutschen Recht ist die einseitige Kürzung der Miete durch den Mieter erstmal überhaupt kein Problem. Das sieht § 536 BGB (deutscher Civil Code, Bürgerliches Gesetzbuch) sogar ausdrücklich vor. Gemäß § 536 Absatz 4 BGB darf das Minderungsrecht des Mieters durch den Mietvertrag nicht ausgeschlossen werden.

Hat das Mietobjekt einen Mangel und ist der Mieter in Deutschland der Meinung, dass eine Mietminderung von z. B. 8 % angemessen ist, zahlt der Mieter einfach 8 % weniger Miete.

Für die Bemessung der Höhe der Mietminderung kann der Mieter sich an sogenannten Mietminderungstabellen orientieren. Diese Mietminderungstabellen listen detailliert auf für welchen Mangel, er ungefähr welche Mietminderung ansetzen kann. Das entsprechende Urteil des Gerichts wird in der Regel in diesen Mietminderungstabellen genannt.

Entsprechend lang sind diese Mietminderungstabellen und müssten eigentlich „Mietminderungslisten" genannt werden. In diesen Mietminderungstabellen findet man zum Teil obskure Mietstreitigkeiten. So hatte z. B. ein deutsches Gericht entschieden, dass ein Mieter die Miete jeden Monat um 50 Cent mindern darf, weil der Briefkasten zu klein war.

Der Vermieter kann natürlich gegen die Mietminderung von z. B. 8 % klagen. Der Mieter hofft dann darauf, dass das Gericht die Mietminderung von 8 % für rechtens hält. Es kann dem Mieter aber passieren, dass das Gericht nur eine Mietminderung von 2 % oder von 0 % für zulässig hält. In einem solchen Fall hätte dem Mieter der Blick in die Mietminderungstabelle nichts genutzt. Der Mieter hätte sich verzockt.

Wegen dem fehlenden Energiepass, der defekten Geschirrspülmaschine und wegen des kaputten Balkons hatte ich Vincent gedroht die Miete zu kürzen bzw. zu mindern. Jedes Mal erhielt ich von Vincent als Antwort, dass er dann den Mietvertrag bzw. mir fristlos kündigen würde. Das war diesmal kein Trick von Vincent.

Denn das luxemburgische Mietgesetz sieht – im Gegensatz zu § 536 BGB – nicht vor, dass der Mieter die Miete einseitig kürzt. Auch nicht dann, wenn z. B. Reparaturen nicht zeitnah vom Vermieter veranlasst werden oder kaputte Geräte nicht vom Vermieter zeitnah ersetzt werden.

- https://my-life.lu/de/vermietung-von-immobilien-in-luxemburg-10033/

Ganz im Gegenteil. Der Kommentar „Le nouveau Droit du Bail" von THEWES aus dem Jahr 2007 verweist nämlich auf Seite 51 Nummer 98 darauf, dass selbst ein einfacher Zahlungsverzug eine Kündigung rechtfertigen kann. Ferner wird dort erwähnt, dass die luxemburgische Rechtsprechung eine fristlose Kündigung bei Nichtzahlung einer einzigen Monatsmiete erlaubt.

Eine einseitige Kürzung durch den Mieter ist also unerwünscht. Auch wenn der Vermieter die Möglichkeit hat, die fehlenden Mieteinnahmen mit der Mietkaution zu verrechnen.

Selbst wenn es mir vor dem Friedensgericht gelungen wäre, die fristlose Kündigung und die wahrscheinlich damit verbundene Räumungsklage abzuwehren, wäre das wie ein Tanz auf der Rasierklinge gewesen. Da stand das Risiko in keinem Verhältnis zu dem möglichen Ertrag, nämlich der Minderung der Miete um wenige Prozent.

Für den Mieter in Luxemburg besteht aber die Möglichkeit, sich gemäß Artikel 24 Satz 1 Mietgesetz an das Friedensgericht zu wenden.

Das ist der Text von Artikel 24 Satz 1 Mietgesetz.

„Le juge de paix peut prendre par ordonnance toutes mesures provisoires, et notamment fixer le loyer provisoire."

Die maschinelle Übersetzung lautet:

Der Friedensrichter kann auf Anordnung alle vorläufigen Maßnahmen ergreifen, einschließlich der Festsetzung der vorläufigen Miete.

Mit anderen Worten: Man wendet sich an das Friedensgericht, in der Hoffnung, dass der Friedensrichter bis zur endgültigen Beilegung des Rechtsstreits, die Miete vorübergehend herabsetzt. Ich verstehe Artikel 24 Satz 1 Mietgesetz so, dass es sich hierbei um eine Art von Eilverfahren handelt. Bevor man sich an das Friedensgericht wendet, muss man natürlich den Vermieter erst über den Mangel informieren und abwarten, ob der Mangel behoben wird. Dabei kommt die von Vincent so ungeliebte Fristsetzung ins Spiel. Denn die meisten Mängel bedürfen einer raschen Beseitigung. Nur dann ist ja auch ein Eilverfahren geboten.

> Fragen Sie Ihren Rechtsanwalt, wie viel Zeit Sie dem Vermieter im konkreten Fall für die Beseitigung eines Mangels einräumen müssen.

Ich hatte diese Möglichkeit aus den folgenden Gründen nicht genutzt.

Erstens war für mich unklar, welchen Schaden ich eigentlich wegen dem fehlendem Energiepass hatte. Zweitens hatte ich das Problem, wie ich den Schaden wegen dem kaputten Balkon beziffern sollte. Mit meinem Arbeitsaufwand, in Euro umgerechnet, für die Beseitigung der rostbraunen Flecken?

Bloß was hätte ich davon gehabt, wenn die Miete vorläufig um ein paar Euro in allen drei Fällen vom Friedensgericht herabgesetzt worden wäre? Meine Ziele waren, dass ich eine neue, voll funktionsfähige Geschirrspülmaschine erhalte und dass der kaputte Balkon repariert wird. Außerdem wollte ich eine beglaubigte Kopie des Energiepasses haben. Also in meinem Fall ergab die Berufung auf Artikel 24 Satz 1 Mietgesetz kaum einen Sinn. Zudem bestand die Gefahr, dass das Friedensgericht meine Anträge teilweise wegen Geringfügigkeit ablehnen würde.

Welches System bezüglich Mietminderungen grundsätzlich für die Mieter und den Rechtsfrieden besser ist, darüber will ich mir kein Urteil erlauben.

Auf jeden Fall ist es immer schlecht für den Mieter, wenn der Vermieter – wie Vincent – immer behauptet, dass eine Reparatur oder die Beschaffung eines Ersatzgerätes nicht notwendig sei. Auch schlecht für den Mieter ist, wenn der Vermieter behauptet, dass es ihm nicht gelungen sei, einen Handwerker zu finden, der zeitnah die Reparatur vornehmen kann. Wie wollen Sie denn das Gegenteil beweisen?

Unter diesen Umständen sollte man kein altes Mietobjekt anmieten. Denn je älter das Mietobjekt ist, umso größer ist die Wahrscheinlichkeit, dass ein Reparaturbedarf besteht oder ein Gerät ersetzt werden muss. Aber angesichts der allgemeinen Wohnungsnot in Luxemburg kann man froh sein, überhaupt ein Mietobjekt zu finden. Zudem ist bei neuen Mietobjekten in der Regel die Miete noch höher als bei alten Mietobjekten.

Wer bezahlt die Reparatur der Heizölanlage?

Da ich mietvertraglich verpflichtet war, die Heizölanlage einmal im Jahr auf meine Kosten warten zu lassen, bestellte ich den Handwerker. Bei der Wartung der

Heizölanlage fand der Handwerker heraus, dass die Heizölanlage repariert werden musste. Da die Heizölanlage wie die Küchengeräte schon ziemlich alt war, nämlich 15 Jahre, war es keine Überraschung, dass Reparaturbedarf entstand. Nachdem ich dem Handwerker zusicherte, dass ich für die Reparaturarbeiten in Vorleistung gehen würde, falls es mir nicht gelingen würde, den Vermieter herbeizurufen, fuhr dieser sofort los, um die benötigten Ersatzteile zu kaufen.

Da Vincent mir zu oft log, rief ich Vincent nicht an, sondern schrieb ihm ein E-Mail. Dadurch war es für mich leichter zu beweisen, dass ich Vincent zeitnah darüber informiert hatte, dass die Heizölanlage repariert wird.

> Wenn Probleme bei dem Mietobjekt auftreten, informieren Sie ihren Vermieter immer schriftlich, anstatt ihn anzurufen.

Der Handwerker kam zurück und begann die Heizölanlage zu reparieren. Da Vincent mein E-Mail gelesen hatte und zufällig in der Nähe war, traf Vincent ein, bevor der Handwerker mit seiner Arbeit fertig war. Der Handwerker erklärte Vincent den Reparaturbedarf und seine Reparaturarbeiten. Vincent unterschrieb den Reparaturauftrag. Ich unterschrieb den Wartungsauftrag. Als ich die Rechnung für die Wartungsarbeiten an der Heizölanlage erhielt, bezahlte ich die Rechnung umgehend. Soweit, so gut.

> Lassen Sie sich von ihrem Rechtsanwalt bestätigen, dass der Mieter die Wartung der Heizölanlage bezahlt und der Vermieter die Reparatur der Heizölanlage zu bezahlen hat.

Das der, von Vincent finanziell, unabhängige Handwerker die Reparatur der Heizölanlage für notwendig erklärt hatte, konnte Vincent nicht wie bei der Geschirrspülmaschine und dem kaputten Balkon behaupten, dass die Reparatur der Heizölanlage nicht notwendig sei. Vincent ließ sich aber etwas Anderes einfallen.

Trick 26 vom Vermieter Vincent:
Vincent wollte Teile der Reparaturrechnung zu Lasten von mir auf die Rechnung für die Wartungsarbeiten umschichten.

Eines Tages tauchte Vincent bei mir auf und wollte, dass ich ihm die Rechnung für die Wartungsarbeiten zeige. Ich erklärte ihm, dass ich diese Rechnung schon längst bezahlt hatte und daher diese Rechnung spontan nicht finden kann. Als Vincent insistierte, sagte ich zu ihm, dass ich keinen Ärger mit dem Handwerksbetrieb haben möchte, weil dieser Handwerksbetrieb im nächsten Jahr wieder die Heizölanlage warten soll. Zudem versicherte ich Vincent, dass die Rechnung für die Wartung der Heizölanlage in Ordnung gewesen war. Ich kann das beurteilen, weil das ja nicht die erste Rechnung für die Wartung der Heizölanlage war, die ich erhalten hatte. Vincent sagte zu mir, dass ich lieber, den von ihm empfohlenen Handwerksbetrieb für die Wartung der Heizölanlage beauftragen soll. Der von mir ausgesuchte Handwerksbetrieb sei unseriös.

Der Spülarm als Faustpfand

Da somit für Vincent klar war, dass ich mich nicht freiwillig an der Reparaturrechnung für die Heizölanlage beteiligen werde, kam für Vincent nur noch sein Plan B in Frage.

Trick 27 vom Vermieter Vincent:
Vincent wollte den Spülarm der Geschirrspülmaschine als Faustpfand mitnehmen, damit ich mich doch noch an der Reparaturrechnung für die Heizölanlage beteilige.

Zu dem Zeitpunkt, als Vincent wegen der Rechnung für die Wartung der Heizölanlage vorbeikam, war das Problem mit der Geschirrspülmaschine noch nicht gelöst. Nachdem Vincent klargeworden war, dass ich mich an den Reparaturkosten für die Heizölanlage nicht beteiligen würde, schnappte er sich den Spülarm der Geschirrspülmaschine. Vincent argumentierte, dass er den Spülarm als Muster mitnehmen wolle, damit er einen neuen Spülarm für die Geschirrspülmaschine bestellen kann. Da ich bereits wusste, dass der Spülarm nicht mehr lieferbar war, war mir sofort klar, dass dies ein Vorwand war. Folglich erklärte ich mich nicht damit einverstanden, dass Vincent den Spülarm mitnahm. Mein fehlendes Einverständnis interessierte Vincent aber nicht, denn Vincent begann mit dem Spülarm in der Hand die Treppe hinunter zur Haustür zu laufen. Ich lief ihm die Treppe hinterher und konnte ihn noch vor der Haustür stellen. Ich blickte ihm fest in die Augen und sagte: Her mit dem Spülarm!

Anscheinend war mein Auftritt so dominant, dass Vincent mir den Spülarm übergab. Anschließend verließ Vincent das Haus und ließ dabei die Haustür laut krachend ins Schloss fallen. Das war Frustabbau, da Vincent seinen Plan B nicht umsetzen konnte, den Spülarm als Faustpfand zu benutzen.

Trotz des unehrenhaften Abgangs von Vincent war ich erleichtert. Denn Vincent, konnte den Spülarm nicht als Faustpfand für meine Beteiligung an der Reparaturrechnung für die Heizölanlage benutzen.

Der Trick hierbei bestand, dass es für Vincent ganz einfach gewesen wäre, den Spülarm als Faustpfand einsetzen können. Dass er auch wusste, dass der Spülarm nicht mehr lieferbar war, hätte ich nicht beweisen können. Vincent hätte die Rückgabe des Spülarms fast schon beliebig mit der Behauptung verzögern können, dass er versuche, einen anderen Spülarm zu kaufen, notfalls einen Gebrauchten. Leider habe er bisher keinen Erfolg gehabt, aber er sei an der Sache dran.

Vincent auf Rückgabe des Spülarms zu verklagen, wäre auch aus einem anderen Grund nicht praktikabel gewesen. Vincent hätte nach Einreichung der Klage argumentieren können, dass er zwischenzeitlich festgestellt hätte, dass der Spülarm nicht mehr lieferbar sei und er eine neue Geschirrspülmaschine gekauft hätte. Daher muss er den Spülarm nicht mehr zurückgeben. Meine Klage sei gegenstandslos geworden.

Bis zu einer Rückgabe des Spülarms, veranlasst durch eine Entscheidung des Friedensgerichts, hätte ich die ganze Zeit eine Geschirrspülmaschine ohne Spülarm und ohne 2 Sprühdüsen benutzen müssen. Es liegt auf der Hand, dass die Geschirrspülmaschine ohne Spülarm noch schlechter das Geschirr gereinigt hätte, als sie es ohnehin schon wegen der zwei fehlenden Sprühdüsen der Fall war. Vielleicht wäre es unter diesen Umständen das kleinere Übel gewesen, sich an den Reparaturkosten für die Heizölanlage zu beteiligen?

Da mir spätestens jetzt klargeworden worden war, dass Vincent alles unternehmen wird, um eine Beteiligung von mir an der Reparaturrechnung zu erzwingen, rief ich bei der Buchhaltung des Handwerksbetriebs an. In der Tat hatte Vincent dort bereits angerufen, um Teile der Reparaturrechnung zu Lasten von mir auf die Rechnung für die Wartungsarbeiten umschichten.

Die Dame von der Buchhaltung erzählte mir, dass Vincent am Telefon ungehalten gewesen sei. Trotzdem änderte der Handwerksbetrieb nicht die Rechnung für die Wartung der Heizölanlage.

Ich dachte, Gott sei Dank, hatte ich nicht den von Vincent empfohlenen Handwerksbetrieb für die Wartung der Heizölanlage beauftragt.

Wer bezahlt in der Regel Reparaturen?

Das Verhalten von Vincent bei der Reparatur der Heizölanlage wirft die Frage auf, wer in der Regel Reparaturen zu bezahlen hat. Der Vermieter oder der Mieter?

Diese Frage wird von den Artikeln 1719, 1720 und 1755 Code civil (Bürgerliches Gesetzbuch) beantwortet:

Dies ist der Text von Artikel 1719 Code civil:

„Le bailleur est obligé, par la nature du contrat, et sans qu'il soit besoin d'aucune stipulation particulière:

1.de délivrer au preneur la chose louée;

2.d'entretenir cette chose en état de servir à l'usage pour lequel elle a été louée;

3.d'en faire jouir paisiblement le preneur pendant la durée du bail."

Die schlechte maschinelle Übersetzung lautet:

Der Vermieter ist aufgrund der Art des Vertrages verpflichtet, ohne dass es einer besonderen Vereinbarung bedarf:

1. dem Mieter die gemietete Sache zu liefern;

2. diese Sache instand zu halten, um dem Zweck zu dienen, für den sie gemietet wurde;

3. den Mieter während der Dauer des Mietverhältnisses friedlich genießen zu lassen.

Wer Reparaturen bezahlt, wird in Artikel 1755 Code civil noch weiter konkretisiert:

„Aucune des réparations réputées locatives n'est à la charge du locataires, quand elles ne sont occasionnées que par vétusté ou force majeure."

Die maschinelle Übersetzung lautet:

Die Mietreparaturen gehen nicht zu Lasten des Mieters, wenn sie nur aufgrund von Alter oder höherer Gewalt verursacht wurden.

Dies ist der Text von Artikel 1720 Code civil:

„Le bailleur est tenu de délivrer la chose en bon état de réparations de toute espèce. Il doit y faire, pendant la durée du bail, toutes les réparations qui peuvent devenir nécessaires, autres que les locatives."

Die schlechte maschinelle Übersetzung lautet:

Der Vermieter ist verpflichtet, die Sache in gutem Zustand von Reparaturen jeder Art zu liefern. Dort muss er während der Mietdauer alle Reparaturen vornehmen, die gegebenenfalls notwendig werden, mit Ausnahme von Mietwohnungen.

Auch dies ist ein schönes Beispiel, wie schlecht maschinelle Übersetzungen sein können.

Gemeint ist, dass der Mieter nur kleine Reparaturen bezahlen muss.

Was sind Kleinreparaturen?

In Artikel 1754 Code civil wird versucht zu definieren, was unter Kleinreparaturen zu verstehen ist.

„Les réparations locatives ou de menu entretien dont le locataire est tenu, s'il n'y a clause contraire, sont celles désignées comme telles par l'usage des lieux, et, entre autres, les réparations à faire: aux âtres, contre-cœurs, chambranles et tablettes des cheminées, au recrépiment du bas des murailles des appartements et autres lieux d'habitation, à la hauteur d'un mètre; aux pavés et carreaux des chambres, lorsqu'il y en a seulement quelques uns de cassés; aux vitres, à moins qu'elles ne soient cassées par la grêle, ou autres accidents extraordinaires et de force majeure, dont le locataire ne peut être tenu; aux portes, croisées, planches de cloison ou de fermeture de boutiques, gonds, targettes et serrures.“

Die maschinelle Übersetzung lautet:

Die vom Mieter zu leistenden Mietreparaturen oder geringfügigen Wartungsarbeiten sind, sofern nichts Anderes bestimmt ist, diejenigen, die nach der Nutzung der Räume als solche bezeichnet werden, und unter anderem die Reparaturen, die an den Decken, Herzstücken, Verkleidungen und Tafeln der Kamine, an der Verputzung der unteren Wände der Wohnungen und sonstigen Wohnstätten vorzunehmen sind. in einer Höhe von einem Meter; auf Pflastersteine und Fliesen der Zimmer, wenn nur einige zerbrochen sind; auf Fensterscheiben, sofern sie nicht durch Hagel oder sonstige außergewöhnliche Unfälle oder höhere Gewalt, die dem Mieter nicht aufgehalten werden können, auf Türen, Kreuzungen, Schotten oder Schließbretter von Geschäften, Targets und Schlösser.

Der Kommentar „Le nouveau Droit du Bail“ von THEWES aus dem Jahr 2007 verweist auf Seite 56 auf einige Beispiele, welche Arten von Reparaturen nach der Rechtsprechung vom Mieter zu bezahlen sind.

- l'entretien, le nettoyage et le détartrage des équipements sanitaires ;
- le dégraissage des équipements ;
- la préservation des joints d'étanchéité ;
- le ramonage des cheminées.“

Die schlechte maschinelle Übersetzung lautet:
- Wartung, Reinigung und Entkalkung von Sanitäreinrichtungen;
- Entfettung der Anlagen;
- die Erhaltung der Dichtungen;
- Schornsteinfegen

> Fragen Sie Ihren Rechtsanwalt, ob der Vermieter auch Kleinreparaturen bezahlen muss, wenn die Notwendigkeit der Reparatur durch Alter oder durch höhere Gewalt verursacht worden ist. Ob also Artikel 1755 Code civil auch für Kleinreparaturen gilt.

Eine Betragsobergrenze für Kleinreparaturen konnte ich in den luxemburgischen Gesetzen nicht finden. Der Deutsche Mieterbund hält eine Obergrenze von 75 Euro für eine einzelne Reparatur für angemessen. Nach dem Deutschen Mieterbund darf der Gesamtbetrag für Kleinreparaturen pro Jahr 250 bis 300 Euro nicht übersteigen.

- Siehe: https://www.mieterbund.de/mietrecht/mietrecht-a-z/stichworte-zum-mietrecht-k/kleinreparaturen.html

Das muss man natürlich nicht eins zu eins übernehmen, aber durch klare Betragsobergrenzen würde sich wahrscheinlich die Anzahl der Mietsstreitigkeiten in Luxemburg verringern. Das Friedensgericht wäre entlastet.

Das Nebeneinander von Mietgesetz und Code civil

Die Frage, wer Reparaturen bezahlt, ist also nicht im Mietgesetz, sondern im Code civil geregelt.

Im Code Civil sind noch andere Regelungen für die Vermietung von Immobilien enthalten. So gibt es im Code civil noch das Kapitel „Des règles particulières aux baux à loyer (Art. 1752 à 1762-2)".

Die maschinelle Übersetzung lautet:

Besondere Vorschriften für Mietverträge (Art. 1752 bis 1762-2).

Da man nicht nur Wohnimmobilien vermieten kann, ist für Mieter unklar, welche der Mietregeln im Code civil auch für die Vermietung von Wohnimmobilien gelten.

Reformvorschlag

> Alle Regeln für die Vermietung von Wohnraum sollten in einem Gesetz stehen, damit Mieter sich leichter zurechtfinden können.

Entweder packt man alle Regeln für die Vermietung von Wohnraum in das Mietgesetz oder gibt das Mietgesetz auf und packt alle Regeln für die Vermietung von Wohnraum in den Code civil.

Artikel 1 Absatz 1 des Mietgesetzes verweist pauschal auf den Code civil:

„(1) Les baux à usage d'habitation sont régis par les articles 1713 à 1762-2 du Code civil sous réserve des règles particulières instituées par la présente loi."

Die maschinelle Übersetzung lautet:

(1) Mietverträge für Wohnraum unterliegen den Artikeln 1713 bis 1762-2 des Zivilgesetzbuches, vorbehaltlich der besonderen Bestimmungen dieses Gesetzes.

Da drängt sich dann die Frage auf, in welchen Fällen das Mietgesetz vom Code Civil abweicht, bzw. die Reglung des Code civil nicht gilt. 2 Fälle habe ich gefunden.

Artikel 12 Absatz 3 Mietgesetz weicht von Artikel 1736 Code civil ab.

„3) Par dérogation à l'article 1736 du Code civil,…".

Und Artikel 12 Absatz 4 Mietgesetz weicht von Artikel 1743 Code civil ab.

(5) Par dérogation à l'article 1743 du Code civil,….

Es stellt sich für Mieter die Frage, ob das Mietgesetz nur in diesen beiden Fällen vom Code civil abweicht. Wäre das z. B. durch das Artikel 1 Absatz 1 geklärt, wird der Mieter mit dem Problem allein gelassen, dass er nicht unmittelbar erkennen kann, welche mietrechtlichen Angelegenheit nicht im Mietgesetz geregelt sind. Er muss dafür mühsam Artikel für Artikel in den Code civil abtauchen.

Artikel 1713 bis Artikel 1762 Code civil umfassen 49 Paragraphen. Dass sind mehr Paragraphen, als zurzeit im eigentlichen Mietgesetz enthalten sind.

Bei den Stundensätzen der Rechtsanwälte in Luxemburg kann sich eher der Vermieter als der Mieter einen Rechtsanwalt leisten. Dass Versicherungen in Luxemburg eine Mietrechtsschutzversicherung für Mieter anbieten, ist mir nicht bekannt. Auch das sind 2 Gründe, um das Mietrecht für Wohnimmobilien in einer Quelle zusammenzuführen.

Wie man Mieter aus dem Mietobjekt rausekeln kann

Bis auf die Tatsache, dass der Vermieter eine Eigenbedarfskündigung aussprechen darf, schützt das luxemburgische Mietrecht den Mieter fast schon wasserdicht vor Kündigungen. Aus Sicht des Vermieters wird man also den Mieter nicht so einfach los. Da wegen der allgemeinen Wohnungsnot in Luxemburg es kein Problem ist, einen Nachmieter zu finden, der eine höhere Miete als der bisherige Mieter zahlt, stellt sich die Frage, wie man den bisherigen Mieter loswird, der immer pünktlich seine Miete zahlt.

In einem Mietobjekt mit alten Küchengeräten, mit einer alten Ölheizungsanlage geht fast zwangsläufig immer etwas kaputt. Die Garantiezeit und die Gewährleistungsfristen sind für so alte Geräte schon längst abgelaufen. Der Vermieter ist verpflichtet, von ihm vermietete, defekte Geräte auf seine Kosten reparieren zu lassen. Wie lange er dafür Zeit hat, ist gesetzlich nicht definiert. Das kann auch nicht gesetzlich definiert werden, da hier jeder Einzelfall z. B. wegen der Verfügbarkeit von Ersatzteilen und der Verfügbarkeit des Handwerkers gesondert zu betrachten ist.

Trick 28 vom Vermieter Vincent:
Vincent vertrat die Ansicht, dass er darüber entscheidet,

- ob etwas repariert oder ersetzt werden muss und
- wann eine Reparatur fällig ist oder wann ein neues Gerät gekauft wird und
- ob sich dabei um eine Gefälligkeit/Kulanz handelt

Die Beispiele mit dem reparaturbedürftigen Balkon, der reparaturbedürftigen Geschirrspülmaschine und der reparaturbedürftigen Heizölanlage zeigen, dass Vincent diese Geisteshaltung konsequent und systematisch umgesetzt hatte.

Auf Fristsetzungen von mir reagierte Vincent allergisch. Vermutlich, weil er vermutlich ohne Fristsetzung mit einem Handeln oder Unterlassen nicht in Verzug gerät. Zudem sei er nicht dafür verantwortlich, wenn sein Handwerker nicht früher Zeit gehabt hatte.

> Fragen Sie ihren Rechtsanwalt, ob Sie den Vermieter zur Behebung von Mängeln im Mietobjekt Fristen setzen sollen und welche Vorteile eine Fristsetzung für Sie als Mieter hat.

Wie lange halten sie das als Mieter aus, wenn wegen fehlender Sprühdüsen das Geschirr manuell nachgereinigt werden muss und Sie wegen des dadurch verursachten erhöhten Arbeitsaufwands und des erhöhten Wasserverbrauchs keinen Folgeschaden geltend machen können?

Wie lange halten sie das als Mieter aus, wenn von 4 Herdplatten nur noch eine funktioniert oder der Kühlschrank nicht mehr richtig kühlt? Oder Sie nicht heizen können, weil die Heizölanlage repariert werden muss?

Halten Sie das aus, wenn sie 1,5 Jahre lang rostbraune Flecken entfernen müssen?

Wie bereits erwähnt, können Sie in allen Fällen nicht die Miete einseitig kürzen.

Möchten Sie jedes Mal vor das Friedensgericht ziehen, wenn der Vermieter das Gerät nicht (zeitnah) reparieren lässt oder sich weigert auf seine Kosten z. B. eine neue Geschirrspülmaschine zu kaufen? Da das Friedensgericht überlastet ist, kann das Friedensgericht nicht zeitnah zu Gunsten von Ihnen entscheiden. Außerdem muss das Friedensgericht dem Vermieter für die Reparatur oder den Ersatz des Gerätes eine angemessene Frist einräumen. Eine weitere Verzögerung tritt auf, wenn der Vermieter das Urteil des Friedensgerichts ignoriert. Denn dann müssen sie das Urteil des Friedensgerichts vollstrecken lassen. Zudem könnte der Vermieter das Urteil des Friedensgerichts anfechten und somit in Berufung gehen.

Bei Mietstreitigkeiten ist allerdings eine Berufung erst ab einem Streitwert von 1.250 Euro möglich.

- Siehe: https://guichet.public.lu/de/citoyens/citoyennete/voies-recours-reglement-litiges/recours-jugement/jugement-civil.html

Haben Sie als Mieter mehr als eine Klage eingereicht, wird der Rechtsanwalt des Vermieters wahrscheinlich beantragen, dass die Verfahren zusammengelegt werden, damit ein (Gesamt)Streitwert von 1.250 Euro erreicht wird. Somit hält er sich die Möglichkeit einer Berufung offen.

Kennen Sie überhaupt einen Rechtsanwalt, dem Sie vertrauen und der Sie vor Einreichung der Klage rechtlich beraten kann?

Fragen Sie ihren Rechtsanwalt, ob Ihnen im Falle des Obsiegens beim Friedensgericht, die Gegenpartei die vorgerichtlichen Beratungskosten erstatten muss.

Auch dann, wenn der Stundensatz zwischen 200 und 300 Euro liegt?

Schachmatt sind Sie spätestens dann, wenn der Handwerker des Vermieters vor dem Friedensgericht behauptet, das die Reparatur eines Gerätes oder der Austausch eines Gerätes wegen eines Bedienungsfehlers von Ihnen oder wegen schlechter Pflege/Wartung von Ihnen erfolgen musste. Oder dass Sie das Problem zu spät gemeldet haben, wodurch sich der Schaden vergrößerte.

Gleiches gilt, wenn der Schleimer von irgend so einem Küchenstudio, behauptet, dass das Gerät funktioniert.

Beauftragen Sie für Wartungsarbeiten keinen Handwerker, den Ihnen der Vermieter empfiehlt und bei dem der Vermieter ein Stammkunde ist.

Wenn Sie die Wartung bezahlen, dann können Sie auch den Handwerker aussuchen.

Denn wem wird das Friedensgericht glauben? Dem Experten, also dem Handwerker des Vermieters oder Ihnen? Auch der Schleimer von irgend so einem Küchenstudio war ein Experte.

Das Friedensgericht selber, wird nicht vor Ort fahren und eine technische Untersuchung anstellen. Das ist nicht Aufgabe des Friedensgerichts. Bestenfalls kann das Friedensgericht Ihrem Antrag auf Einschaltung eines Gutachters entsprechen. Das setzt natürlich voraus, dass das Gerät noch existiert und nicht schon verschrottet worden ist.

Selbst wenn das Gerät noch vorhanden sein sollte. Lohnt sich die Einschaltung eines Gutachters bei Reparaturkosten von z. B. 300 Euro? Der Gutachter Gustave hatte für eine kleinere Hausbegehung schon rund 500 Euro verlangt. Zudem kann der Gutachter auch zu dem Schluss kommen, dass seine Untersuchung ergeben hat, dass er nicht ausschließen kann, dass Sie für den Schaden verantwortlich sind.

Selbst wenn der Gutachter zu dem Schluss kommen sollte, dass Sie nicht für den Schaden verantwortlich sind, steht nun die Aussage des Gutachters gegen die Aussage des Handwerkers des Vermieters.

Wie groß ist Ihre Resilienz? Halten Sie das alles durch oder kündigen Sie lieber? Falls Sie kündigen, ist es dem Vermieter gelungen, Sie aus dem Mietobjekt rauszuekeln.

Die hier angesprochenen Probleme werden wahrscheinlich auch nicht durch eine abgeschlossene Hausratversicherung entschärft. Denn 3 verschiedene luxemburgische Versicherungsunternehmen haben am Telefon übereinstimmend erklärt, dass Elektrogeräte, wozu auch die Heizölanlage gehören soll, nur gegen Kurzschluss versichert sind. Kein Schadensfall liegt also vor, wenn der Kühlschrank nicht mehr nennenswert kühlt, wenn die Geschirrspülmaschine nicht mehr das Geschirr vollständig reinigt oder die Herdplatten nicht mehr heiß werden.

Über 40 Tage lang Instandhaltungsarbeiten

Trick 29 vom Vermieter Vincent:

Vincent drohte mit Instandhaltungsarbeiten von über 40 Tagen und berief sich dabei auf den Mietvertrag.

Diese Drohung war ernst zu nehmen, da der Mietvertrag die folgenden Klauseln enthielt:

Le locataire est tenu de tolérer les grosses et menues réparations qui seraient jugées utiles ou nécessaires par le bailleur dans les lieux loués, sans qu'il n'ait droit à une indemnité pour moins-value de jouissance, même si ces travaux durent plus de 40 jours. Le locataire ne pourrat réclamer ni aucune reduction, ni aucun dédommagement au bailleur au cas où, soit par le chauffage, soit par un engorgement des conduites, des fuites se produiraient et causeraient des dégâts.

Die maschinelle Übersetzung lautet:

Der Mieter ist verpflichtet, größere und kleinere Reparaturen, die der Vermieter an den gemieteten Räumlichkeiten für nützlich oder notwendig hält, zu dulden, ohne dass er Anspruch auf Entschädigung für entgangenen Genuss hat, selbst wenn die Arbeiten mehr als 40 Tage dauern. Der Mieter kann vom Vermieter keine Minderung oder Entschädigung verlangen, wenn durch die Heizung oder durch verstopfte Rohrleitungen Leckagen auftreten und Schäden verursachen.

Hinzu kommt noch die Möglichkeit, dass der Vermieter behauptet, wie Vincent bei der Reparatur des Balkons, dass sein Handwerker keine Zeit hatte, frühzeitiger die Reparatur zu beenden. Was bedeutet eigentlich über 40 Tage? Wo ist denn da die Grenze nach oben?

Wie viele Tage ohne Heizung im Winter halten Sie das mit oder ohne Kinder aus, bevor Sie auf eigene Kosten ins Hotel ziehen?

Im Fall Limpertsberg hatte die luxemburgische Presse berichtet, dass ein Vermieter dem Mieter gekündigt hatte, weil es nun nach 11 Jahren notwendig sei, Fliesen, Heizkörper etc. zu ersetzen. Laut den Presseberichten war die Kündigung rechtens und der Mieter hatte 2 Monate Zeit das Mietobjekt zu verlassen.

Einige der Heizkörper und einige der Fliesen im Haus von Vincent sahen noch älter als 11 Jahre aus. Die Heizölanlage war definitiv älter als 11 Jahre.

Da war ich natürlich mehr als beunruhigt. Im Laufe der Zeit tröste ich mich damit, dass Vincent wohl zu geizig ist, um über 40 Tage lang Instandhaltungsarbeiten zu veranlassen. Wer noch nicht mal einen Eimer Farbe kauft, um wie versprochen, das Geländer des Balkons zu streichen, investiert nicht in Instandhaltungsarbeiten, die über 40 Tage dauern. Zumal Vincent auch nicht konkret zum Ausdruck gebracht hatte, welche Art von Instandhaltungsarbeiten er denn im Auge hat.

So war es denn auch. Die angedrohten Instandhaltungsarbeiten waren eine reine Luftnummer. Diese Drohung spielte später keine Rolle mehr. Das war also eines der Psychospielchen von Vincent.

Weder im Mietgesetz noch im Code civil konnte ich eine Klausel entdecken, aus der sich ergibt, dass man als Mieter entschädigungslos über 40 Tage lang, Instandhaltungsarbeiten zu erdulden hat.

Fragen Sie ihren Rechtsanwalt, ob solche Klauseln mit über 40 Tagen ohne Entschädigung zulässig sind.

Der Mietvertrag läuft bald aus

Trick 30 vom Vermieter Vincent:

Rund 5 Monate bevor das Mietverhältnis 3 Jahre alt wurde, wies Vincent mich zweimal darauf hin, dass der Mietvertrag bald abläuft. Noch mehr Druck machte

Vincent, indem er behauptete, dass nach 3 Jahren der Mietvertrag zu jeder Zeit kündbar sei.

Im Mietvertrag war die folgende Klausel enthalten:

„Le contrat est conclu pour une durée de 3 ans (trois ans). A défaut de résiliation, il est reconduit pour des durées successives d'une année."

Die maschinelle Übersetzung lautet:

Der Vertrag wird für eine Laufzeit von 3 Jahren (drei Jahre) abgeschlossen. Wird er nicht gekündigt, so wird er jeweils um ein weiteres Jahr verlängert.

Der Hinweis von Vincent beunruhigte mich, da ich dachte, dass Vincent alleine wegen dem Ablauf der 3 Jahre den Mietvertrag kündigen konnte.

Später erfuhr ich, dass der Mietvertrag sich auch ohne die Einwilligung von Vincent automatisch verlängerte. Vincent hätte (wie immer) nur einen der eng begrenzten Kündigungsgründe des luxemburgischen Mietrechts geltend machen können. Das wusste Vincent auch, da er nach eigenen Angaben schon seit 30 Jahren vermietet. Das war also eines der Psychospielchen von Vincent.

Reformvorschlag
Damit nicht noch andere Mieter dem gleichen Irrtum wie ich unterliegen, sollte z. B. in Artikel 12 Absatz 2 Mietgesetz folgender Passus bzw. folgende Klarstellung enthalten sein.

„Bei einem befristeten Mietvertrag kann der Vermieter nicht deswegen kündigen, weil die Frist abgelaufen ist. Der Mieter ist allerdings berechtigt, den Mietvertrag zum Fristablauf zu kündigen.

Das Haus soll verkauft werden

Trick 31 vom Vermieter Vincent:

Rund 3,5 Monate bevor das Mietverhältnis 3 Jahre alt wurde, informierte mich Vincent darüber, dass er beabsichtige, das Haus in absehbarer Zeit zu verkaufen und dass ich dann das Haus räumen muss. Auch sein Rechtsanwalt schrieb mir, dass Vincent das Haus verkaufen möchte.

Der Trick hierbei war, dass ich in Wirklichkeit nicht sofort ausziehen muss, wenn Vincent das Haus verkauft. Denn der Käufer kann mir wegen Eigenbedarfs nur mit einer Kündigungsfrist von 6 Monaten kündigen (Artikel 12 Absatz 3 Mietgesetz).

Dennoch wurde ich so unruhig, dass ich jeden Tag bei https://www.athome.lu/ nachschaute, ob Vincent eine Verkaufsanzeige geschaltet hatte. Denn auf Grund der allgemeinen Wohnungsnot in Luxemburg wäre es sicher für Vincent keine große Herausforderung gewesen, einen Käufer mit Eigenbedarf zu finden. Zudem hielt ich es wegen der allgemeinen Wohnungsnot und der explodierenden Mietpreise in Luxemburg für fast ausgeschlossen, ein vergleichbares Mietobjekt zum gleichen Mietpreis innerhalb von 6 Monaten zu finden.

Eine Verkaufsanzeige konnte ich im Internet nicht finden, kein einziger Kaufinteressent hatte das Haus von innen während meiner Mietzeit besichtigt.

Später hätte Vincent auf Grund meiner Kündigung das Haus nach dem Ende der Mietzeit unvermietet verkaufen können. Der Käufer hätte für seine Eigennutzung keine Kündigung wegen Eigenbedarfs aussprechen müssen.

Stattdessen schaltete Vincent fast 3 Monate vor dem Ende der Mietzeit eine Neuvermietungsanzeige im Internet und es fanden daher nur Hausbesichtigungen für Mietinteressenten statt.

Es handelte sich also bei der behaupteten Verkaufsabsicht um eine Luftnummer und damit um weiteres Psychospielchen von Vincent, für welches Vincent sogar noch seinen Rechtsanwalt einspannte.

Reformvorschlag

Eine Kündigungsfrist von nur 6 Monaten für eine Eigenbedarfskündigung war vielleicht noch im Jahr 2006 adäquat gewesen. Für den schon seit Jahren überhitzten, luxemburgischen Immobilienmarkt ist diese Kündigungsfrist viel zu kurz. Man sollte daher diese Kündigungsfrist verlängern. Die Möglichkeit unter bestimmten Umständen die Zwangsräumung hinauszuzögern, ist kein echter Ersatz dafür. Da das Feilschen um den Termin der Zwangsräumung für den Mieter im Grunde genommen entwürdigend ist.

Zudem sollte es eine Sperrfrist für die Geltendmachung des Eigenbedarfs bei Abschluss eines Mietvertrags geben. Es kann nicht sein, dass der Vermieter z. B. nach einer Mietdauer von 2 Monaten, nur weil ihm irgendetwas nicht passt, auf einmal Eigenbedarf anmeldet. Vorschlag für die Länge der Sperrfrist: 3 Jahre.

Eine Zwangsräumung hinauszögern

Da die Kündigungsfrist bei einer Kündigung wegen Eigenbedarf nur 6 Monate beträgt, ist der Mieter schnell dem Problem einer Zwangsräumung ausgesetzt. Völlig schutzlos ist der Mieter in Luxemburg aber nicht, wie der folgende Textauszug von Artikel 12 Absatz 3 Mietgesetz beweist.

„Dans les trois mois de l'avis de réception à la poste [lettre de résiliation], le locataire peut, sous peine de forclusion, demander une prolongation du délai de résiliation au juge de paix. En l'absence de cette demande, le bailleur peut demander au jugede paix une décision autorisant le déguerpissement forcé du locataire après l'écoulement du délai de résiliation de sixmois. Toutefois, le locataire pourra encore introduire une demande en sursis à l'exécution de la décision, conformément aux articles 16 à 18. Dans ce cas, le déguerpissement du logement par le locataire doit impérativementavoir lieu au plus tard quinze mois après la date d'envoi de la lettre de résiliation du bail. La décision autorisant ledéguerpissement forcé du locataire ne sera pas susceptible d'opposition ou d'appel.

En cas de demande de prolongation du délai de résiliation, les parties seront convoquées dans les deux mois àl'audience. Sauf si la demande est sérieusement contestable ou contestée, le juge de paix accordera une prolongationdu délai au locataire à condition que celui-ci justifie avant l'expiration du délai initial de six mois, par voie de pièces, soitêtre en train de construire ou de transformer un logement lui appartenant, soit avoir loué un logement en constructionou en transformation, soit avoir fait des démarches utiles et étendues en vue de la recherche d'un nouveau logement.La prolongation du délai ne pourra en aucun cas dépasser de douze mois la date d'expiration du délai initial de six mois.La faveur du sursis, prévue aux articles 16 à 18, ne sera plus applicable. La décision accordant ou refusant la prolongationdu délai vaudra de droit titre exécutoire en vue d'un déguerpissement forcé du locataire après l'écoulement du délai. Elle n'est pas susceptible d'opposition ou d'appel."

Die maschinelle Übersetzung lautet:

Innerhalb von drei Monaten nach der Empfangsbestätigung auf der Post [für das Kündigungsschreiben], kann der Mieter, bei Androhung der Zwangsvollstreckung, eine Verlängerung der Kündigungsfrist beim Friedensrichter beantragen. Andernfalls kann der Vermieter den Friedensrichter um eine Entscheidung ersuchen, mit der die Zwangsräumung des Mieters nach Ablauf der sechsmonatigen Kündigungsfrist genehmigt wird. Der Mieter kann jedoch weiterhin einen Antrag auf Aussetzung der Vollstreckung der Entscheidung gemäß den Artikeln 16 bis 18 stellen. In diesem Fall muss der Mieter die Wohnung spätestens 15 Monate nach Absendung des Kündigungsschreibens verlassen. Die Entscheidung, mit der die Zwangsräumung des Mieters genehmigt wird, kann nicht angefochten oder angefochten werden.

Wird eine Verlängerung der Kündigungsfrist beantragt, so werden die Parteien innerhalb von zwei Monaten zur mündlichen Verhandlung geladen. Sofern der Antrag nicht ernsthaft beanstandet oder angefochten wird, gewährt der Friedensrichter dem Mieter eine Fristverlängerung, sofern der Mieter vor Ablauf der ursprünglichen Frist von sechs Monaten nachweisen kann, dass er eine ihm gehörende Wohnung baut oder umbaut, eine im Bau befindliche oder umgebaute Wohnung gemietet oder nützliche und umfassende Schritte unternommen hat. Im Hinblick auf die Suche nach einer neuen Wohnung. Die Frist darf in keinem Fall um mehr als zwölf Monate nach Ablauf der ursprünglichen Sechsmonatsfrist verlängert werden. Die in den Artikeln 16 bis 18 vorgesehene Möglichkeit der Aussetzung entfällt. Die Entscheidung, mit der die Fristverlängerung gewährt oder verweigert wird, gilt als vollstreckbarer Titel im Hinblick auf die Zwangsräumung des Mieters nach Ablauf der Frist. Sie kann nicht angefochten oder angefochten werden.

Das liest sich für mich alles sehr kompliziert. Außerdem gehe ich davon aus, dass wenn man einen Antrag auf Aufschiebung der Zwangsräumung stellt, dass man dem Friedensgericht nachweisen muss, das man ernsthaft auf der Suche nach einem neuen Mietobjekt ist. Nur beim Friedensgericht zu sagen „Ich habe leider noch nichts Passendes gefunden", wird wahrscheinlich für eine Verschiebung der Zwangsräumung nicht ausreichen.

> Erhalten Sie eine Eigenbedarfskündigung, suchen Sie sofort einen Rechtsanwalt auf. Die Zeit läuft gegen Sie.

Auf Seite 79 des Kommentars „Le nouveau Droit du Bail" von THEWES aus dem Jahr 2007 finden Sie eine Grafik, die über Fristen und Varianten der Eigenbedarfskündigung in französischer Sprache informiert.

Die Vortäuschung von Eigenbedarf

Wie zu verfahren ist, wenn der Vermieter nur einen Eigenbedarf vortäuscht und somit das Mietobjekt gar nicht nutzt, darüber gibt Artikel 12 Absatz 3 Mietgesetz keine Auskunft. Einen Eigenbedarf vorzutäuschen, ist relativ einfach. Jeder kann einen nicht einsehbaren Briefkasten aufhängen. Jeder kann im Baumarkt für kleines Geld eine Zeitschaltuhr kaufen, die an jedem Tag zu unterschiedlichen Zeiten in verschiedenen Räumen das Licht ein- und ausschaltet. An die Verbrauchsdaten des Eigenbedarfsmieters für Wasser, Strom, Heizöl etc. werden Sie in der Regel nicht herankommen.

Reformvorschlag
Die folgende Klausel löst nicht alle Probleme eines vorgetäuschten Eigenbedarfs. Aber Sie könnte eine abschreckende Wirkung haben, wenn Sie als Artikel 12 Absatz

3a Mietgesetz umgesetzt werden würde und nicht nur als (unbekannte) Rechtsprechung im Hintergrund existieren würde.

„Hat der Vermieter einen Eigenbedarf vorgetäuscht, hat er dem wegen Eigenbedarf gekündigten Mieter die Umzugskosten, die Maklerkosten, seine Rechtsanwaltskosten und seine Prozesskosten zu ersetzen. Ferner hat der Vermieter bei einem vorgetäuschten Eigenbedarf, dem Mieter 2 Jahre lang die Differenzmiete, also den Unterschied zwischen der Miete vor der Eigenbedarfskündigung und der höheren Miete nach der Eigenbedarfskündigung zu erstatten
Ein vorgetäuschter Eigenbedarf liegt bereits dann vor, wenn der Vermieter wider besseren Wissens, eine Eigenbedarfskündigung androht oder sich darauf beschränkt, Eigenbedarf anzumelden und der Mieter deswegen kündigt. Ein fahrlässiges Handeln des Vermieters erfüllt bereits den Tatbestand der Vortäuschung.
Dass kein vorgetäuschter Eigenbedarf vorliegt, hat der Vermieter zu beweisen. Die hier genannten Schadensersatzansprüche des Mieters bestehen auch dann, wenn die Eigenbedarfskündigung aus anderen Gründen rechtswidrig war und der Mieter wegen der Eigenbedarfskündigung ausgezogen ist."

Von der Möglichkeit, dass der Mieter bei einem vorgetäuschten Eigenbedarf in das noch leere Mietobjekt zurückzuziehen, halte ich nichts. Bei einem vorgetäuschten Eigenbedarf dürfte das Klima zwischen Vermieter und Mieter so vergiftet sein, dass weitere Streitigkeiten fast schon vorprogrammiert sind.

Die Kündigung des Mietvertrags

Ich schickte Vincent die Kündigung als Einschreiben mit Rückschein. Ich schlug in der Kündigung vor, dass die Übergabe bzw. Abnahme des Hauses in der 3ten Woche des letzten Monats des Mietverhältnisses erfolgen sollte. Vincent konnte sich aussuchen, zu welcher tagesüblichen Zeit in der dritten Woche die Übergabe stattfinden soll. Da Vincent ein Meister der Verzögerung ist, setzte ich ihm eine Frist für seinen Terminvorschlag.

Ferner wies ich in der Kündigung daraufhin, dass ich mich mit allen rechtlichen Mitteln wehren würde, falls die Mietkaution nicht rechtzeitig und vollständig zurückgezahlt werden würde.

Ich verfolgte die Zustellung meiner Kündigung im Internet unter:

- https://www.post.lu/de/particuliers/colis-courrier/track-and-trace#/search

Auf dieser Webpage konnte ich sehen, dass Vincent nicht daheim war, als der Briefträger meine Kündigung zustellen wollte. Daher schrieb ich Vincent ein E-Mail, dass ich ihm die Kündigung des Mietvertrags als Einschreiben mit Rückschein geschickt hatte. Damit kannte Vincent den Hintergrund des Benachrichtigungszettels, den er in seinem Briefkasten vorgefunden hatte.

Vincent holte das Einschreiben von der Post am nächsten Tag ab und bestätigte per E-Mail, dass er die Kündigung erhalten hatte und dass er mit meinem Kündigungstermin einverstanden sei.

Wie Sie sehen, verlief die Kündigung des Mietvertrags völlig problemlos. Eines der wenigen Kapitel in dem Mietverhältnis mit Vincent, in dem Vincent nicht irgendwelche Tricksereien versuchte.

Ich profitierte von der allgemeinen Wohnungsnot in Luxemburg, die es Vincent ermöglichte, jederzeit einen Mieter zu finden, der bereit ist, eine noch höhere Miete als ich zu zahlen. Vincent erhöhte laut der Neuvermietungsanzeige die monatliche Miete um 140 Euro. Unter diesen Umständen gab es selbst für Vincent keinen Grund, gegen die Kündigung des Mietvertrags in irgendeiner Art und Weise vorzugehen.

> Drucken sie das Trackingprotokoll für Einschreiben mit Rückschein aus und bewahren Sie diesen Ausdruck solange auf, bis Sie den Rückschein erhalten haben.

In meinem Fall war auf dem Rückschein nicht das Datum der Entgegennahme des Einschreibens notiert. Gut dass ich das Trackingprotokoll hatte, aus dem sich das Datum der Entgegennahme des Einschreibens ergab.

Denn im Trackingprotokoll steht: [Datum] „Erfolgreiche Lieferung" oder auf Französisch „envoi remis" [Datum].

Rund 1 Jahr später war das Trackingprotokoll im Internet nicht mehr auffindbar. Das bedeutet, dass die Trackingprotokolle nicht zeitlich unbegrenzt im Internet zur Verfügung stehen.

> Prüfen Sie, ob auf dem Rückschein das Datum der Entgegennahme des Einschreibens erwähnt ist.

Die Kündigung des Mietvertrags per Gerichtsvollzieher zustellen lassen?

Die Zustellung eines Schreibens per Gerichtsvollzieher hat zumindest in Deutschland den Vorteil, dass das Schreiben auch dann als zugestellt gilt, wenn der Empfänger nicht daheim ist. Anders wohl bei einem Einschreiben mit Rückschein. Ist der Empfänger im Zeitpunkt der Zustellung durch den Briefträger nicht daheim, ist das Schreiben erst dann zugestellt, wenn der Empfänger das Einschreiben bei der Poststelle abholt.

In der Hoffnung, dass es in Luxemburg auch eine solche Zustellungsfiktion gibt, insbesondere, wenn Vincent den Empfang des Kündigungsschreibens ablehnen würde, hatte ich mir überlegt, ob ich meine Kündigung des Mietvertrags per Gerichtsvollzieher an Vincent zustellen lasse.

In Deutschland kostet die Zustellung eines Briefes durch den Gerichtsvollzieher ab 1. November 2021 ca. 14,50 Euro (zuvor ca. 13 Euro). Es können noch weitere Kosten hinzukommen. Auch spielt die Wegstrecke eine Rolle. So dass man am Ende vielleicht insgesamt 30 Euro zahlt.

- Siehe: https://www.promietrecht.de/Zustellung/durch-Gerichtsvollzieher/Gerichtsvollzieher-mit-Zustellung-Brief-Schreiben-beauftragen-E2098.htm#3

Wenn man sich dann den Gerichtsvollzieher aussucht, der sein Büro in der Nähe des Wohnortes des Empfängers hat und der Empfänger nicht gerade auf den Halligen wohnt, kostet die Zustellung eher 20 statt 30 Euro. Wer sichergehen möchte, ruft den zuständigen Gerichtsvollzieher in Deutschland an und fragt nach dem Preis.

Auf der Webpage des Chambre des Huissiers de Justice du Grand-Duché de Luxembourg fand ich keine Preise. Da ich sichergehen wollte, fragte ich im Büro von Chambre des Huissiers de Justice du Grand-Duché de Luxembourg nach dem Preis für die Zustellung eines einfachen Briefes.

Man teilte mir mit, dass die Zustellungsgebühr für einen einfachen Brief zwischen 150 und 180 Euro betragen kann.

Das deckte sich in etwa mit dem folgenden Text, den ich im Internet fand.

„Auf der Grundlage der Verordnung (EG) Nr. 1393/2007 des Europäischen Parlaments und des Rates über die Zustellung gerichtlicher und außergerichtlicher Schriftstücke in Zivil- oder Handelssachen in den Mitgliedstaaten beträgt die einheitliche Festgebühr für die Zustellung von Schriftstücken durch einen Gerichtsvollzieher (huissier de justice) 138 EUR."

Mindestens 138 Euro für die Zustellung eines einfachen Briefes zu zahlen, ist für mich keine Option. Folglich beauftragte ich den huissier de justice nicht mit der Zustellung der Kündigung des Mietvertrags.

Zudem Vincent beim Friedensgericht nicht einfach hätte behaupten können, dass der Briefumschlag leer gewesen sei oder nur leere Blätter enthalten hätte. Denn er wäre verpflichtet gewesen, mir das unmittelbar nach Erhalt des Briefumschlages zu melden und nicht erst Monate später über seinen Rechtsanwalt beim Friedensgericht.

Es ist für mich nicht nachvollziehbar, warum die Zustellung eines einfachen Briefes mindestens 138 Euro kosten muss. Das kann ich mir nur dadurch erklären, dass huissier de justice seine Monopolstellung ausnutzt. Vielleicht gibt es aber auch andere Gründe?

Die Kosten für einen deutschen Gerichtsvollzieher sind übrigens in einer Anlage zu § 9 Gerichtsvollzieherkostengesetz (GvKostG) definiert.

- Siehe: http://www.buzer.de/Anlage_GvKostG.htm

Reformvorschlag

Eine Spezialabteilung der Post Luxembourg liefert die einfachen Briefe mit Zustellungsfiktion z. B. für 25 Euro aus. Zudem ist die Post Luxembourg ein öffentliches Unternehmen. Für so eine im Vergleich zur Zwangsvollstreckung einfache Tätigkeit braucht man keinen Gerichtsvollzieher.

Mir hatte man bei meinem Besuch vor Ort zu meiner Überraschung erklärt, dass die Chambre des Huissiers de Justice du Grand-Duché de Luxembourg ein privatrechtliches Unternehmen sei, der hoheitliche Aufgaben lediglich zugeordnet worden sind. Ich kann das heute noch nicht glauben, da in Deutschland jeder Gerichtsvollzieher ein Beamter ist.

Wie der Vermieter sich einen Mietausfall durch den ausgezogenen Mieter ersetzen lässt

Trick 32 vom Vermieter Vincent:

Vincent ließ durch seinen neuen Makler mitteilen, dass weitere Besichtigungstermine mit Mietinteressenten vor meinem Auszug nicht möglich sind, da das Haus zu verdreckt und zu schmutzig sei. Zudem hätte ich vor den Hausbesichtigungen der Mietinteressenten nicht aufgeräumt.

Ohne Hausbesichtigungen keine Neuvermietung. Ohne Neuvermietung keine Miete. Folglich entsteht ein Mietausfall, den ich Vincent hätte ersetzen müssen.

Der Trick hierbei könnte also daran liegen, dass Vincent auf diese Art und Weise das Neuvermietungsrisiko auf mich abwälzte. Doch bei der allgemeinen Wohnungsnot in Luxemburg gibt es faktisch kein Neuvermietungsrisiko, solange der Vermieter eine marktübliche Miete verlangt.

Doch Vincent ging es um etwas Anderes. Es war damals schon klar, dass ein vereidigter Gutachter das Haus von Vincent besichtigen würde, um die zulässige Miete für das Haus von Vincent zu ermitteln. Daher war Vincent motiviert nach meinem Auszug Zustandsverbesserungen und Renovierungen durchzuführen, bevor der vereidigte Gutachter das Haus besichtigt. Meinen Nachmieter einziehen zu lassen, um kurz danach Zustandsverbesserungen und Renovierungen, war selbst für Vincent keine Option. Zudem Vincent damals noch nicht wusste, dass ich schon rund 2 Wochen vor dem Ende der Mietzeit ausziehen würde und ihm am Tag meines Auszugs die Schlüssel übersenden würde.

Auch meinen Nachmieter kurz nach seinem Einzug mit meinem Besuch und dem Besuch eines vereidigten Gutachters zu konfrontieren, war wahrscheinlich für Vincent keine attraktive Lösung.

Es drohte Vincent also ein Mietausfall. Aber nicht wegen des Neuvermietungsrisikos, sondern wegen des Besuchs des vereidigten Gutachters und damit zusammenhängend mit den von Vincent geplanten Zustandsverbesserungen und Renovierungen. Diesen Mietausfall wollte Vincent von mir ersetzt haben. In der Tat hatte Vincent trotz meines frühzeitigen Auszugs wegen der Zustandsverbesserungen und wegen Renovierungen und wegen des Besuchs des vereidigten Gutachters für einen Monat einen Mietausfall.

Die Behauptung, dass das Haus verdreckt und schmutzig sei, war an den Haaren herbeigezogen.

Es stimmte allerdings, dass ich vor den Besichtigungen der 6 Mietinteressenten, die alle am gleichen Tag stattgefunden hatten, nicht groß aufgeräumt hatte, da Vincent das nicht vorab verlangt hatte.

> Fragen Sie Ihren Rechtsanwalt, ob Sie als Mieter verpflichtet sind, vor Besichtigungen von Mietinteressenten verpflichtet sind, das Wohnobjekt aufzuräumen.

Müssen alle Tische leer sein, müssen alle Kleider im Kleiderschrank sein, müssen alle Schuhe im Schuhschrank sein etc.?

> Macht Sie der Vermieter auf der Basis von Lügen dafür verantwortlich, dass er sofort einen Nachmieter findet, kann das in Wirklichkeit daran liegen, dass die von ihm hochgesetzte Miete, die Mietinteressenten nach der Besichtigung abgeschreckt hatte.

Vincent hatte die monatliche Miete in den Neuvermietungsanzeigen um 140 Euro hochgesetzt. Vincent hätte also beweisen müssen, dass die von ihm verlangte Miete adäquat ist. Bei der allgemeinen Wohnungsnot in Luxemburg mit den daraus explodierenden Mietpreisen wäre es für Vincent kein Problem gewesen, dass er für die von ihm verlangte Miete einen Mieter finden kann.

Trick 33 vom Vermieter Vincent:

Von dieser wahrheitswidrigen und überzogenen Stellungnahme des neuen Maklers von Vincent erfuhr ich erstmal nichts. Ich erhielt erst Monate später davon Kenntnis, als der Anwalt von Vincent in einer Gegenklage das verleumderische Schreiben des Maklers als Anlage beifügte.

Gott sei Dank, hatte ich der neue Makler wenige Tage nach den ersten Hausbesichtigungen per E-Mail gefragt, wie viele Mietinteressenten ere für das nächste Wochenende schon zusammen hat. Der neue Makler von Vincent antwortete mir spontan, dass für das nächste Wochenende keine Hausbesichtigungen geplant seien, weil er noch nicht von allen Mietinteressenten ein Feedback erhalten hatte. Er werde mir nächste Woche schreiben, wann die Hausbesichtigungen fortgesetzt werden. Zudem bedankte sich der Makler bei mir für die gute Zusammenarbeit.

Der Dank für die gute Zusammenarbeit war keine reine Höflichkeitsfloskel, da ich für den neuen Makler die Hausbesichtigungen in deutscher Sprache durchführte und die Fragen der Mietinteressenten beantwortete. Schließlich kannte ich das Haus besser als der neue Makler. Zudem sprach der neue Makler kein Deutsch. Außerdem gab es während der Hausbesichtigungen, weder von dem neuen Makler noch von den 6 Mietinteressenten irgendwelche Beschwerden.

> Fragen Sie Ihren Rechtsanwalt, ob Sie als Mieter Mietinteressenten wahrheitsgemäß über Mängel des Mietobjekts informieren dürfen. Z. B. dass die Geschirrspülmaschine nicht richtig funktioniert.

Da der neue Makler sich anschließend bei mir nicht mehr meldete, ging ich davon aus, dass Vincent einen Nachmieter gefunden hatte. Schließlich waren bis auf einen Mietinteressenten alle Mietinteressenten an der Anmietung des Hauses grundsätzlich interessiert gewesen. Diese Vermutung verfestigte4 sich, weil die Neuvermietungsanzeige aus dem Internet verschwand.

Nachdem ich über die Gegenklage von der Stellungnahme des neuen Maklers erfahren hatte, wurde mir klar, was Vincent eigentlich beabsichtigte. Wegen der allgemeinen Wohnungsnot in Luxemburg kann Vincent jeder Zeit einen Nachmieter finden, der bereit ist, eine höhere Miete als ich zu zahlen. Somit ist das Risiko keinen Nachmieter zu finden und damit ein verbundenes Mietausfallrisiko recht gering. Daher ging es Vincent in erster Linie darum, mich mit Hilfe der Stellungnahme seines neuen Maklers vor dem Friedensgericht in ein schiefes Licht zu rücken. Soweit es überhaupt zu einem Mietausfall gekommen wäre, hätte er versucht, das Mietausfallrisiko auf mich abzuwälzen. Dass ich erst im Rahmen seiner Gegenklage von der Stellungnahme seines neuen Maklers erfahren hatte, war eines der Psychospielchen von Vincent.

Ich legte dem Friedensgericht das Schreiben des neuen Maklers vor, in dem dieser mich für die gute Zusammenarbeit gelobt hatte und in dem kein negatives Wort über die stattgefundenen Hausbesichtigungen enthalten war. Zudem konnte ich eine Rechnung vorweisen, dass kurz vor den Hausbesichtigungen der Mietinteressenten das Haus geputzt worden war. Damit war die Sache vom Tisch.

Ich war nicht unglücklich darüber, dass vor meinem Auszug keine weiteren Hausbesichtigungen mehr durchgeführt worden waren. Auch wenn man als Mieter nach der Kündigung rechtlich verpflichtet ist, Hausbesichtigungen von den Mietinteressenten zu erdulden, stellen diese Hausbesichtigungen doch einen Eingriff in die Privatsphäre dar. Vincent forderte sogar von mir, dass ich pro Woche 2 Tage für die Hausbesichtigungen der Mietinteressenten freihalte. Ich antwortete nicht darauf.

Den neuen Makler, diese Marionette von Vincent, hätte ich auf Grund seines schäbigen Verhaltens sowieso nicht mehr in das Haus gelassen. Ich hätte mich darauf berufen, dass es für mich nicht zumutbar sei, speziell diesen Makler nochmal in das Haus zu lassen. Denn ich glaube, dass Vincent keinen Anspruch darauf hat, dass ein bestimmter Makler ein Zutrittsrecht hat. Soll er jemand Anderes schicken!

Zumindest nach dem Deutschen Mieterbund ergibt sich das Hausrecht des Mieters wie folgt:

„Das Hausrecht an der gemieteten Wohnung hat ausschließlich der Mieter. Er entscheidet …. wer die Wohnung betreten darf und wer nicht. Er darf Dritte – notfalls mit Gewalt – hindern, in die Mietwohnung zu gelangen."

- Siehe https://www.mieterbund.de/mietrecht/mietrecht-a-z/stichworte-zum-mietrecht-g/hausrecht.html

Das bedeutet nicht, dass in Luxemburg, das Hausrecht des Mieters auch so definiert ist. Aber als Indiz verwende ich die Definition des Deutschen Mieterbundes trotzdem, da mir diese plausibel erscheint.

Obwohl die Hausbesichtigungen erst nach meiner Übersendung der Hausschlüssel von dem neuen Makler fortgeführt worden waren, fand Vincent zügig einen Nachmieter. Hätte Vincent sich nicht 6 Wochen Zeit genommen, um endlich mal, die die in dem Erstbegehungsprotokoll (état des lieux d'entrée) aufgeführten Mängel, zu beseitigen, hätte Vincent wahrscheinlich fortlaufend, d.h. ohne die Unterbrechung von einem Monat, Miete kassiert.

Eine noch fiesere Möglichkeit den Mieter in Verruf zu bringen: Man bittet Freunde oder Verwandte als Mietinteressenten aufzutreten. Die berichten dann, dass das Mietobjekt hoffnungslos verdreckt und schmutzig ist. Denen kann dann kein wirtschaftliches Eigeninteresse, wie bei dem neuen Makler, nachgesagt werden. Zudem weiß der Mieter nicht, dass es sich bei den Beschwerdeführern um Freunde oder Verwandte des Vermieters handelt. Bei einer gerichtlichen Auseinandersetzung wird auch das Friedensgericht nicht erkennen können, dass es sich um Freunde oder Verwandte des Vermieters handelt. Es wird davon ausgehen, dass Aussagen von neutralen Zeugen vorliegen.

Der Vermieter belästigte und störte das Umzugsteam

Für den Umzug hatte ich eine Spedition beauftragt. Ob Zufall oder nicht, Vincent war am ersten Umzugstag vor Ort. Laut hupend fuhr er durch die Straße. Ferner wurde mir berichtet, das er Fotos von dem Umzugswagen und dem Umzugsteam machte.

Trick 34 vom Vermieter Vincent:
Darauf angesprochen, erklärte Vincent, dass er lediglich Fotos von seinem Haus mache.

> Teilen sie Ihrem Vermieter nicht mit, an welchem Tag Sie ausziehen.

Der Trick besteht also hier in einer einfachen Lüge, die ihm niemand vom Umzugsteam glaubte.

Warum Vincent das Umzugsteam störte und belästigte, ist mir bis heute nicht klar. Was für ein Trick soll denn das sein? Dass das Umzugsteam wegen der Belästigungen und Störungen durch Vincent den Umzug abbricht und damit der Umzug vereitelt wird? Theoretisch ist das möglich. Aber das erscheint mir doch weit hergeholt. Eigentlich hätte Vincent doch froh sein müssen, dass ich ausziehe.

Als ich sah, dass Vincent vor Ort war, hatte ich das Umzugsteam darauf eingeschworen, Vincent meine neue Wohnadresse nicht mitzuteilen.Der Chef des Umzugsteams war sogar so freundlich, dass er spontan in der Zentrale der Spedition anrief und anwies jegliche Auskunft zu verweigern, wohin ich ziehe. Sie halten diese Maßnahme für übertrieben?

Vincent fragte in der Tat meine Umzugshelfer, wohin ich denn umziehe. Das ist nicht gerade ein Ausfluss von sozialer Intelligenz, dass man die Umzugshelfer erst belästigt und stört und anschließend von denen erwartet, dass diese Auskunft darüber geben, wohin ich umziehe.

Als ich wegen der Beendigung des Mietverhältnisses meine Hausversicherung kündigte, erzählte man mir, dass es eine Aktennotiz gäbe, aus der hervorgeht, dass jemand sich telefonisch erkundigen wollte, wohin ich umziehe. Die Auskunft wurde von der Hausversicherung aus Datenschutzgründen nicht erteilt. Als ich mich bei der Gemeinde abmeldete und damit der Gemeinde meinen neuen Wohnort mitteilte, versicherte mir der Mitarbeiter der Gemeinde, dass aus Datenschutzgründen Vincent meine neue Adresse nicht mitgeteilt wird.

Warum wollte ich nicht, dass Vincent meine neue Adresse kennt? Weil er den neuen Immobilienmakler gegen mich aufgehetzt hatte. Entsprechend dem Charakter von Vincent konnte ich nicht ausschließend, dass Vincent versuchen würde, meinen neuen Vermieter gegen mich aufzuwiegeln.

Scheiden Sie mit Ihrem Vermieter in Unfrieden, teilen Sie ihm nicht Ihre neue Adresse mit. Verweisen Sie darauf, dass Sie einen Postnachsendeantrag gestellt haben.

Informationen über den Nachsendeantrag bei Post Luxembourg gibt es hier:
- https://www.post.lu/de/particuliers/colis-courrier/garde-et-reexpedition

Am Abend des ersten Umzugstages hatte ich mich bei Vincent mit deutlichen Worten beschwert. Am zweiten Umzugstag war Vincent zwar auch vor Ort, verhielt sich aber wie ein zivilisierter Mensch.

Problem: Die Heizöltankanzeige

Die Ungenauigkeiten der Heizöltankanzeige

Im Erstbegehungsprotokoll (État des lieux d'entrée) war vermerkt worden, dass im Heizöltanks 250 Liter waren. Da der Füllstand mit genau 250 Liter und nicht mit circa 250 Liter angegeben war, klingt das nach einer genauen Messung, vielleicht sogar elektronisch gemessen und mit digitaler Füllstandsanzeige.

In Wirklichkeit wurde der Füllstand mechanisch gemessen und die Heizöltankanzeige, die man im Internet für 8,50 Euro kaufen kann, war äußerst primitiv. Denn die Heizöltankanzeige war in einem Glaskästchen enthalten, dass man mit der Hand öffnen konnte. In dem Glaskästchen war ein roter Zeiger, dessen Position man mit der Hand beliebig verändern konnte. Um anhand dieses Zeigers den Füllstand des Heizöltanks ablesen zu können, war in dem Glaskästchen ein Stückchen Pappe enthalten, auf dem eine Skala von null bis 150 Liter aufgedruckt war. Da der Heizöltank laut Vincent ein Fassungsvermögen von 3.000 Liter hatte, konnte man den Füllstand des Heizöltanks nicht direkt auf der Heizöltankanzeige ablesen. Wenn die Heizöltankanzeige bei 150 aufhört und der Heizöltank ein Fassungsvermögen von 3.000 Liter hat, müsste man doch den Wert auf der Heizöltankanzeige mit 20 multiplizieren, um den wahren Füllstand des Heizöltanks ermitteln zu können?

Trick 35 vom Vermieter Vincent:

Vincent behauptete, dass der Umrechnungsfaktor bei der Heizöltankanzeige nicht 20, sondern 15 sei.

Der Trick war hier, dass damit unklar was die Heizöltankanzeige bei meinem Einzug angezeigt hatte. Hatte die Heizöltankanzeige 16,6 (200/15) oder 12,5 (250/20) angezeigt? Bei einem Umrechnungsfaktor von 15 muss man mehr Heizöl kaufen als bei einem Umrechnungsfaktor von 20.

Beispiel:

Wenn der Heizöltank ganz leer wäre und das Ziel wäre, dass die Heizöltankanzeige 100 anzeigt,

- müsste man bei einem Umrechnungsfaktor von 15 nur 1500 Liter Heizöl kaufen,
- müsste man bei einem Umrechnungsfaktor von 20, aber 2000 Liter Heizöl kaufen.

Um beim Beispiel zu bleiben:

Wer kurz vor seinem Auszug 1.500 Liter Heizöl kauft, weil er fälschlicherweise darauf vertraut, dass der Umrechnungsfaktor 15 ist, muss erfahren, dass die Heizöltankanzeige dann nur 75 und nicht 100 anzeigt. Wenn aber im Erstbegehungsprotokoll vermerkt ist, dass die Heizöltankanzeige 100 angezeigt hatte, wäre am Tag des Auszugs weniger Heizöl im Heizöltank als am Tag des Einzugs. Und Heizöl lässt sich nicht literweise hinzukaufen.

Diese Tatsache hätte mir Vincent vor dem Friedensgericht unter die Nase reiben können, da ich nicht hätte beweisen können, dass Vincent mir einen Umrechnungsfaktor von 15 genannt hatte.

> Kann der Füllstand des Heizöltanks nicht direkt aus der Heizöltankanzeige abgelesen werden, lassen Sie sich vom Vermieter schriftlich den Umrechnungsfaktor für die Heizöltankanzeige bestätigen.

Reformvorschläge

Ein Umrechnungsfaktor für die Heizöltankanzeige war weder im Mietvertrag noch im Erstbegehungsprotokoll enthalten.

Daher sollte im Mietgesetz verbindlich geregelt werden, dass Vermieter verpflichtet sind, im Mietvertrag den Umrechnungsfaktor der Heizöltankanzeige zu nennen.

Da Leute wie Vincent Regeln ohne Sanktionsmöglichkeit nicht beachten, sollte die Regelung eine Sanktionsmöglichkeit enthalten.

Eine Heizöltankanzeige mit elektronischer Messung und digitaler Anzeige, zeigt den Füllstand der Heizölanzeige direkt und auf den Liter genau. Eine solche Heizöltankanzeige würde zum Energiesparen anregen, da der Heizölverbrauch direkt und sehr bequem erkennbar ist,

Damit dem Energiespargedanken mehr Rechnung getragen wird, wäre es besser im Mietgesetz die Vermieter zu verpflichten, eine Heizöltankanzeige mit elektronischer Messung und digitaler Anzeige auf ihre Kosten installieren zu lassen, als nur den Umrechnungsfaktor im Mietvertrag zu nennen.

Da Leute wie Vincent Regeln ohne Sanktionsmöglichkeit nicht beachten, sollte die Regelung eine Sanktionsmöglichkeit enthalten.

Da die luxemburgische Regierung ohnehin plant, Ölheizungen in 10 bis 15 Jahren zu verbieten,

- Siehe: http://www.lessentiel.lu/de/corona/story/regierung-erhoht-zuschusse-auf-oko-bauweise-stark-28047706

kann daher als Zwischenlösung eine Heizöltankanzeige mit elektronischer Messung und digitaler Anzeige gefordert werden. Steigt der Vermieter wegen der Verpflichtung auf seine Kosten eine Heizöltankanzeige mit elektronischer Messung und digitaler Anzeige installieren zu lassen, auf einen anderen Energieträger um, umso besser.

Beide Vorschläge würden die Anzahl der Mietstreitigkeiten reduzieren. Das Friedensgericht wäre entlastet.

Da mir die Ungenauigkeiten der Heizölanlage nicht geheuer waren und ich Streit vermeiden wollte, bot ich Vincent kurz nachmeinem Einzug an, mich mit 50 % an einer Heizöltankanzeige zu beteiligen, die dem technischen Stand entspricht.

Trick 36 vom Vermieter Vincent:
Vincent ließ sich auf mein Angebot mit der Kostenbeteiligung an einer neuen Heizöltankanzeige nicht ein. Bis zu meinem Auszug wurde die Heizöltankanzeige nicht ausgetauscht.

Vincent ließ also diese Streitquelle weiter köcheln und war wieder mal zu geizig.

Der Trick hierbei bestand darin, dass ich im Zweifelsfall den wahren Füllstand des Heizöltanks beweisen musste.

Der Heizölbestand kurz vor dem Auszug

Trotz aller Ungenauigkeiten konnte ich bei meinem Auszug die Angabe von 250 Litern Heizöl im Erstbegehungsprotokoll nicht ignorieren. Kurz vor meinem Auszug wanderte der Zeiger in der Heizölanlage in den roten Bereich. Auch das konnte ich nicht ignorieren. Da auf dem Boden des Öltanks Schmutzpartikel lagern können, die aufgewirbelt werden können. Da die Heizölanlage bei meinem Auszug schon über 16 Jahre alt war, war es wahrscheinlich, dass Feststoffe im unteren Teil des Heizöltanks vorhanden waren. Zumal der Heizöltank so aussah, als ob er noch älter als die Heizölanlage sei. Dies alles kann dazu führen, dass ein Reinigen bzw. Erneuern des Vorfilters, des Pumpenfilters und der Düse erforderlich ist. Das war mir alles zu riskant. Zudem Vincent vor Kurzem versucht hatte, einen Teil der Reparaturkosten für die Heizölanlage auf mich abzuwälzen.

Folglich blieb mir nichts Anderes übrig als Heizöl zu bestellen. Benzin kann man ggf. an der Tankstelle literweise kaufen. Heizöl kann man nicht literweise kaufen. Immerhin gelang es mir, einen Heizöllieferanten zu finden, der sich mit einer Mindestabnahmemenge von 500 Litern begnügte. Das Heizöl wurde rund 10 Tage vor meinem Umzug geliefert.

Bei anderen Häusern in der Straße konnte der Heizöllieferant seinen Schlauch vorne in der Garage anschließen. Bei dem Haus von Vincent war das nicht möglich. Der Heizöllieferant musste den Schlauch durch den gesamten Eingangsbereich bis in den Heizungsraum hineinziehen. Der Schlauch wurde dann unmittelbar am Heizöltank angeschlossen. Dass bedeutete, dass nach jeder Heizöllieferung wegen dem dreckigen Schlauch geputzt werden musste.

> Achten Sie bei einer Hausbegehung darauf, wo der Schlauch für eine Heizöllieferung angeschlossen werden kann.

3 Tage vor meinem Auszug kam der Handwerker, um die Heizölanlage zu warten. Ich ließ mir den Heizölbestand in Höhe von 1.000 Litern von dem Handwerker schriftlich bestätigen. Damit hatte ich kurz vor meinem Umzug 2 Bestätigungen. Eine von dem Heizöllieferanten über die Lieferung von 500 Litern und eine von dem Handwerker über 1.000 Liter Gesamtbestand.

2 Tage vor meinem Umzug schrieb ich Vincent, dass 1.000 Liter im Heizöltank seien und ich dafür eine Bestätigung von dem Handwerker hatte, der am Tag zuvor, die Heizungsanlage gewartet hatte. Ferner wies ich daraufhin, dass er mich für den Mehrbestand von 750 Litern Heizöl finanziell entschädigen soll. Dass einige Tage zuvor 500 Liter Heizöl geliefert worden waren, erwähnte ich nicht.

Trick 37 vom Vermieter Vincent:
Vincent warf mir mangelnde Planung bei der Heizölbestellung vor und dass deswegen bei ihm erhebliche Unkosten entstehen würden, die er nicht übernehmen wolle. Vincent wusste zu diesem Zeitpunkt, dass der erste Tag des Umzugs schon vollbracht war. Weil er vor Ort war und meine Umzugshelfer belästigt und gestört hatte.

Dennoch empfahl er mir, die überschüssigen 750 Liter Heizöl bis zur Schlüsselübergabe zu verheizen. Die Schlüssel erhielt Vincent übrigens 5 Tage später per Post. Alternativ schlug er mir vor, den Mehrbestand an Heizöl abpumpen zu lassen und bei meiner neuen Wohnadresse einfüllen zu lassen.

Ich ließ mich durch diese esoterischen Ideen nicht provozieren. Ich schickte Vincent stattdessen ein Schreiben, dem die Rechnung des Heizöllieferanten und Fotos von der Heizöltankanzeige beigefügt waren. In dem Schreiben rechnete ich Vincent vor, wie viel Geld er mir auf Grund der beigefügten Rechnungen für das überschüssige Heizöl zu zahlen hat, setzte ihm eine Frist für die Überweisung des Betrages und drohte ihm mit einer Klage, falls bis zu dem von mir angegebenen Valutadatum der Betrag nicht meinem Konto gutgeschrieben ist. Das war kein sehr höfliches Schreiben, aber das ist leider der Ton, den Vincent versteht.

Noch vor Ablauf der Frist hatte Vincent den Betrag für das überschüssige Heizöl überwiesen.

Vielleicht spielte auch die Tatsache, eine Rolle, dass ich das Heizöl mit einem Durchschnittspreis von rund 53 Euro pro Liter eingekauft hatte. Denn bis zur Zahlung von Vincent war der Preis für ein Liter Heizöl schon auf rund 60 Euro gestiegen. Da der Preis für Heizöl weiter anstieg, hätte Vincent vor dem Friedensgericht nicht behaupten können, dass ich das Heizöl überteuert eingekauft hätte. Ganz im Gegenteil hätte Vincent sich die Frage gefallen lassen müssen, aus welchem rationalen Grund er ein so vorteilhaftes Geschäft ausschlagen möchte.

Problem: Die Übergabe des Mietobjektes in einem ordentlichen Zustand

Wenn man das Mietobjekt nach dem Auszug an den Vermieter zurückgibt, ist es eine Selbstverständlichkeit, dass das Mietobjekt gereinigt übergeben wird. Für die gesamten Reinigungsarbeiten beauftragte ich eine Firma. Das hatte für mich den Vorteil, dass ich anhand der Rechnung beweisen konnte, dass das Mietobjekt gereinigt worden ist. Zudem hätte ich notfalls für eine Gerichtsverhandlung vor dem Friedensgericht die Reinigungskräfte als Zeugen angeben können.

Die Reinigung des Hauses nach dem Auszug

Drängen Sie darauf, dass die Rechnung für die Reinigung möglichst genau ausweist, was geeinigt worden ist. Seien Sie kleinlich! Eine Formulierung wie „Die gesamte Wohnung wurde gereinigt" ist nicht genau genug.

Das zeigt auch die Tatsache, dass Vincent abends während der Umzugstage riesige Anforderungskataloge schickte, was zu putzen ist. Unglaublich! Mehr Punkte wären mir auch nicht eingefallen. Vincent nützte seine Chance, kurz vor der Beendigung des Mietverhältnisses nochmal richtig Druck auf mich auszuüben.

Ziemlich genau vor 3 Monaten hatte ich gekündigt. Vincent hatte also rund 3 Monate Zeit gehabt, seine Wünsche hinsichtlich der Reinigung des Hauses zu konkretisieren. Dennoch schickte er seine Anforderungskataloge erst während der Umzugstage. Die Anforderungskataloge hatte Vincent also so kurzfristig übersendet, dass ich die einzelnen Punkte der Anforderungskataloge von einem Rechtsanwalt nicht mehr hätte rechtzeitig juristisch überprüfen lassen können. Außerdem lief ich Gefahr, dass ich nicht genügend Kapazitäten für die Reinigung des Hauses gebucht hatte. Ob Vincent diese Anforderungskataloge schon vor meinem Umzug zusammengestellt hatte und nur auf den aus seiner Sicht günstigsten Zeitpunkt wartete, um die Anforderungskataloge per E-Mail zu versenden?

Stellen Sie sich mal bitte Folgendes vor: Müde und abgekämpft und umringt von Umzugskartons empfangen Sie von Ihrem (alten) Vermieter abends in Ihrer neuen Wohnstätte per E-Mail lange Listen mit Punkten, die Sie abzuarbeiten haben (To-do-Listen). Ein E-Mail war sogar erst um 22 Uhr 47 abgesendet worden!

Für mich war das nicht völlig überraschend, da es in mein Charakterbild von Vincent hineinpasste. Daher hatte ich schon lange vor dem Umzug die Reinigungskräfte für 2 Tage gebucht. Folglich konnte ich die sehr spät übermittelten Forderungen von Vincent zeitlich auffangen.

> Kümmern Sie sich gleich nach Ihrer Kündigung darum, dass Ihnen nach ihrem Auszug genügend Arbeitskräfte für die Reinigung des Mietobjekts zur Verfügung stehen.

Eine seriöse Firma schickt jemand vorbei, der den möglichen Arbeitsumfang schätzt und Ihnen mitteilt, wie viele Arbeitskräfte für wie lange für die Reinigung des Mietobjekts gebraucht werden. Natürlich können Sie das Mietobjekt auch selber reinigen. Da Vincent schon mehrere Klagen provoziert hatte, hatte ich es vorgezogen, Experten für die Reinigung des Mietobjekts zu beauftragen.

Vincent stützte übrigens seine Anforderungskataloge hinsichtlich der Reinigung des Hauses auf die folgende Textpassage im Mietvertrag:

Avant la remise des clés en fin de jouissance, le locataire a le choix, soit de nettoyer les lieux loués correctement comme il les a trouvés lors de leur emménagement, soit de laisser le bailleur nettoyer les lieux loués aux frais de locataire. En cas de départ ou de remise des clés sans nettoyage préalable, le bailleur fera nettoyer les lieux loués aux frais du locataire.

Die maschinelle Übersetzung lautet:

Vor der Schlüsselübergabe hat der Mieter die Wahl, entweder die gemieteten Räume so zu reinigen, wie er sie beim Einzug vorgefunden hat, oder er lässt den Vermieter die gemieteten Räume auf Kosten des Mieters reinigen. Bei Abreise oder Schlüsselübergabe ohne vorherige Reinigung lässt der Vermieter die gemieteten Räume auf Kosten des Mieters reinigen.

Problem: Reinigung der Verbundsteine hinter dem Haus nach dem Auszug

In der maschinellen Übersetzung oben wird der Grundstücksteil hinter dem Haus nicht erwähnt. Daher stützte sich Vincent wegen der Reinigung der Verbundsteine auf den folgenden Satz aus dem Mietvertrag.

Le locataire est tenu de veiller au bon entretien du jardin, et aux alentours de la maison, qui leur sont privatifs, à leur frais.

Die maschinelle Übersetzung lautet:

Der Mieter ist verpflichtet, auf eigene Kosten für die ordnungsgemäße Pflege des Gartens und der Umgebung des Hauses zu sorgen.

Obwohl die Verbundsteine im Laufe der Jahre nur durch eine normale Abnutzung und damit eine vertragsgemäße Abnutzung dunkler geworden waren, ließ ich die Verbundsteine reinigen. Dabei trat das Problem aus, dass die Sicherung rausflog, als der Hochdruckreiniger an das Stromnetz des Hauses angeschlossen wurde. Die von mir beauftragte Firma besorgte dann einen Stromgenerator.

Fragen Sie Ihren Rechtsanwalt, ob Sie als Mieter verpflichtet sind, mit einem Hochdruckreiniger Verbundsteine aufzuhellen.

Dagegen sprach, dass ich als Mieter für einen normalen Verschleiß nicht verantwortlich gemacht werden konnte, weil anderer Stelle im Mietvertrag die folgende Klausel enthalten war:

Le locateur....s'engage à bien les [les lieux] entretenir et à les rendre à la fin du bail dans ce même état, en parfait état locatif et sans qu'il y ait lieu d'effectuer des réparations, en tenant compte de l'usure normale.

Die maschinelle Übersetzung lautet.

Der Mieter .....verpflichtet sich, sie [les lieux] unter Berücksichtigung des normalen Verschleißes in gutem Zustand und ohne Instandsetzung zu erhalten und am Ende des Mietverhältnisses in einwandfreiem Zustand zurückzugeben.

Falls ich nicht verpflichtet gewesen wäre, die Verbundsteine beim Auszug aufzuhellen, hätte ein weiterer Trick von Vincent vorgelegen.

Problem: Die Schnitthöhe von Hecken und Sträuchern nach dem Auszug

Hinter dem Haus gab es nicht nur Verbundsteine, sondern auch einen Garten mit Büschen und Sträuchern. So wie man vor einem Bewerbungsgespräch zum Friseur geht, sollte man Hecken und Sträucher nach dem Auszug so weit frisieren, dass es ordentlich aussieht.

Trick 39 vom Vermieter Vincent:

Vincent forderte, dass Hecken und Sträucher auf ihre ursprüngliche Höhe zurückgeschnitten werden. Andernfalls würde er auf meine Kosten einen Gärtner für 15 Euro die Stunde beauftragen. Dabei berief er sich auf das im

Erstbegehungsprotokoll enthaltene Foto vom Garten. Zudem weigerte sich Vincent, mir mitzuteilen, welche Höhe in Zentimeter die Hecken und Sträucher haben sollen.

Der Trick besteht darin, dass Sie als Mieter in so einer Situation nur verlieren können. Entweder sind die Hecken und Sträucher nach dem Schneiden immer noch zu hoch oder gar zu kurz geschnitten. Aus dem Foto im Erstbegehungsprotokoll ließ sich nicht die genaue Höhe der Hecken und Büsche bestimmen. Vincent kreierte hier also für mich eine Situation der Ungewissheit.

Zudem konnte ich im Mietvertrag keine explizite Verpflichtung entdecken, Hecken und Sträucher auf ihre ursprüngliche Höhe zurückzuschneiden.

> Fragen Sie Ihren Rechtsanwalt, ob Sie als Mieter verpflichtet sind, Hecken und Sträucher bei ihrem Auszug auf die ursprüngliche Höhe zurechtzuschneiden. Auch dann, wenn der Vermieter die ursprüngliche Höhe nicht in cm bestimmen kann?

Vielleicht lässt sich doch eine solche Verpflichtung aus dem folgenden Halbsatz ableiten?

les lieux rendre à la fin du bail dans ce même état

Die maschinelle Übersetzung lautet:

„die Orte am Ende des Mietverhältnisses in demselben Zustand zurückzugeben".

Was passiert eigentlich, wenn witterungsbedingt eine Hecke oder ein Strauch eingeht? Muss man dann die Hecke oder den Strauch als Mieter nachpflanzen?

Ich bat dann die Mitarbeiter, der von mir beauftragten Firma, Hecken und Sträucher tiefer abzuschneiden als ursprünglich geplant.

Der Wasserfilter war im Mietvertrag nicht erwähnt. Dennoch vertrat Vincent die Meinung, dass der Wasserfilter alle paar Monate gereinigt werden muss. Es ist nicht schwierig, den Wasserfilter selber zu reinigen. Allerdings haben Sie dann nicht in Form einer Rechnung einen Nachweis, dass der Wasserfilter gereinigt worden ist. Daher ließ ich kurz vor meinem Auszug, den Wasserfilter von einem Handwerker reinigen. Ich fragte den Handwerker, ob das zu erkennen sei, dass ich den Wasserfilter 3 Jahre nicht gereinigt hatte. Für den Handwerker war das nicht zu erkennen.

Der Handwerker musste beim Wasserfilter auch keine Teile austauschen oder reparieren. Die Reinigung des Wasserfilters kostete mich 20,04 Euro.

> Fragen Sie Ihren Rechtsanwalt, ob und wie oft Sie als Mieter den Wasserfilter reinigen müssen, wenn der Wasserfilter nicht im Mietvertrag erwähnt ist.

Laut der deutschen Verbraucherzentrale ist übrigens aus hygienischer Sicht von Wasserfiltern und Wasserbehandlern abzuraten.

- Siehe: https://www.verbraucherzentrale.de/wissen/umwelt-haushalt/wasser/brauche-ich-einen-wasserfilter-5534

Vielleicht war da Vincent mit seinem Wasserfilter nicht mehr auf der Höhe der Zeit?

Problem: Der Termin für die Rückgabe und Abnahme des Mietobjekts

So wie es eine Erstbegehung und damit ein Erstbegehungsprotokoll (état des lieux d'entrée) vor dem Einzug gibt, gibt es auch ein Abnahmeprotokoll (état des lieux de sortie) nach dem Auszug. Schließlich hat der Vermieter das Recht, den Zustand des Mietobjekts nach dem Auszug protokollieren zu lassen. Damit er eventuell wegen der Verschlechterung des Zustandes des Mietobjekts Schadensersatzansprüche gegen den Mieter geltend machen kann und somit auch die Mietkaution ganz oder teilweise zurückhalten kann.

Auf den Tag der Abnahme und damit auf den Tag der Erstellung des Abnahmeprotokolls muss man sich natürlich mit dem Vermieter einigen. Man kann dem Vermieter den Tag und die Uhrzeit der Übergabe des Mietobjekts nicht einseitig diktieren.

Zunächst verlief das alles problem- und reibungslos. Ich konnte mich schnell mit Vincent auf den Tag und die Uhrzeit einigen. Es war um 16 Uhr am letzten Tag des Mietverhältnisses. Zudem konnte ich klarstellen, dass ich die Kosten für die Erstellung des Abnahmeprotokolls durch die von Vincent beauftragten Immobilienagentur nicht bezahlen werde. Schließlich hätte ich selber ein Abnahmeprotokoll in Anlehnung an das Erstbegehungsprotokoll (état des lieux d'entrée) zusammenbasteln können.

Später fiel mir ein, dass es keine gute Idee von mir war, Vincent das Haus am letzten Tag des Mietverhältnisses um 16 Uhr zu übergeben. Was ist, wenn Vincent entgegen der Vereinbarung nicht zum Abnahmetermin erscheint? Dann kann ich ihm auch nicht die Schlüssel übergeben. Dass ich ihm in einem solchen Fall noch am gleichen Tag die Schlüssel für sein Haus in seinen Briefkasten werfe, kam für mich nicht in Frage. Das war mir beweistechnisch viel zu riskant. Übersende ich die Schlüssel als Einschreiben mit Rückschein an Vincent, kommen die Schlüssel bei Vincent erst nach dem Ende der Mietzeit bei Vincent an. Ich wollte trotzdem nicht den Übergabetermin verschieben. Vereinbart ist vereinbart!

Trick 40 vom Vermieter Vincent:
Nachdem ich mich mit Vincent auf einen Termin für die Übergabe seines Hauses geeinigt hatte, fiel Vincent fast 3 Monate später auf einmal ein, dass sein Immobilienmakler zu dem vereinbarten Termin keine Zeit hatte. Vincent verlegte dem Termin für die Abnahme/Übergabe des Hauses auf einen Tag, an dem das Mietverhältnis bzw. der Mietvertrag schon beendet war.

Warum war das ein Trick? Weil die Übergabe eines Mietobjekts in der Regel mit der Übergabe der Schlüssel für das Mietobjekt verbunden ist.

solange die Schlüssel nicht dem Eigentümer ausgehändigt sind, muss der Mieter die Miete weiterzahlen

- Siehe: https://guichet.public.lu/de/citoyens/logement/location/bail-a-loyer/conclure-contrat-bail-location.html

Da im Mietgesetz dieser Fall nicht geregelt ist, war mir unklar, ob ich meiner Kündigung des Mietvertrags widersprechen würde, wenn ich mich auf einen Übergabetermin nach der Beendigung des Mietvertrags einlassen würde. Würde meine Kündigung dadurch aufgehoben? Hätte ich bis zum Übergabetermin Miete (plus eventuelle Nebenkosten) zahlen müssen? Oder sogar noch länger?

Wenn ich Vincent nicht einseitig einen Übergabetermin diktieren darf, dann kann Vincent mir auch nicht einseitig einen Übergabetermin diktieren. Drei Tage später, schickte ich Vincent (rund 14 Tage vor Beendigung des Mietvertrags) per Post die Schlüssel für sein Haus. Eine anteilige Rückzahlung der Miete für die noch rund 14 Tage Mietzeit forderte ich von Vincent nicht ein.

Obwohl ich, abgesehen von der Schlüsselübersendung, nicht reagierte, ließ Vincent nicht locker und schrieb mir, dass aus seiner Sicht der neue Abnahme-/Übergabetermin von mir bestätigt ist, wenn ich mich bei ihm bis am nächsten Tag um 15 Uhr nicht melde. Da meiner Meinung nach Schweigen keine Zustimmung bzw. keine Terminbestätigung ist, antwortete ich nicht auf dieses Schreiben. Der Abnahme-/Übergabetermin fand dann ohne mich statt. Ich fühlte mich auf der sicheren Seite, da ich zusammen mit dem Zeugen am Tag der Schlüsselübersendung über 200 Fotos gemacht hatte und das Protokoll des Zeugen sehr umfangreich war. So wie Vincent mein Umzugsteam belästigt und gestört hatte, war ich nicht unglücklich darüber, dass Vincent den Abnahme-/Übergabetermin einseitig verschoben hatte und ich ihn daher bei dem Abnahme-/Übergabetermin nicht erleben musste.

Das Abnahmeprotokoll hätte ich ohnehin nicht spontan auf einem Tablet unterschrieben. Ich muss ja nicht jeden Fehler zweimal machen.

Noch am gleichen schickte mit der der Immobilienmakler von Vincent per E-Mail den état des lieux de sortie. Das Abnahmeprotokoll war wieder auf einem Tablet erstellt worden. Es war noch nicht mal von Vincent unterschreiben worden. Alleine schon aus diesem Grund unterschrieb ich das Abnahmeprotokoll ebenfalls nicht.

Reformvorschlag

Die folgenden Klauseln könnte man in das Mietgesetz aufnehmen.

Findet der Übergabe-/Abnahmetermin auf Wunsch des Vermieters nach Beendigung des Mietvertrags statt, hat der Mieter für den Zeitraum zwischen der Beendigung des Mietvertrags und dem Übergabe-/Abnahmetermin weder Miete noch Nebenkosten zu zahlen. Die bereits bestehende Kündigung des Mietvertrags bleibt wirksam. Der Mieter muss sich aber nicht auf einen Übergabe-/Abnahmetermin nach der Beendigung des Mietverhältnisses einlassen.

Auf Mängel des Mietobjekts, die nicht im Abnahmeprotokoll (état des lieux de sortie) aufgelistet sind, kann sich der Vermieter nach dem Übergabe-/Abnahmetermin nicht berufen. Dies gilt auch, wenn der Vermieter das Abnahmeprotokoll nicht unterschreibt. Ist der Vermieter der Meinung, dass im Abnahmeprotokoll nicht alle Mängel aufgelistet sind, hat sich der Vermieter an die natürliche Person oder an die juristische Person zu wenden, die für die Erstellung des Abnahmeprotokolls verantwortlich ist. Hat der Mieter das Abnahmeprotokoll erstellt, ist der Mieter für das Abnahmeprotokoll verantwortlich.

Irgendwann mal muss Schluss sein mit der Berufung auf Mängel des Mietobjekts durch den Vermieter. Der Übergabe-/Abnahmetermin mit der Schüsselübergabe und der Erstellung des Abnahmeprotokolls ist der geeignete Zeitpunkt einen Schlussstrich zu ziehen. Zumal der Vermieter die Möglichkeit hat, auf seine Kosten einen Experten zum Übergabe-/Abnahmetermin mitzubringen.

Ich hatte mit dem Gedanken gespielt, einen Gerichtsvollzieher vom Chambre des Huissiers de Justice du Grand-Duché de Luxembourg als Zeuge für die Abnahme bzw. Übergabe des Hauses von Vincent hinzuziehen.

Aber der Gerichtsvollzieher kann laut seinen eigenen Angaben nicht bestätigen, dass das Haus entsprechend den im Mietvertrag genannten Anforderungen Mietvertrag gereinigt ist. Der Gerichtsvollzieher kann nur bestätigen, ob das Haus oder z. B. die Fenster sauber sind. Auch dann, wenn der Vermieter nicht zum Abnahmetermin erscheint, kann man die Schüssel für das Mietobjekt nicht beim Gerichtsvollzieher deponieren. Eine juristische Beratung hinsichtlich der Übergabe des eines Mietobjekts gibt es vom Gerichtsvollzieher nicht. Der Gerichtsvollzieher wollte noch nicht mal Auskunft darüber geben, wie er reagiert, wenn Vincent nicht zum Übergabetermin erscheinen würde.

Zudem wollte der Gerichtsvollzieher schon mal vorab 300 Euro überwiesen haben. Unklar war mich, ob es sich bei den 300 Euro um eine abschließende Zahlung handelt oder ob ich ggf. hätte noch Geld nachschießen müssen.

Ich weiß nicht, ob Sie unter diesen Umständen einen Gerichtsvollzieher für die Übergabe/Abnahme eines Mietobjekts nach ihrem Auszug beauftragen würden. Da das Preisleistungsverhältnis für mich nicht in Ordnung war, beauftragte ich den Gerichtsvollzieher nicht.

Am Tag der Schlüsselübersendung an den Vermieter

Die letzten Aktivitäten

Nachdem klar war, das Vincent begann bezüglich des Termins für die Rückgabe und Abnahme des Hauses Spielchen zu spielen, entschloss ich mich, die Schlüssel für das

Haus Vincent per Post zu übersenden. Der Umzug war vollendet und das Haus daher leer. Bevor ich das Haus endgültig verließ,

- putzte ich nochmal im Eingangsbereich des Hauses,
- fegte nochmal vor dem Haus,
- ließ ich die Jalousien überall herunter, damit die frisch geputzten Fenster nicht so schnell verdreckten, und
- drehte ich die Thermostaten aller Heizkörper auf Stern, also auf Frostschutzeinstellung.

Da ich nicht so geizig bin wie Vincent, hinterließ ich im Haus (unbenutztes) Toilettenpapier.

Das Protokoll des Zeugen

Auf Grund meiner bisherigen Erfahrungen mit Vincent musste ich damit rechnen, dass Vincent nach Vorwänden suchen wird, um die Mietkaution nicht vollständig zurückzahlen zu müssen. Also musste ein Zeuge her. Einer ohne wirtschaftliches Eigeninteresse, also nicht wie der Schleimer von irgend so einem Küchenstudio oder wie dieser Makler, diese Marionette von Vincent.

Ich hatte das Glück, einen solchen Zeugen zu finden. Als Erstes ließ ich mir von dem Zeugen schriftlich bestätigen, dass er von mir kein Geld oder andere geldwerte Vorteile für seine Tätigkeit als Zeuge erhält. Damit Vincent keine weitere Klage provoziert, informierte ich Vincent nach der Schüsselübersendung darüber, dass ich einen Zeugen hatte.

Der Zeuge macht mit seinem Fotoapparat über 100 Fotos von dem Haus und seiner Umgebung. Wichtig war, dass der Zeuge seinen eigenen Fotoapparat und nicht meinem Fotoapparat benutzte. Denn mit der Hilfe von PC-Programmen kann man herausfinden, ob Fotos von dem gleichen Fotoapparat stammen. Ich selber hatte am Tag der Schlüsselübersendung mit meinem Fotoapparat noch über 100 Aufnahmen abgespeichert.

Die Anforderungskataloge von Vincent konnte ich für die durchgeführten Reinigungsarbeiten mittels Copy & Paste als Vorlage für die Erstellung des Protokolls gut verwenden. Ein nachträgliches „Danke schön" an Vincent.

Da das Protokoll des Zeugen daher sehr umfangreich war, möchte ich hier nicht auf alle Punkte des Protokolls erwähnen. Es versteht sich von selbst, dass das Protokoll alle Ecken, Winkel und Geräte erwähnte, die zu säubern und zu reinigen waren. Klar ist auch, dass vom Zeugen kontrolliert werden musste, ob alle Bohrlöcher ordnungsgemäß zugespachtelt worden waren.

Hervorheben möchte ich an dieser Stelle, die in dem Protokoll vorgesehenen Funktionstests und anderen Checks.

Geprüft wurde unter anderem von dem Zeugen:

- die Ölheizungsanlage
- alle Heizungskörper im Haus
- die Toilettenspülung und andere Abflüsse im Haus
- die Entlüftung im Bad
- alle (Warm)Wasserquellen im Haus und deren Wasserhähne und deren Siphons, deren Armaturen, Duschbrausen
- Herd, Dunstabzugshaube, Geschirrspülmaschine, Kühlschrank
- alle Jalousien
- die Haustürklingel
- alle Zimmerschlüssel
- die Garagenfernbedienung
- alle Fenster und Türen, ob die klemmen oder quietschen
- alle Lampen im Haus und deren Lichtschalter
- alle Beleuchtungen unter den Hängeschränken in der Küche und deren Lichtschalter
- alle Steckdosen im Haus
- etc.

Ferner wurden in dem Protokoll auf die zahlreichen Mängel verwiesen, die im Erstbegehungsprotokoll (État des lieux d'entrée) erwähnt worden waren. Diese Mängel bestanden auch noch am Tag der Schlüsselübersendung, da Vincent sich bis zum Tag der Schlüsselübersendung nicht um die Beseitigung der Mängel gekümmert hatte.

Wie Sie sehen, hatte ich mir wirklich Gedanken darübergemacht, wie ich Lügen von Vincent verhindern kann. Zudem sich abgezeichnet hatte, dass der Abnahmetermin ohne mich stattfinden würde. Vergessen hatte ich allerdings mir von dem Zeugen bestätigen zu lassen, dass die Ölheizungsanlage eingeschaltet war, als ich die Haustür endgültig hinter mir schloss. Es hatte mir an Phantasie gefehlt, dass Vincent später wahrheitswidrig ins Blaue hinein behaupteten würde, dass die Ölheizungsanlage ausgeschaltet gewesen sei. Nun ja, Vincent hatte ja rund 6 Wochen Zeit gehabt, unbemerkt von Anderen die Ölheizungsanlage auszuschalten.

In der über dreijährigen Mietzeit hatte sich die Ölheizungsanlage nie von selbst ausgeschaltet. Und ich drehe doch nicht die Thermostaten aller Heizkörper auf Stern, um anschließend die Ölheizungsanlage auszuschalten.

Im Beisein des Zeugen steckte ich die Schüssel für das Haus von Vincent in einen gepolsterten Briefumschlag. Von diesem Vorgang machte der Zeuge auch Fotos. Zusammen mit dem Zeugen fuhr ich zur nächsten Poststelle. Dort übergab der Zeuge den gepolsterten Briefumschlag als Einschreiben mit Rückantwortschein der Mitarbeiterin der Poststelle. Selbst in der Poststelle fotografierte der Zeuge noch. Da Vincent so oft log, konnte man gar nicht vorsichtig genug sein.

Das Protokoll des Zeugen und die Fotos hielt ich natürlich in der Hinterhand. Ansonsten hätte Vincent die Lücken des Protokolls und der Fotos erkennen können, um dann gezielt seine Lügen zu platzieren. Da Vincent das Protokoll nicht vorlag, hätte er vor dem Friedensgericht auf gut Glück lügen müssen. Hätte ich diese Lügen mit dem Protokoll widerlegen können, hätte ich das Protokoll gezückt. Beim Kartenspiel zeigt man in der Regel auch nicht alle Trümpfe.

Die anstehende Rückzahlung der Mietkaution (garantie locative)

Im Mietvertrag wurde die Mietkaution garantie locative genannt. Innerhalb welcher Frist die 2 Monatsmieten nach der Beendigung des Mietverhältnisses zurückzuzahlen waren, ergab sich nicht aus dem Mietvertrag.

Wie hoch darf in Luxemburg die Mietkaution maximal sein?

Artikel 5 Absatz 2 Mietgesetz:

„(2) Il est toutefois permis aux parties de convenir d'une garantie locative, qui ne pourra dépasser trois mois de loyer…."

Die maschinelle Übersetzung lautet:

(2) Die Parteien können jedoch eine Kaution vereinbaren, die drei Monatsmieten nicht überschreiten darf…

Wie von mir erwartet, zahlte Vincent die Mietkaution nicht unmittelbar nach Beendigung des Mietvertrags zurück, obwohl er keine Schadensersatzansprüche geltend machte und in meinem Fall keine abschließende Nebenkostenabrechnung zu erstellen war. Ich drohte daher Vincent per E-Mail, ihn wegen der ausstehenden Mietkaution zu verklagen. Ganz wohl war mir bei dieser Androhung nicht, da sich auch aus dem luxemburgischen Mietgesetz nicht ergibt, bis wann eine Mietkaution zu bezahlen ist. Daher bestand das Risiko für mich, dass ich aus Sicht des Friedensgerichts, Vincent auf Rückzahlung der Mietkaution zu früh verklagte.

Die Androhung einer Klage zeigte dennoch Wirkung. Rund 6 Wochen nach Beendigung des Mietvertrags zahlte Vincent die Mietkaution in voller Höhe unverzinst zurück. Es war mir dabei nicht nur wichtig, dass ich meine Mietkaution zurückerhalten hatte, sondern das Vincent mit der vollständigen Rückzahlung der Mietkaution klarstellte, dass er gegen mich keine Ansprüche aus dem Mietverhältnis mehr hatte. Für mich war damit ausgeschlossen, dass Vincent noch nachdieselt und nach der vollständigen Rückzahlung der Mietkaution noch irgendeinen Schaden geltend macht.

Reformbedarf

Dass im Mietgesetz noch nicht mal ansatzweise eine Frist für die Rückzahlung der Mietkaution genannt ist, ist nicht verfahrensökonomisch. Zudem kann dem Mieter nicht zugemutet werden, dass er bis zum Sankt Nimmerleinstag auf die Rückzahlung der Mietkaution warten muss. Schließlich kann der Mieter es sich nicht aussuchen, wann er die Mietkaution zu bezahlen hat. Denn der Mietvertrag enthielt die folgende Klausel, die sogar unterstrichen war.

La présente disposition constitue une clause suspensive, le bail ne prenant pas cours et la remise des clés n'ayant pas lieu si le locataire n'a pas fourni cette garantie locative au bailleur au plus tard à la remise des clés de la maison loué.

Die maschinelle Übersetzung lautet:

Diese Bestimmung stellt eine aufschiebende Klausel dar, da der Mietvertrag nicht zustande kommt und die Schlüsselübergabe nicht erfolgt, wenn der Mieter dem Vermieter die Mietgarantie nicht spätestens bei der Schlüsselübergabe des gemieteten Hauses gestellt hat.

Die Unklarheit, bis wann eine Mietkaution zurückzuzahlen ist, birgt das Risiko von gerichtlichen Auseinandersetzungen in sich. Der korrekte Zeitpunkt der Rückzahlung der Mietkaution wird dann zum Streitgegenstand zwischen Vermieter und Mieter.

Das kann nicht im Interesse des überlasteten Friedensgerichts sein. Klare Regelung, kein Streit, keine Klage.

Reformvorschlag

Man könnte in das Mietgesetz z. B. als Ergänzung von Artikel 5 Absatz 2 folgenden Passus aufnehmen.

Der Vermieter hat nach Beendigung des Mietvertrags 4 Wochen Zeit bezifferte Ansprüche, die sich aus dem état des lieux de sortie ergeben, gegenüber dem ehemaligen Mieter schriftlich geltend zu machen. Macht er dies nicht und ist auch von dem Vermieter keine Nebenkostenabrechnung mehr zu erstellen, hat der Vermieter innerhalb von 6 Wochen nach Beendigung des Mietvertrags dem Mieter die Mietkaution vollständig zurückzuzahlen. Eine zum Nachteil des Mieters abweichende Vereinbarung ist unwirksam.

Ist es dem Vermieter nicht möglich, innerhalb von 6 Wochen nach Beendigung des Mietvertrags eine abschließende Nebenkostenabrechnung zu erstellen, hat er die Gründe dafür dem Mieter innerhalb von 6 Wochen nach Beendigung des Mietvertrags schriftlich darzulegen. Mach er das nicht, ist die Mietkaution unter Vorbehalt einer noch ausstehenden Nebenkostenabrechnung in voller Höhe zurückzahlen. Eine zum Nachteil des Mieters abweichende Vereinbarung ist unwirksam.

Da Leute wie Vincent Regeln ohne Sanktionsmöglichkeit nicht beachten, sollte die Regelung eine Sanktionsmöglichkeit enthalten.

Reduzierung der monatlichen Miete

Warum eine einseitige Reduzierung der Miete wegen Mängeln des Mietobjekts zu riskant ist und daher nicht in Frage kommt, wurde bereits dargelegt.

Es gibt aber das Verfahren der Festlegung der Miete (fixation du loyer). Dieses Verfahren der Festlegung der Miete erschien mir aus den folgenden Gründen attraktiv.

Die zulässige Höchstmiete wird aus dem investierten Kapitals abgeleitet. Das investierte Kapital wird grundsätzlich auf Basis der Anschaffungskosten oder den Baukosten eines Mietobjekts und späterer Investitionen des Vermieters errechnet. Zudem kann ein vereidigter Gutachter hinzugezogen werden, der das investierte Kapital berechnet. Ein vereidigter Gutachter ist gesetzlich verpflichtet, neutral zu sein. Auch, dass für die Berechnung des investierten Kapital Rechnungen heranzuziehen sind, sprach für ein objektives Verfahren.

Da dii eigentliche Schlacht um die Reduzierung der Miete erst kurz vor bzw. nach meinem Auszug stattfand, berichte ich erst an dieser Stelle darüber.

Die Berechnung des investierten Kapitals zur Ermittlung der zulässigen Miete

Für die Berechnung der Höhe der zulässigen Miete, gilt zunächst Artikel 3 Absatz 1 Mietgesetz;

„(1) La location d'un logement à usage d'habitation ne peut rapporter au bailleur un revenu annuel dépassant un taux de 5 % du capital investi dans le logement."

Die maschinelle Übersetzung lautet:

(1) Der Vermieter darf kein jährliches Einkommen aus der Vermietung einer Wohnung für Wohnzwecke erzielen, das 5% des in die Wohnung investierten Kapitals übersteigt.

Berechnungsbeispiel:

Sie zahlen jeden Monat 2.000 EUR Miete ohne Nebenkosten. Auf das Jahr hochgerechnet sind das 24.000 EUR Miete. Damit die 5 % Grenze nicht überschritten wird, muss das vom Vermieter investierte Kapital mindestens 480.000 EUR betragen.

Denn 24.000/5*100 = 480.00. Oder 480.000 * 0,05 = 24.000

Je älter das Mietobjekt ist, umso geringer waren damals die Anschaffungskosten für das Mietobjekt. Nach seinen eigenen Angaben vermietete Vincent das Haus schon seit 30 Jahren. Außerdem wird das Jahr der Fertigstellung des Mietobjekts in der Regel in der Vermietungsanzeige genannt.

<u>Die Tabelle der Neubewertungskoeffizienten</u>

In Wirklichkeit ist die Berechnung des investierten Kapitals so kompliziert, dass in der Regel nur ein Gutachter (mit Hilfe einer Software) das investierte Kapital ermitteln kann. Als Beispiel für die komplizierte Berechnung des investierten Kapitals verweise ich auf den Text von Artikel 3 Absatz 3 Mietgesetz.

„(3) Ce capital investi est réévalué au jour de la conclusion du bail ou au jour de l'adaptation du loyer parmultiplication avec le coefficient correspondant du tableau des coefficients de réévaluation prévus par l'article 102,alinéa 6, de la loi modifiée du 4 décembre 1967 concernant l'impôt sur le revenu. Si la construction du logement remonte à quinze ans ou plus, le capital investi réévalué déterminé d'après lesmodalités formulées ci-avant, à l'exception du prix du terrain sur lequel l'habitation est construite, frais de l'actecompris, qui ne sont pas pris en compte pour le calcul de la décote, est diminué de 2 % par période de deux annéessupplémentaires, à moins que le bailleur ne prouve avoir investi des frais équivalents dans l'entretien ou la réparationdu logement. Ces frais sont également réévalués selon les modalités prévues par l'alinéa 1er. Au cas où les frais investin'atteignent pas le montant correspondant de la décote, ils sont compensés avec la décote. Au cas où ils excèdent ladécote opérée, ils sont reportés sur les décotes ultérieures."

Die maschinelle Übersetzung lautet:

(3) Dieses investierte Kapital wird am Tag des Abschlusses des Mietvertrags oder am Tag der Anpassung der Miete neu bewertet, indem es mit dem entsprechenden Koeffizienten aus der Tabelle der Neubewertungskoeffizienten gemäß Artikel 102, Absatz 6 des geänderten Gesetzes vom 4. Dezember 1967 über die Einkommensteuer multipliziert wird. Ist der Bau der Wohnung 15 Jahre oder älter, so wird das nach den vorstehenden Regeln ermittelte neu bewertete investierte Kapital, mit Ausnahme des Preises des Grundstücks, auf dem die Wohnung gebaut wird, einschließlich der Kosten für die Fertigstellung, die bei der Berechnung des

Nachlasses nicht berücksichtigt werden, für jeden Zeitraum von zwei zusätzlichen Jahren um 2 % gekürzt, es sei denn, der Vermieter kann nachweisen, dass er gleichwertige Kosten in die Instandhaltung oder Reparatur der Wohnung investiert hat. Diese Kosten werden ebenfalls gemäß den in Absatz 1 festgelegten Verfahren neu bewertet. Falls die investierten Kosten nicht den entsprechenden Betrag des Rabatts erreichen, werden sie mit dem Rabatt verrechnet. Falls sie den angewendeten Rabatt überschreiten, werden sie auf spätere Rabatte übertragen.

Der schwer zu verstehende Text von Artikel 3 Absatz 3 Mietgesetz hatte mich nicht abgeschreckt. Denn das genau wollte ich, ein stark mathematisch geprägtes Verfahren. Keine Pi mal Daumen Wertermittlung. Zudem hatte ich von Anfang an die Einschaltung eines vereidigten Gutachters favorisiert. Da ich davon ausging, dass ein vereidigter Gutachter immer ein neutraler Gutachter ist.

Die jeweils aktuelle Version des loi fiscale vom 4.Dezember 1967 finden Sie übrigens hier:

- https://impotsdirects.public.lu/fr/legislation/LIR.html

Dort wird das loi ficale als „LOI MODIFIÉE DU 4 DÉCEMBRE 1967 CONCERNANT L'IMPÔT SUR LE REVENU (L.I.R.) bezeichnet."

Sie klicken auf die aktuelle Version und scrollen dann bis zu Artikel 102 Absatz 6 hinunter. Dort finden Sie die Tabelle der Neubewertungskoeffizienten, die alle 2 Jahre angepasst werden soll.

Trotz der komplizierten Zusatzrechnungen von Artikel 3 Absatz 3 bleiben die 2 wesentlichen Faktoren bei der Ermittlung des investierten Kapital die Anschaffungskosten für das Mietobjekt oder die die Baukosten. Dabei ist wohl noch Art. 3 Abs. 2 Mietgesetz zu beachten.

„le prix duterrain peut toutefois également être fixé forfaitairement par le bailleur à 20 % du capital investi."

Die maschinelle Übersetzung lautet:

Der Preis des Grundstücks kann jedoch vom Vermieter pauschal auf 20% des investierten Kapitals festgesetzt werden.

Eigene Nachforschungen zur groben Ermittlung des investierten Kapitals

Man kann nicht von Ihnen verlangen, dass Sie Berechnungen nach Artikel 3 Absatz 3 Mietgesetz durchführen.

Aber mit dem Beispiel von oben, hier noch mal eingefügt, kommen Sie zurecht?

Sie zahlen jeden Monat 2.000 EUR Miete ohne Nebenkosten. Auf das Jahr hochgerechnet sind das 24.000 EUR Miete. Damit die 5 % Grenze nicht überschritten wird, muss das vom Vermieter investierte Kapital mindestens 480.000 EUR betragen.

Denn 24.000/5*100 = 480.00. Oder 480.000 *0,05 = 24.000

Um wenigstens so grob das investierte Kapital zu berechnen, bedarf es eigener Nachforschungen.

Ich hatte das Glück, dass mir einige Handwerker kostenlos grob mitteilen konnten, wie alt Fenster, Türen, Heizkörper, Fliesen, Elektrik, Küche und Sanitäranlagen, Außenanstrich etc. wahrscheinlich waren. Auch wenn es sich dabei nur um grobe Schätzungen handelte, war es offensichtlich, dass Vincent schon lange nicht mehr in einem nennenswerten Umfang in sein Haus investiert hatte. Auf der Ölheizungsanlage stand sogar das Jahr der Anschaffung. Wenn nicht, hätte ich den Handwerker, der die Ölheizungsanlage jedes Jahr wartete, gefragt, von wann denn ungefähr die Ölheizungsanlage ist.

Haben Sie dann noch einen Vermieter wie Vincent, der so weit wie möglich selber repariert und renoviert, wissen Sie, dass er an allen Ecken und Enden spart. Wenn der Vermieter so geizig ist, dass er erst nach Einreichung einer Klage, eine 19 Jahre alte, kaputte Geschirrspülmaschine durch eine neue Geschirrspülmaschine ersetzt.

Auch als Laie können sie beim Einzug erkennen, ob das Mietobjekt frisch renoviert ist. Zudem wird der Vermieter schon von sich Sie darauf aufmerksam machen, was neu ist im Mietobjekt. Trotz der allgemeinen Wohnungsnot in Luxemburg ist der Vermieter in der Regel interessiert, beim Mietinteressenten zunächst einen guten Eindruck zu hinterlassen. Jedenfalls dann, wenn er Sie als zukünftigen Mieter favorisiert.

Es kann also durchaus eine lösbare Aufgabe sein, auf Grund von Eigeninitiative herauszufinden, ob die Miete im Verhältnis zum investierten Kapital zulässig ist. Von Ihrem Vermieter können Sie nicht erwarten, dass er Ihnen sein investiertes Kapital vorrechnet.

Das Kataster- und Vermessungsamt

Ein Genie im Zivilrecht war der Gutachter Gustave sicher nicht. Er wusste noch nicht mal, ob man ein Haus vermieten darf, dass nicht beim Kataster- und Vermessungsamt (Administration du cadastre et de la topographie) gelistet ist. Hier können Sie übrigens Katasterauszüge beantragen.

- https://www.geoportail.lu/de/

Da die Katasterauszüge für Laien schwer verständlich sind, sollten Sie besser beim Kataster- und Vermessungsamt mit dem Mietvertrag in der Hand persönlich vorstellig werden, damit Ihnen der Katasterauszug erklärt werden kann. Das Kataster- und Vermessungsamt hat einen bestuhlten Wartebereich.

Außerdem müssen Sie damit rechnen, dass Sie wegen des Datenschutzes als Mieter nicht so viel Informationen über ihr Mietobjekt wie z. B. Notare oder Immobiliengutachter erhalten.

Vielleicht erhalten sie mehr Informationen, wenn Sie nachweisen können, dass sie sich mit dem Vermieter in einem Rechtsstreit befinden und die von ihnen gewünschten Informationen entscheidungserheblich sind.

Klären Sie vorher ab, welche Informationen Sie als Mieter vom Kataster- und Vermessungsamt über das Mietobjekt erhalten können.

Dann laufen Sie nicht Gefahr, dass Sie vergeblich das Kataster- und Vermessungsamt aufsuchen.

Das Verfahren der Festlegung der Miete einleiten?

> Kommen Sie auf Grund ihrer groben Berechnungen des investierten Kapitals zu dem Ergebnis, dass die Höhe der Miete zulässig sein könnte, lassen Sie die Finger von dem Verfahren der Festlegung der Miete.

Ob ein Rechtsanwalt Ihnen das investiere Kapital nach Artikel 3 Absatz 2 und Artikel 3 Absatz 3 Mietgesetz berechnen kann, kann ich nicht beurteilen. Falls ja, müsste er Sie darauf hinweisen, dass letztendlich das investierte Kapital, das vom Gutachter berechnet wird, maßgeblich ist. Auf jeden Fall können Sie ihren Rechtsanwalt fragen, ob er Ihnen Unterlagen besorgen kann, aus denen sich der Kaufpreis des Mietobjekts ergibt.

Dass Verfahren der Festlegung der Miete ist ein zweischneidiges Schwert

Dass Verfahren der Festlegung der Miete ist langwierig und zeitaufwendig. Zudem ist das Verfahren ein zweischneidiges Schwert.

> Das Ergebnis des Verfahrens der Festlegung der Miete kann sein, dass der Vermieter die Miete erhöhen kann.

Für den Fall der Mieterhöhung ist Artikel 11 Mietgesetz zu beachten.

„Lorsque, en application des dispositions de la présente loi, le loyer est augmenté de plus de 10% suite à une décisionde la commission des loyers ou sur un recours en justice, la hausse s'applique par tiers annuels. Le locataire auratoutefois le droit de dénoncer le bail, nonobstant toute convention contraire, moyennant un délai de résiliation de troismois."

Die maschinelle Übersetzung lautet:

Wird die Miete nach den Bestimmungen dieses Gesetzes aufgrund einer Entscheidung der Vermietungskommission oder auf Grund einer Berufung vor Gericht um mehr als 10 % erhöht, so gilt die Erhöhung in jährlichen Dritteln. Der Mieter hat jedoch das Recht, den Mietvertrag ungeachtet einer anderslautenden Vereinbarung unter Einhaltung einer dreimonatigen Kündigungsfrist zu kündigen.

Ist das Ergebnis des Verfahrens der Festlegung der Miete, dass der Vermieter die Miete erhöhen kann, wird der Mieter wohl auf den Kosten des Gutachters sitzen bleiben. Ich wüsste nicht, warum unter solchen Umständen sich der Vermieter an den Kosten für den Gutachter beteiligten sollte.

Obwohl das Verfahren der Festlegung der Miete zu einer höheren Miete führen kann, hatte Vincent, entsprechend seinem Charakter meine Klage beim Friedensgericht auf Festlegung der Miete als rechtsmissbräuchlich und schikanös bezeichnet und verlangte wie immer 2.000 Euro Schadensersatz von mir.

Auch wenn kein Rechtsanwalt bin, lege ich mich fest, dass die Nutzung eines vom Gesetz angebotenen Verfahrens, von dem sogar der Vermieter profitieren kann, nicht rechtsmissbräuchlich und schikanös sein kann. Das war eines der Psychospielchen von Vincent.

Ist das Ergebnis des Verfahrens der Festlegung der Miete, dass die Miete zu hoch ist, dürfte spätestens dann das Mietverhältnis zerrüttet sein. Ziemlich beste Freunde werden Sie und Ihr Vermieter anschließend nicht mehr. Da muss die Atmosphäre zwischen Ihnen und dem Vermieter schon vorher so schlecht gewesen sein, dass man eine weitere Verschlechterung der Atmosphäre billigend in Kauf nimmt.

Nur wenn Ihre (grobe) Berechnung ergibt, dass die zulässige Miete wahrscheinlich weit unter der tatsächlichen Miete liegt, würde ich das Verfahren der Festlegung der Miete einleiten.

Für eine potentielle Mietreduzierung von 10 EUR monatlich ist das Verfahren der Festlegung der Miete zu aufwendig und verursacht zu viel Ärger.

Ferner ist bei der Einleitung des Verfahren der Festlegung der Miete der folgende Satz von Artikel 8 Mietgesetz zu beachten.

„Chaque requête précisera l'objet de la demande. Elle ne sera pas recevable pendant les six premiers mois du bail."

Die maschinelle Übersetzung lautet:

In jedem Ersuchen ist der Gegenstand des Ersuchens anzugeben. Es wird während der ersten sechs Monate des Mietvertrags nicht zulässig sein.

Das bedeutet, dass es eine 6-monatige Friedenspflicht gibt. Denn es kann nicht sein, dass der Mieter nur zum Schein den Mietvertrag unterschreibt, um kurz danach das Verfahren der Festlegung der Miete einzuleiten.

Ausfluss dieser 6-monatigen Friedenspflicht ist natürlich auch, dass eine Reduzierung der Miete nicht für die Monate der Friedenspflicht verlangt werden kann.

Mir war vorab bekannt, dass das Verfahren der Festlegung der Miete ein zweischneidiges Schwert ist. Aber in meinen Fall war die Wahrscheinlichkeit recht hoch, dass Vincent rechnerisch nicht das notwendige „investierte Kapital" zusammenkratzen konnte. Neben den groben Schätzungen der Handwerker setzte ich darauf, dass Vincent schon sei Jahrzehnten geizig war. Geiz als Charaktereigenschaft blendet man nicht ständig ein oder aus.

Da Vincent mit seinen Lügen und anderen Verhaltensweisen das Mietverhältnis atmosphärisch schon in den Abgrund getrieben hatte, war die Fallhöhe für eine zusätzliche atmosphärische Verschlechterung gering.

Folglich leitete ich das Verfahren der Festlegung der Miete ein.

Schritt 1: Versuch der gütlichen Einigung mit dem Vermieter

Da in meinem Fall auf jeden Fall die 6-Monatsfrist von Artikel 8 Mietgesetz verstrichen war, war die Einleitung des Verfahrens der Festlegung der Miete ganz einfach.

Ich schrieb Vincent einen höflichen Brief als Einschreiben mit Rückschein, von dessen Inhalt ich die folgenden Punkte hervorheben möchte:

- Ich verwies auf das Verfahren der Festlegung der Miete und bot eine gütliche Einigung an.
- Ich bat Vincent das investierte Kapital anhand der Summe der Rechnungen für sein Haus zu ermitteln.
- Zudem bat ich Vincent, mir einen Vorschlag für den Betrag der Mietreduktion zu unterbreiten.
- Ferner setzte ich Vincent eine Frist für seine Antwort auf mein Schreiben.

Auch wenn der Vermieter Sie schlecht behandelt hat, schreiben Sie dem Vermieter in einem höflichen Ton. Wenn Sie den Vermieter in dem Schreiben beschimpfen, können Sie vom Vermieter keinen Willen zu einer gütlichen Einigung erwarten.

Zudem stößt ein Schreiben mit einem beleidigenden Ton später bei der Mietkommission und/oder beim Friedensgericht sauer auf.

Mehr als ein solches Schreiben verlangt das Mietgesetz für den ersten Schritt des Verfahrens der Festlegung der Miete nicht. Denn in Artikel 8 Satz 1 Mietgesetz steht:

„La partie qui se croira fondée en vertu des dispositions de la présente loi à demander une augmentation ouune réduction du loyer devra d'abord notifier son intention à l'autre partie par écrit, sous peine d'irrecevabilité de larequête devant la commission."

Die maschinelle Übersetzung lautet:

Die Partei, die sich nach den Bestimmungen dieses Gesetzes berechtigt fühlt, eine Erhöhung oder Minderung der Miete zu beantragen, muss ihre Absicht der anderen Partei zuvor schriftlich mitteilen, da andernfalls die Beschwerde vor der [Miet]Kommission unzulässig ist.

Artikel 8 Satz 1 Mietgesetz geht also grundsätzlich davon aus, dass der Vermieter kooperiert, d. h. er sich um eine gütliche Einigung bemüht. Nicht so Vincent. Er antwortete prompt und lehnte eine gütliche Einigung kategorisch ab. Kurz danach schrieb mir sein Anwalt, der ebenfalls eine gütliche Einigung unmissverständlich ablehnte. Da der Anwalt von Vincents im Prinzip das Gleiche wie Vincent schrieb, bloß mit höflicheren Worten, war der eigentliche Zweck des Schreibens des Anwalts mir klarzumachen, dass Vincent seinen Anwalt eingeschaltet hatte.

Schritt 2: Die Einbindung der Mietkommission

Mit der kategorischen Ablehnung der gütlichen Einigung hatte Vincent die Einbindung der Mietkommission in das Verfahren der Festlegung der Miete provoziert. Leider konnte ich mich trotz der kategorischen Ablehnung der gütlichen Einigung nicht sofort an die Mietkommission herantreten.

Denn Artikel 8 Satz 2 Mietgesetz verlangt Folgendes:

Si un accord n'a pu être obtenu endéans un mois, le réclamant pourra adresser unerequête au collège des bourgmestre et échevins de la commune du lieu de situation du logement.

Die maschinelle Übersetzung lautet:

Kann innerhalb eines Monats keine Einigung erzielt werden, kann der Beschwerdeführer eine Anfrage an das Bürgermeister- und Schöffenkollegium der Gemeinde [Mietkommission] richten, in der sich die Wohnung befindet.

Obwohl in meinem Fall klar absehbar war, dass ich einen Monat sinnlos warten musste, will ich keine Gesetzesänderung vorschlagen. Es gibt bestimmt Vermieter, die erst eine gütliche Einigung ablehnen und dann doch innerhalb eines Monats es sich nochmal anders überlegen und zu einer gütlichen Einigung grundsätzlich bereit sind. Auch der Rechtsanwalt des Vermieters könnte dem Vermieter zu einer gütlichen Einigung mit dem Mieter raten. Kommt es dann zu einer gütlichen Einigung, hat der Rechtsanwalt des Vermieters weniger verdient, als wenn er seinen Mandaten, den Vermieter, dazu drängt, die Angelegenheit vor dem Friedensgericht auszutragen.

Ihren Antrag auf Festlegung der Miete durch die Mietkommission geben Sie bei der Gemeinde ab, in der Sie wohnen. Die Gemeinde weiß oder findet heraus, an wen Ihr Antrag weiterzuleiten ist.

> Wenden Sie sich nicht direkt an die Mietkommission! Da diese Abkürzung unzulässig ist, ist die Mietkommission berechtigt, Ihren Antrag an Sie unbearbeitet zurückzuschicken, weil Sie Ihren Antrag nicht bei der Gemeinde eingereicht hatten.

Der Verfahrensweg ist also strikt einzuhalten! Ich hatte natürlich in meinem Antrag belegt, dass ich erfolglos versucht hatte, eine gütliche Einigung mit Vincent zu erzielen und dass ich die Monatsfrist von Artikel 8 Mietgesetz eingehalten hatte.

Zudem hatte ich meinem Antrag noch das ausgefüllte Formular „REQUETE EN FIXATION DU LOYER" beigelegt. Sie können dieses französischsprachige Formular hier ausdrucken.

- https://www.vdl.lu/sites/default/files/media/document/formulaire_telech argeable_requete_en_fixation_du_loyer_fr.pdf

Die Einschaltung der Mietkommission bei dem Verfahren der Festlegung der Miete nimmt im Mietgesetz einen relativ breiten Raum ein. Das Wort „commission" ist im Mietgesetz über 50 Mal zu finden. Insbesondere in den Artikeln 3, 7, 8, 9 10, und 11 ist die Mietkommission erwähnt.

Ich brauche hier nicht auf alle Details einzugehen, da es die für mich an sich zuständige Mietkommission nicht gab. Und das war kein Einzelfall! Von 12 vorgesehenen Mietkommissionen waren damals nur 4 Mietkommissionen arbeitsfähig. Die anderen Mietkommissionen konnten wegen Personalmangels nicht tagen. Weil z. B. die Positionen der Beisitzer nicht besetzt waren.

Da Mietkommissionen nicht wie die Pilze aus dem Boden schießen, kann das auch bei Ihrem Antrag der Fall sein, dass die an sich zuständige Mietkommission nicht existiert.

Fragen Sie Ihren Rechtsanwalt, ob es für ihre Gemeinde eine Mietkommission gibt.

Ich war nicht darüber unglücklich, dass es die für mich zuständige Mietkommission nicht gab. Da nicht damit zu rechnen war, dass Vincent das tatsächlich investierte Kapital ermittelt, hätte die Mietkommission das investierte Kapital nur schätzen können.

Der folgende Text ist Bestandteil von Artikel 8.

„..sans pour autant que cette partie nepuisse établir le véritable capital investi, la commission des loyers, saisie conformément à l'article 8, détermine le capitalinvesti compte tenu de la valeur du terrain, du volume de l'immeuble loué, de la surface louée, de la qualité del'équipement, de l'état d'entretien ou de réparation du logement, et de la finition du logement."

Die maschinelle Übersetzung lautet:

..ohne dass die Partei das tatsächlich investierte Kapital ermitteln kann, legt die gemäß Artikel 8 eingesetzte Mietkommission das investierte Kapital unter Berücksichtigung des Wertes des Grundstücks, des Volumens des gemieteten Gebäudes, der gemieteten Fläche, der Qualität der Ausstattung, des Instandhaltungs- oder Instandsetzungszustands der Wohnung und der Fertigstellung der Wohnung fest.

Ich konnte natürlich mangels Unterlagen das tatsächlich investierte Kapital auch nicht ermitteln. An einer Schätzung des investierten Kapitals durch die Mietkommission war ich aber nicht interessiert. Eine Schätzung des investierten Kapitals ist immer ungenauer und willkürlicher als die Berechnung des tatsächlich investierten Kapitals. Die Gemeinde der Mietkommission ist der Geburtsort von Vincent. Er wohnte dort noch und vermietete in dieser Gemeinde mehrere Häuser. Daher trieb mich die Sorge um, dass ich, als Zugereister, bei einer Schätzung des investierten Kapitals durch die Mietkommission wahrscheinlich nicht die allerbesten Karten hatte. Auch es diesem Grund war es mir lieber, wenn ein vereidigter und damit ein neutraler Gutachter, der vom Friedensgericht bestellt wird, das tatsächlich investierte Kapital berechnet.

Schritt 3: Einreichung des Antrags beim Friedensgericht

Obwohl schnell klar wurde, dass es die für mich zuständige Mietkommission nicht gab, konnte ich mich nicht unmittelbar an das Friedensgericht wenden. Denn Artikel 9 Absatz 5 Mietgesetz schreibt Folgendes vor.

„(5) La commission est tenue de rendre sa décision dans un délai de trois mois à partir de la transmission de larequête à la commission. Si aucune décision n'est rendue endéans ce délai, le requérant pourra saisir directement lejuge de paix."

Die maschinelle Übersetzung lautet:

(5) Die [Miet]Kommission trifft ihre Entscheidung innerhalb von drei Monaten nach der Einreichung des Antrags beim Vorstand. Wird innerhalb dieser Frist keine Entscheidung getroffen, kann der Antragsteller die Angelegenheit direkt an den Friedensrichter verweisen.

Die Wartezeit von 3 Monaten lässt ich damit begründen, dass nicht ausgeschlossen werden kann, dass sich die Mietkommission innerhalb dieser 3 Monate noch konstituiert und eine Entscheidung trifft.

Lassen sie sich von der Gemeinde schriftlich bestätigen, an welchem Tag Sie ihren Antrag auf Festlegung der Miete durch die Mietkommission eingereicht hatten.

Ich hatte die erste Seite meines Antrages kopiert. Ein Mitarbeiter der Gemeinde setzte einen Tagesstempel auf die Kopie und unterschrieb den Tagesstempel im Namen der Gemeinde.

Diesen Service kann Ihnen die Mietkommission nicht bieten. Denn die Mietkommission, soweit es sie überhaupt gibt, ist mangels Arbeit nicht an jedem Arbeitstag verfügbar. Die Gemeinde dagegen bietet an jedem Arbeitstag ihre Dienste an. Wenn nur 12 Mietkommissionen für rund 100 Gemeinden vorgesehen sind, bedeutet das zwangsläufig, dass nicht jede Gemeinde eine Mietkommission hat. Dadurch, dass Sie Ihren Antrag bei der Gemeinde einreichen können und müssen, brauchen Sie sich als Mieter keine Gedanken darüber zu machen, welche Mietkommission für Ihren Antrag zuständig ist.

Der strenge Verfahrensweg ist also vorteilhaft für Sie. Zudem benötigen Sie jemand, der Ihnen für das Friedensgericht bescheinigt, dass es die für Ihren Antrag zuständige Mietkommission nicht gibt. Eine nicht existierende Mietkommission kann nichts bestätigen.

Da das Friedensgericht nicht selber das investierte Kapital und damit die zulässige Miete berechnen darf, war es mein Klageziel, dass das Friedensgericht einen vereidigten und damit einen neutralen Gutachter bestellt, der das investierte Kapital berechnet.

Das Zeitkorsett des Verfahrens der Festlegung der Miete
Wie Sie wahrscheinlich schon bemerkt haben, hat das Verfahren der Festlegung der Miete ein strenges Zeitkorsett. Hier ein Überblick.

Monate	Erläuterung
6	Mindestens 6 Monate Friedenspflicht, bevor das Verfahren der Festlegung der Miete eingeleitet werden darf
1	1 Monat für die gütliche Einigung mit dem Vermieter. Auch dann, wenn der Vermieter eine gütliche Einigung von vornherein kategorisch ablehnt.
3	3 Monate Wartezeit, bis die Mietkommission entschieden hat. Auch dann wenn es die zuständige Mietkommission nicht gibt.

Hinzu kommt noch der Zeitraum, der zwischen der Einreichung der Klage beim Friedensgericht und dem Verhandlungstermin beim Friedensgericht verstreicht. In meinem Fall war das ungefähr 1 Monat. Da der Anwalt von Vincent wieder mal erfolgreich einen nicht begründeten Vertagungsantrag gestellt hatte, dauerte das in Wirklichkeit 2 Monate bis zum Verhandlungstermin. Hinzu kommt noch die Zeit für die Erstellung des Gutachtens. Das Friedensgericht setzte Gustave eine Frist von 2 Monaten dafür.

Im besten Fall halten Sie also 14 Monate nach Beginn des Mietverhältnisses ein Urteil des Friedensgerichts in den Händen, das Ihnen bescheinigt, das die von Ihnen gezahlte Miete zu hoch ist.

Die Gerichtsverhandlung beim Friedensgericht wegen der Festlegung der Miete

Nachdem der Antrag bzw. die Klage auf Festlegung der Miete bzw. auf Neufestsetzung der Miete in einem dritten Schritt beim Friedensgericht eingereicht worden war, kam es zu der Gerichtsverhandlung beim Friedensgericht. Ich gehe davon aus, dass es dem Anwalt von Vincent bekannt war, dass für meine Wohnortgemeinde keine Mietkommission gab. Da Vincent kategorisch eine gütliche Einigung abgelehnt hatte und der Anwalt von Vincent wusste, dass eine Mietkommission in das Verfahren nicht eingebunden werden konnte, hatte Vincent diese Klage bzw. meinen Antrag beim Friedensgericht provoziert.

Der Vermieter bestritt die Zuständigkeit des Friedensgerichts

Als Erstes verneinte Vincent die Zuständigkeit des Friedensgerichts. Damit wollte Vincent die Bestellung eines vereidigten Gutachters durch das Friedensgericht unmöglich machen. Denn wenn das Friedensgericht nicht zuständig ist, kann es auch keinen vereidigten Gutachter bestellen.

Die Zuständigkeit des Friedensgerichts wurde mit dem Argument abgelehnt, dass gemäß Artikel 9 Absatz 5 Mietgesetz das Friedensgericht nur dann zuständig ist, wenn die Mietkommission nicht innerhalb von 3 Monaten über den Antrag des Friedensgerichts entschieden hat. Ist aber die an sich zuständige Mietkommission nicht vorhanden, ist eine Entscheidung über den Antrag auf Festlegung der Miete nicht möglich. Da mangels Mietkommission nicht entschieden werden kann, ist das Friedensgericht nicht zuständig. Mit anderen Worten: Das Friedensgericht ist nur dann zuständig, wenn eine Entscheidung der Mietkommission möglich ist, diese aber nicht innerhalb von 3 Monaten entscheidet.

Zu Ihrem besseren Verständnis hier noch mal der Text von Artikel 9 Absatz 5 Mietgesetz.

„(5) La commission est tenue de rendre sa décision dans un délai de trois mois à partir de la transmission de larequête à la commission. Si aucune décision n'est rendue endéans ce délai, le requérant pourra saisir directement lejuge de paix."

Die maschinelle Übersetzung lautet:

(5) Die [Miet]Kommission trifft ihre Entscheidung innerhalb von drei Monaten nach der Einreichung des Antrags beim Vorstand. Wird innerhalb dieser Frist keine Entscheidung getroffen, kann der Antragsteller die Angelegenheit direkt an den Friedensrichter verweisen.

Der Anwalt von Vincent verwies dabei auf ein Urteil vom 6. März 2020 (Rep. tax. 846/20) eines Friedensgerichts. Ich hatte von diesem Urteil bereits gehört, war aber deswegen nicht beunruhigt. Erstens gibt es 3 Friedensgerichte in Luxemburg. Jedes Friedensgericht entscheidet für sich autonom. Es ist nicht verpflichtet, das Urteil eines anderen Friedensgerichts zu übernehmen.

Zweiten lag keine ständige und gefestigte Rechtsprechung mit dem Urteil vom 6. März 2020 vor. Da von den vielen Urteilen, die Neufestsetzung der Miete betreffend, nur einmal Artikel 9 Absatz 5 Mietgesetz so ungünstig für den Mieter interpretiert worden war.

Ich argumentierte, dass Artikel 9 Absatz 5 Mietgesetz nach seinem Wortlaut und seinem Zweck eine Schutzvorschrift zu Gunsten des Antragstellers sei. Artikel 9

Absatz 5 Mietgesetz will den Rechtsweg zum Friedensgericht nach 3 Monaten freischaufeln. Zudem fällt es nicht in den Verantwortungsbereich des Antragsstellers, ob eine Mietkommission existiert oder nicht existiert. Außerdem verwies ich auf Urteile des Europäischen Gerichtshofs für Menschenrechte (EGMR) und des Gerichts der Europäischen Union (EuG), wonach eine überlange Verfahrensdauer das Recht auf einen effektiven Rechtsschutz verletzt und damit auch die Rechtsweggarantie. Das Warten auf den Sankt Nimmerleinstag bis sich eine Mietkommission konstituiert hat, ist kein effektiver Rechtsschutz für den Antragsteller. Ferner rechnete ich dem Friedensgericht vor, wie zeitraubend das strenge Zeitkorsett des Verfahrens der Festlegung der Miete ohnehin schon ist.

Das Friedensgericht bejahte seine Zuständigkeit, weil sich Artikel 9 Absatz 5 nicht ergibt, dass die 3-Monatsfrist nur dann gilt, wenn es eine Mietkommission gibt und diese nicht innerhalb von 3 Monaten entscheidet.

Die Hilfsbegründung des Vermieters

Da Vincent selber nicht davon überzeugt war, dass das Friedensgericht unzuständig ist, begründete er in seiner Gegenklage umfangreich, warum mein Antrag auf Festlegung der Miete selbst dann abzulehnen sei, falls das Friedensgericht doch zuständig sein sollte.

> Wenn die Gegenpartei hilfsweise Anträge stellt oder hilfsweise etwas begründet, ist das ein Indiz, dass die Gegenpartei Zweifel am Erfolg ihres Hauptbegehrens hat.

Oder mit anderen Worten: Die Gegenpartei will nicht alles auf eine Karte setzen.

Hilfsweise begründete Vincent, dass ich mich mit der Unterschrift unter den Mietvertrag mit der aktuellen Miete einverstanden erklärt hatte. Wäre das ein schlagkräftiges Argument, würde sich die Frage stellen, in welchen Fällen das Verfahren der Festlegung der Miete dann noch zur Anwendung kommt. So gut wie jeder Mieter unterschreibt einen Mietvertrag, in dem die Höhe der Miete festgelegt ist.

Ich verwies auf die 6-monatige Friedenspflicht von Artikel 8 Satz 5 Mietgesetz. Damit ist den Interessen des Vermieters ausreichend gedient, da der Mieter nicht sofort nach seiner Unterschrift unter den Mietvertrag oder sofort nach seinem Einzug oder dem sofort nach dem Beginn des Mietverhältnisses, das Verfahren der Festlegung der Miete in Gang setzen darf.

Das Friedensgericht war ebenfalls der Meinung, dass ein unterschriebener Mietvertrag nicht der Einleitung des Verfahrens der Miete entgegensteht. Bei der Berechnung der 6-Monatsfrist, stellte das Friedensgericht sogar auf den Zeitpunkt der Vertragsunterzeichnung ab. Das war für mich überraschend, da der Tag der Unterzeichnung des Mietvertrages – wie üblich –vor dem ersten Tag lag, an dem das Mietverhältnis laut Mietvertrag begann.

Mit dem Hinweis auf den von mir unterzeichneten Mietvertrag, hatte Vincent also eine Nebelkerze geworfen.

Bis heute habe ich nicht verstanden, warum sich Vincent mit Händen und Füßen gegen die Bestellung eines vereidigten Gutachters gewehrt hatte. Schließlich hätte die Berechnung des investierten Kapitals auch ergeben können, dass die bisher gezahlte Miete zulässig ist oder sogar zu niedrig ist.

Reformvorschlag:
Man sollte in Artikel 8 Mietgesetz klarstellen, dass für die Berechnung der 6-Monatsfrist der Tag der Unterzeichnung des Mietvertrags maßgeblich ist. Der erste Tag, für den Miete zu zahlen ist, ist für die Berechnung der 6-Monatsfrist heranzuziehen, wenn kein Mietvertrag unterschrieben wird oder der Mietvertrag erst nach dem Beginn des Mietverhältnisses unterzeichnet wird.

Je klarer das Mietgesetz, umso mehr wird das Friedensgericht entlastet.

Ab wann sich die monatliche Miete bei Neufestsetzung ändert

Voraussetzung für eine Betragsänderung der monatlichen Miete ist natürlich, dass die Berechnung des investierten Kapitals ergibt, dass die aktuelle Miete entweder zu niedrig oder zu hoch ist. Als Mieter ging es mir natürlich darum, dass die Miete reduziert wird. Ich wende mich ja nicht an das Friedensgericht mit der Bitte um eine Mieterhöhung.

Während der Gerichtsverhandlung fragte mich das Friedensgericht, ab wann denn die reduzierte Miete gelten soll, falls die Berechnung des investieren Kapitals ergeben sollte, dass die aktuelle Miete zu hoch sei.

In meiner Antwort wies ich darauf hin, dass ich wegen der 6-monatigen Friedenspflicht in Artikel 8 Mietgesetz keine Mietreduzierung rückwirkend zum Beginn der Mietzeit verlangen würde. Außerdem gestand ich dem Friedensgericht, dass ich nicht aus Artikel 11 Satz 1 Mietgesetz herauslesen konnte, ab wann denn in diesem dreistufigen Verfahren die neue Miete gelten soll. Zumal hier noch die Besonderheit bestand, dass die Mietkommission mangels Existenz nicht entscheiden konnte.

Hier ist der Text von Artikel 11 Satz 1 Mietgesetz. Vielleicht kommen Sie mit dem Text von Artikel 11 Mietgesetz besser als ich zurecht?

„La détermination du loyer par la commission des loyers ou par le juge ne peut produire ses effets qu'àpartir du premier terme venant à échoir après la date à laquelle le collège des bourgmestre et échevins compétent aété saisi de la requête conformément à l'article 8."

Die maschinelle Übersetzung lautet:

Die Festsetzung der Miete durch die Mietkommission oder das Gericht kann erst ab dem ersten Termin wirksam werden, der nach dem Zeitpunkt endet, zu dem das zuständige Kollegium der Bürgermeister und Leiter mit dem Antrag gemäß Artikel 8 befasst wurde.

Das Friedensgericht setzte als Beginn der möglichen neuen Miete, den Monat nach dem Monat fest, in dem ich meinen Antrag für die (nicht vorhandene) Mietkommission über meine Wohnortgemeinde eingereicht hatte.

Beispiel: Sie reichen den Antrag für die Mietkommission im November ein. Ab dem Dezember würde dann die neue Miete rückwirkend gelten.

Das bedeutet, dass der Monat, in dem ich den Vermieter um eine gütliche Einigung gebeten hatte, nur indirekt wegen der 1-monatigen Wartefrist für den Beginn der neuen Miete von Bedeutung gewesen wäre.

Der Zeitpunkt, ab dem die neue Miete gelten würde, wurde also vor der Erstellung und Akzeptanz des Gutachtens fixiert.

Wer bezahlt den Kostenvorschuss an den Gutachter?

Der nächste Punkt, der abzuhandeln war, war der Kostenvorschuss für den Gutachter.

Da ich das Verfahren der Festlegung der Miete initiiert hatte, bot ich dem Friedensgericht an, dass ich den Kostenvorschuss an den Gutachter zahle. Eine Überweisung an einen vereidigten und damit neutralen Gutachter erschien mir unproblematisch. Zumal es sich um einen Vorschuss und nicht um eine endgültige Zahlung handelte. Dass ich eines Tages in die Situation geraten könnte, den Vorschuss von dem Gutachter zurückzufordern, kam mir damals nicht in dem Sinn.

Das Friedensgericht nahm in seinem Urteil mein Angebot an.

> Überweisen Sie den Kostenvorschuss direkt an den Gutachter. Denn Gustave behauptete, dass er monatelang auf ein Geld warten müsse, wenn der Kostenvorschuss an die Caisse des Consignations überwiesen wird.

Bevor der Gutachter nicht den Kostenvorschuss erhalten hat, braucht er nicht mit seiner Gutachtertätigkeit beginnen. Nachdem Gustave den Auftrag des Friedensgerichts angenommen hatte, teilte er mir schriftlich seine Bankverbindung mit.

Im Rahmen seiner Fundamentalopposition forderte Vincent in seiner Gegenklage, dass ich die Kosten des Gutachtens und damit die Arbeit des Gutachters unabhängig vom Ausgang des Verfahrens der Festlegung der Miete zu zahlen hätte. Das entsprach natürlich nicht meinen Vorstellungen. Daher vertrat ich die Ansicht, dass das Friedensgericht entscheiden solle, wer letztendlich und in welchem Umfang den Gutachter zu bezahlen hat. Ich war der Meinung, dass die Höhe der zulässigen Miete, die durch Berechnung des investierten Kapitals ermittelt wird, das Entscheidungskriterium sei, wer den Gutachter letztendlich zu bezahlen hat. So verstehe ich jedenfalls Artikel 9 Absatz 2 Sätze 3 und 4 Mietgesetz.

Hier der Text von Artikel 9 Absatz 2 Sätze 3 und 4 Mietgesetz.

„Exceptionnellement, la commission pourra se faire assister par un expert. Les frais de cette intervention serontavancés par la partie requérante et ventilés entre les parties dans la décision de la commission ou, en cas de recours,par le tribunal saisi en tenant compte de l'issue de la procédure."

Die maschinelle Übersetzung lautet:

In Ausnahmefällen kann der Ausschuss von einem Experten unterstützt werden. Die Kosten dieser Intervention werden vom Antragsteller getragen und in der Entscheidung der Kommission oder, im Falle eines Rechtsmittels, vom angerufenen Gericht unter Berücksichtigung des Ergebnisses des Verfahrens auf die Parteien aufgeteilt.

Sollte mein Verständnis von Artikel 9 Absatz 2 Sätze 3 und 4 Mietgesetz richtig sein, wäre die Forderung von Vincent, dass ich in jedem Fall den Gutachter bezahlen muss, völliger Unsinn.

Fragen Sie Ihren Rechtsanwalt, wie er Artikel 9 Absatz 2 Sätze 3 und 4 Mietgesetz interpretiert.

Die Hausaufgaben des Friedensgerichts für den Gutachter

Nachdem das Friedensgericht seine Zuständigkeit bejaht hatte, den Einwand des unterzeichneten Mietvertrags vom Tisch gewischt hatte und klar war, wer den

Kostenvorschuss an den Gutachter überweist, stand der Bestellung eines vereidigten Gutachters durch das Friedensgericht nichts mehr im Weg. Vincent hatte also diese Rechtsstreitigkeit verloren. Den Namen des Gutachters erfuhr ich nicht während der Gerichtsverhandlung, sondern erst durch das Urteil des Friedensgerichts.

Welchen Gutachter das Friedensgericht ausgewählt hatte, spielte für mich keine Rolle. Da es sich um einen vereidigten und damit neutralen Gutachter handeln würde. Von dem ich ausging, dass er professionell arbeiten würde und sich professionell verhalten würde.

In seinem Urteil gab das Friedensgericht in seinem Urteil unter anderem die folgenden Hausaufgaben für den Gutachter mit auf den Weg.

- Der Gutachter hat das Friedensgericht über den Stand seiner Tätigkeiten fortlaufend zu informieren. Insbesondere dann, wenn Probleme auftreten.
- Der Gutachter hat nach Erhalt des Kostenvorschusses innerhalb von 2 Monaten sein Gutachten beim Friedensgericht einzureichen.
- Nimmt der Gutachter den Auftrag nicht an oder verzögert er unzulässig die Erstellung des Gutachtens, wird der Gutachter vom Friedensgericht ersetzt.
- Der Gutachter soll versuchen, eine Einigung zwischen mir und Vincent herbei zu führen, so dass kein Gutachten erstellt werden muss.

Da sich das Friedensgericht bei seiner Liste der Hausaufgaben nicht auf Artikel des Mietgesetzes berief, gehe ich davon aus, dass diese Anforderungen des Friedensgerichts nicht im Mietgesetz zu finden sind. Ob diese Hausausaufgaben ein parteiisches Verhalten und andere Pflichtverletzungen des Gutachters verhindert hatten, wird sich noch zeigen.

Der Skandal mit dem vereidigten Gutachter

Wie bereits erwähnt, hatte das Friedensgericht für die Festlegung der Miete einen Gutachter bestellt. Dabei handelte es sich, wie üblich, um einen vereidigten Sachverständigen. Den Gutachter nenne ich der Einfachheit halber Gustave. Obwohl er so nicht heißt.

Eine Liste der vereidigten Sachverständigen für die Branche:"bâtiment, génie civil et construction" finden Sie hier im Internet.

- https://mj.gouvernement.lu/content/dam/gouv_mj/professions-du-droit/experts-asserment%C3%A9s/experts/Liste-des-experts-batiment.pdf

Die maschinelle Übersetzung von „Branche: bâtiment, génie civil et construction" lautet:

Branche: Bau, Hoch- und Tiefbau

Am 14. September 2021 waren dort 281 Gutachter aufgeführt. Einige der Gutachter arbeiten aus Altersgründen nicht mehr. Andere lassen sich nicht mehr googeln. Das bedeutet, dass sie sich zu dieser Liste angemeldet hatten, aber nicht abgemeldet haben. Das spricht nicht für diese Zunft.

Jeder Gutachter, auch Gustave, hat unparteiisch (impartialité) zu sein hat. Das bedeutet, er darf weder den Mieter noch den Vermieter bevorzugen. So steht es auch im Gesetz (Artikel 437 Nouveau Code de procédure civile.)

Einen Gutachter selber beauftragen

Falls Sie daran denken sollten, selber einen Gutachter zu beauftragen, kann es Ihnen passieren, dass der Vermieter das Gutachten ablehnt. Er könnte es sich einfach machen, indem er darauf hinweist, dass er allenfalls ein Gutachten akzeptiert, dass von einem Gutachter stammt, der vom Friedensgericht bestellt worden ist. Dass Ihr Gutachter vereidigt ist, spielt dabei keine Rolle. Wenn Sie einen Vermieter wie Vincent haben, der voll auf Konfrontationskurs segelt, können Sie davon ausgehen, dass er das von Ihnen beauftragte Gutachten nicht akzeptieren wird.

Auch weil das Friedensgericht bei einem von ihm bestellten Gutachter mehr Durchgriffs- und Kontrollrechte als Sie bei Ihrem Gutachter hat, empfiehlt es sich nicht, einen Gutachter selber zu beauftragen.

Der Gutachter bestimmt den Besichtigungstag

Das der Gutachter den Besichtigungstag bestimmt, ist grundsätzlich in Ordnung, da nur er weiß, wann er für die Besichtigung Zeit hat. Am Telefon sagte mir Gustave, dass die Besichtigung des Hauses 2 bis 3 Wochen nach Erhalt des Kostenvorschusses, stattfinden würde. In Wirklichkeit fand die Besichtigung 5 bis 6 Wochen nach der Überweisung des Kostenvorschusses in Höhe von 1.000 Euro statt. Und zwar am letzten Arbeitstag des Monats. Am ersten Tag des Folgemonats war das Haus von Vincent bereits neu vermietet.

Trick 1 vom Gutachter Gustave:
Gustave hatte Vincent den Besichtigungstermin aussuchen lassen.

Trick 41 vom Vermieter Vincent:
Der Trick von Gustave machte den nächsten Trick von Vincent möglich.

Da Vincent sich den Besichtigungstermin aussuchen konnte, hatte Vincent genügend Zeit, Zustandsverbesserungen in seinem Haus durchzuführen. Ich war bereits ausgezogen. Diesen zweifachen Vorteil hatte Vincent voll ausgenutzt. Bei der gemeinsamen Hausbesichtigung mit Gustave waren zahlreiche Zustandsverbesserungen zu erkennen, auf die ich hier im Detail nicht eingehen möchte.

Warum ist das für Vincent ein Vorteil? Man könnte ja argumentieren, dass alleine der Nachmieter von den Zustandsverbesserungen profitiert. Da kommt aber Artikel 3 Absatz 4 Mietgesetz ins Spiel.

„la commission des loyers, saisie conformément à l'article 8, détermine le capital investi compte tenu de la valeur du terrain, du volume de l'immeuble loué, de la surface louée, de la qualité de l'équipement, de l'état d'entretien ou de réparation du logement, et de la finition du logement."

Die maschinelle Übersetzung lautet:

...so legt die nach Artikel 8 eingesetzte Mietkommission das investierte Kapital unter Berücksichtigung des Wertes des Grundstücks, des Grundstücksvolumens, der Grundstücksgröße und des Grundstücksvolumens fest. Mietobjekt, Mietfläche, Qualität der Ausstattung, Instandhaltungs- oder Reparaturzustand der Wohnung und Ausstattung der Wohnung.

Wie Sie sehen, spielen Reparaturzustand, die Qualität der Ausstattung (z. B. Waschbecken mit Badezimmerschrank) und der Zustand des Mietobjekts eine Rolle bei der Berechnung des investierten Kapitals. Daher lohnen sich für Vincent vor allem Zustandsverbesserungen, bei denen der Gutachter nicht erkennen kann, ob der Zustand vor oder nach der Einleitung des Verfahrens der Festlegung der Miete verbessert worden ist. Z. B. kann der Gutachter nicht feststellen, ab wann die 3 Fenster im Haus von Vincent nicht mehr klemmten.

> Fragen Sie Ihren Rechtsanwalt, ob der Zustand des Mietobjekts bei der Berechnung des investierten Kapitals und/oder bei der Schätzung des investierten Kapitals eine Rolle spielt.

Trick 42 vom Vermieter Vincent:

Kurz vor dem Besichtigungstermin mit Gustave hatte Vincent in die Neuvermietungsanzeige aufgenommen, dass sein Haus vor 2 Jahren renoviert worden war.

Der Trick liegt darin, zu verschleiern, dass Renovierungsarbeiten erst zwischen meinem Auszug und dem Besichtigungstermin stattgefunden hatten. Vincent hoffte also darauf, dass Gustave nicht erkennen konnte, dass diese Renovierungsarbeiten nicht vor 2 Jahren, sondern erst kurz vor seiner Besichtigung durchgeführt worden waren. Für mich war das klar, dass es in dem von Vincent genannten Jahr keine Renovierungsarbeiten gegeben hatte, da ich die ganze Zeit in dem Jahr in dem Haus von Vincent gewohnt hatte. Während meiner Mietzeit war lediglich der Balkon repariert worden. Wobei Vincent diese Reparatur als Gefälligkeit eingestuft hatte. Davon abgesehen ist die Reparatur eines Balkons keine Renovierung.

Es liegt auf der Hand, dass der Zustand des Mietobjekts zu dem Zeitpunkt maßgeblich sein sollte, zu dem das Verfahren der Festlegung der Miete eingeleitet worden war. Ansonsten könnte der Vermieter mit nachträglichen Zustandsverbesserungen und nachträglichen Investitionen sich über die Ziellinie retten. Das investierte Kapital ist dann auf einmal so hoch, dass die Höhe der Miete im Nachhinein zulässig bzw. gerechtfertigt ist.

Dafür spricht auch der folgende Satz in Artikel 3 Absatz2 Mietgesetz.

„(2) dans la construction initiale du logement et de ses dépendances telles que garages, emplacements destationnement, jardin, grenier et cave, qui sont mis à la disposition du locataire et dont le coût est établi au jourde leur achèvement;"

Die maschinelle Übersetzung lautet:

(2) bei der Errichtung der Wohnung und ihrer Nebengebäude wie Garagen, Parkplätze, Garten, Dachboden und Keller, die dem Mieter zur Verfügung gestellt werden und deren Kosten am Tag ihrer Fertigstellung ermittelt werden;

Fragen Sie trotzdem ihren Rechtsanwalt, was der Grund sein könnte, warum Vincent den Zustand des Hauses vor der Besichtigung des Hauses durch den Gutachter erheblich verbesserte.

Seit der Einleitung des Verfahrens der Festlegung der Miete war in meinem Fall mehr als ein Jahr vergangen, bis Gustave das Haus von Vincent besichtigte. An diesem Beispiel wird deutlich, wie wichtig es ist, dass der Zustand des Mietobjekts zum Zeitpunkt der Einleitung des Verfahrens der Festlegung der Miete ist. Zudem kann sich im Zeitablauf der Zustand des Mietobjekts zu Lasten des Vermieters verschlechtern. Dann wäre es ebenfalls ungerecht, wenn für den Zustand des Mietobjekts der Zeitpunkt der Besichtigung durch den Gutachter maßgeblich wäre.

Daher gehe ich erstmal davon aus, dass maßgeblich für die Beurteilung des Zustandes des Mietobjekts der Zeitpunkt der Einleitung des Verfahrens der Festlegung der Miete ist.

> Wenn Sie das Verfahren der Festlegung der Miete einleiten, machen Sie so viel Fotos wie möglich von dem Mietobjekt und besorgen Sie sich Zeugen.

Dass Fenster klemmen, lässt sich durch Fotos nur bedingt belegen. Schäden, die sich nur schwer durch Fotos belegen lassen wie z. B. klemmende Fenster sollten zusätzlich noch bezeugt werden. Reichen Sie diese Fotos als Papierausdruck beim Friedensgericht ein, haben Sie das Problem, dass sich aus den Papierfotos nicht erkennen lässt, von wann diese Aufnahmen sind. Bei jedem Foto müsste also durch einen Zeugen das Aufnahmedatum bewiesen werden.

Die Bestimmung der Uhrzeit für die Hausbesichtigung durch den Gutachter

Das der Gutachter die Uhrzeit für die Besichtigung bestimmt, ist grundsätzlich in Ordnung, da nur er weiß, wann er für die Besichtigung Zeit hat.

Gustave hatte mich für 10 Uhr zur Besichtigung eingeladen. Folglich ging ich davon aus, dass die Besichtigung des Hauses zusammen mit Vincent um 10 Uhr beginnen würde. Zumal ich Gustave vorher geschrieben hatte, dass ich auf jeden Fall bei seiner Besichtigung des Hauses dabei sein wollte.

Was ich Gustave nicht geschrieben hatte, dass mit meiner Teilnahme verhindern wollte, dass Vincent während der Besichtigung Gustave zu seinen Gunsten beeinflusst. Wie das Haus von innen und außen aussieht, wusste ich, da ich jahrelang in dem Haus gewohnt hatte.

Um nicht unpünktlich zu sein, fuhr ich so früh los, dass ich noch einen zeitlichen Puffer von 10 bis 15 Minuten hatte. Da es keinen Stau gab, traf ich um 9 Uhr 50 zur Besichtigung ein. Ich war also 10 Minuten zu früh.

Gustave war bereits da und unterhielt sich im Haus von Vincent angeregt mit ihm in französischer Sprache. Ich war überrascht, dass Gustave nicht auf mich gewartet hatte und schon vor meinem Eintreffen das Haus von Vincent betreten hatte. Vor dem Friedensgericht erklärte Vincent (also nicht Gustave), dass es vor meiner Ankunft zwischen ihm und Gustave lediglich zu einem Austausch von Höflichkeiten gekommen war.

Ist der Austausch von Höflichkeiten des Gutachters mit dem Vermieter Teil der Besichtigung? Nach Meinung von Gustave schon. Denn er hatte in seiner Rechnung (siehe unten) den Besichtigungsbeginn auf 9 Uhr festgelegt.

Es ist nicht glaubwürdig, dass 50 Minuten lang Höflichkeiten zwischen Gustave und Vincent ausgetauscht worden waren.

Trick 2 vom Gutachter Gustave:
Gustave führte die Besichtigung des Hauses von Vincent teilweise in Abwesenheit von mir durch, obwohl ich ihn vorab schriftlich darauf hingewiesen hatte, dass ich während der gesamten Besichtigung dabei sein wollte. Gustave wusste, dass ich am Besichtigungstag nicht mehr im Haus von Vincent wohnte.

Der Trick besteht darin, dass der Mieter nicht mitbekommt, worüber der Vermieter und der Gutachter vor seinem Eintreffen unterhalten hatten.

Ein neutraler Gutachter führt keine Besichtigung ohne den Mieter durch. Auch nicht teilweise.

Reformvorschlag
In das Mietgesetz sollte man den folgenden Passus integrieren.

Führt der Immobiliengutachter die Besichtigung gegen den Willen des Mieters ganz oder teilweise in dessen Abwesenheit durch, kann auf Basis dieser Besichtigung kein Gutachten erstellt werden. Das Friedensgericht kann in diesem Fall von dem Immobiliengutachter unmittelbar den Kostenvorschuss, notfalls im Wege der Zwangsvollstreckung, zurückverlangen, und den Immobiliengutachter austauschen.

Die Gespräche zwischen dem Vermieter und dem Gutachter während der Haubesichtigung

Wie bereits oben erwähnt, war Gustave bereits um 9 Uhr 50 im Haus von Vincent anzutreffen und unterhielt sich mit ihm in französischer Sprache. Ich machte Gustave gleich darauf aufmerksam, dass ich Französisch nicht verstehe. Das interessierte Gustave aber nicht. Denn während der gesamten Besichtigung unterhielt sich Gustave dennoch auf Französisch mit Vincent.

Trick 3 vom Gutachter Gustave:

Gustave, der Gutachter, sprach mit Vincent während der Besichtigung auf Französisch, obwohl ich Gustave schon nach dem ersten Satz darauf hingewiesen hatte, dass ich die französische Sprache nicht verstehe.

Der Trick besteht darin, dass der Mieter nicht verstehen kann, was der Vermieter und der Gutachter besprechen.

Gustave beherrschte aber die deutsche Sprache. Denn wie bereits erwähnt, hatte ich vor der Besichtigung mit Gustave fließend in deutscher Sprache telefoniert. Außerdem war die Rechnung von Vincent ohne Rechtschreibfehler in deutscher Sprache erstellt worden.

Ein neutraler Gutachter wählt eine Sprache, die sowohl der Vermieter als auch der Mieter verstehen.

Reformvorschlag

In das Mietgesetz sollte man den folgenden Passus aufnehmen.

Soweit es möglich ist, hat der Immobiliengutachter die Besichtigung in einer Sprache auszuführen, die der Vermieter und der Mieter verstehen. Gibt es eine Sprache, die der Immobiliengutachter, der Vermieter und der Mieter beherrschen und führt der Immobiliengutachter dennoch die Besichtigung gegen den Willen des Mieters in einer Sprache durch, die der Mieter nicht versteht, kann kein Gutachten erstellt werden. Das Friedensgericht kann in diesem Fall von dem

Immobiliengutachter unmittelbar den Kostenvorschuss, notfalls im Wege der Zwangsvollstreckung, zurückverlangen und den Immobiliengutachter austauschen.

Wie der Vermieter bei der Hausbesichtigung Stimmung gegen mich machte

Da Vincent und Gustave sich für mich unerwartet dauernd auf Französisch unterhielten, hatte ich nur die 2 folgenden Punkte mitbekommen, da diese in deutscher Sprache von Vincent vorgetragen worden waren.

Schienbeintritt 1 vom Vermieter Vincent während der Hausbesichtigung

Bei Abschluss des Mietvertrags hatte ich Vincent gefragt, ob ich denn berechtigt wäre, auf meine Kosten eine begehbare Dusche zu kaufen und diese installieren zu lassen, damit ich nicht zum Duschen in die Badewanne klettern muss. Unter der Bedingung, dass die begehbare Dusche ohne Entschädigungszahlung an mich bei meinem Auszug im Eigentum von Vincent verbleibt, hatte Vincent sofort eingewilligt.

Trick 43 vom Vermieter Vincent:
Während der Hausbesichtigung sagte Vincent zu Gustave, dass die Mietinteressenten gefragt hätten, ob denn die begehbare Dusche für einen Hund sei.

Tatsache ist aber, dass ich diese begehbare Dusche über 3 Jahre lang benutzt hatte und die begehbare Dusche zusätzlich mit einer Lichtorgel, Radioempfang und Telefonempfang ausgestattet ist. Ferner enthält diese Dusche neben einer Handbrause auch einen Duschkopf für die Regendusche. Mehr Komfort kann man kaum erwarten.

Tatsache ist auch, dass die begehbare Dusche bei den 6 Mietinteressenten, die ich durch Haus geführt hatte, einen großen Anklang gefunden hatte.

Schienbeintritt 2 vom Vermieter Vincent während der Hausbesichtigung

Der zweite Schienbeintritt von Vincent ging noch mehr unter die Gürtellinie als der erste Schienbeintritt von Vincent. Aber urteilen Sie selbst.

Trick 44 vom Vermieter Vincent:

Während der Hausbesichtigung kurz vor der Übergabe der Unterlagen von Vincent an Gustave sagte Vincent zu Gustave, dass eine Straftat von mir vorliegen würde. Auf Details will ich hier nicht eingehen, da ich diesen Unsinn nicht reproduzieren möchte. Entscheidend ist, dass Gustave von dieser Falschbehauptung sichtlich beeindruckt war. Gustave klappte der Unterkiefer herunter. Vincent feuerte also aus allen Rohren, um mich bei Gustave in ein schiefes Licht zu rücken.

> Fragen Sie ihren Rechtsanwalt, ob Sie Schadensersatz von Ihrem Vermieter verlangen können, wenn er Sie fälschlicherweise einer Straftat bezichtigt. Und ob eventuell eine strafrechtliche Beleidigung vorliegt.

Da ich mit Provokationen von Vincent während der Hausbesichtigung mit Gustave gerechnet hatte, blieb ich cool und reagierte nicht so, wie Vincent sich das vielleicht gewünscht hatte.

Bezüglich der begehbaren Dusche erwiderte ich nur, dass es ausdrücklicher Wunsch von Vincent gewesen sei, dass er nach meinem Auszug die begehbare Dusche entschädigungslos behält. Dies hatte Vincent sogar in den Mietvertrag hineingeschrieben.

Was die behauptete Straftat betrifft, hielt ich mich noch mehr zurück. Ich sagte ihm nur, dass er auf einem ganz dünnen Eis wandelt.

> Lassen Sie sich nicht (in Gegenwart von Zeugen) vom Vermieter provozieren. Sie riskieren sonst eine fristlose Kündigung, weil Sie ihn z. B. als Idiot bezeichnet haben.

Die Weigerung des Gutachters den Speicher zu besichtigen

Kennen Sie diese Auszieh-/Falttreppen, die man mit einem Stockhaken nach unten zieht, damit man durch ein Loch in den Speicher hochschauen kann?

Stellen Sie sich vor, Sie stehen am Anfang dieser Auszieh-/Falttreppe und blicken durch das Loch der heruntergezogenen Treppe (Luke) in den Speicher hoch. Was sehen Sie dann von einem Speicher, der eine Fläche von circa 60 qm hat?

Können Sie erkennen, ob aus Ihrer Sicht der vordere Teil des Daches vollständig isoliert ist? In meinem Fall war das nicht zu erkennen. Hinzu kommt noch, dass der Teil des Daches der hinter dem Loch liegt, überhaupt nicht einsichtbar war und ist, da niemand um die Ecke schauen kann.

Wir standen also am Anfang dieser Ausziehtreppe. Gustave und Vincent unterhielten sich in französischer Sprache. Was da besprochen wurde, konnte ich nicht verstehen. Auf jeden Fall stieg Gustave nicht die Treppe zum Speicher hoch, obwohl diese Treppe auf jeder Seite einen Handlauf hatte.

Später behauptete Vincent (also nicht Gustave) vor dem Friedensgericht, dass Gustave nicht die Treppe zum Speicher hochsteigen konnte, da er am Knie operiert worden sei.

Die Fakten:

- Während der Hausbesichtigung teilten mir weder Vincent noch Gustave mit, dass Gustave am Knie operiert worden war und deswegen die Treppe zum Speicher nicht hochsteigen konnte.
- Die Besichtigung fand einem zweistöckigen Haus statt. Gustave lief während der Hausbesichtigung behände die Treppe zwischen den beiden Stockwerken hoch und runter. Ein flüssiger Bewegungsablauf bei dem eine körperliche Behinderung von Gustave nicht zu erkennen war.
- Ein Beweis, dass Gustave am Knie operiert worden war, wurde nicht vorgelegt.

Ein seriöser Gutachter lehnt einen Auftrag ab, wenn er körperlich nicht in der Lage ist, das gesamte Objekt zu besichtigen. Anstatt den (falschen) Angaben des Vermieters einfach Glauben zu schenken.

Zudem hätte Gustave vorschlagen können, dass ich die Treppe zum Speicher mit seinem Smartphone hochsteige und mit seinem Smartphone einige Fotos mache. Anschließend hätten sich alle gemeinsam die Fotos anschauen können und es wäre anhand der Fotos klar gewesen, dass das Dach eben nicht vollständig isoliert war.

Aber es war natürlich für Gustave bequemer, untätig vor der Treppe zum Speicher zu verharren und einfach Vincent zu glauben, dass das Dach vollständig isoliert ist. So ist das, wenn Gustave mit Vincent eine Glaubensgemeinschaft gründet.

Ich hatte auch nicht den Eindruck, dass Gustave der fehlende Keller interessierte.

Reformvorschlag

In das Mietgesetz sollte man den folgenden Passus integrieren.

Kann der Immobiliengutachter aus körperlichen Gründen wichtige Teile eines Mietobjektes wie z. B. Speicher, Keller etc. nicht besichtigen, hat er den Auftrag abzulehnen. Der Immobiliengutachter hat sich vor der Besichtigung zu erkundigen, ob er körperlich in der Lage ist, das gesamte Objekt zu besichtigen. Kommt er zu dem Schluss, dass er körperlich nicht in der Lage ist, das gesamte Objekt zu besichtigen, hat er den eventuell schon überwiesenen Kostenvorschuss unverzüglich zurückzuzahlen. Kommt er dieser Verpflichtung nicht nach, kann das Friedensgericht unmittelbar den Kostenvorschuss von dem Immobiliengutachter, notfalls im Wege der Zwangsvollstreckung, zurückverlangen.

Art. 3 Absatz 2 des Mietgesetzes weist übrigens darauf hin, dass Speicher und Keller wichtige Bestandteile eines Hauses sind:

„(2) A défaut d'accord entre parties, le capital investi est celui engagé:– dans la construction initiale du logement et de ses dépendances telles que garages, emplacements destationnement, jardin, grenier et cave, qui sont mis à la disposition du locataire...“

148

Die maschinelle Übersetzung lautet:

Bei Fehlen einer Vereinbarung zwischen den Parteien ist das investierte Kapital dasjenige Kapital, das für die Errichtung der Wohnung und ihrer Nebengebäude wie Garagen, Stellplätze, Garten, Dachboden und Keller eingesetzt wird, die dem Mieter zur Verfügung gestellt werden.

Übergabe von Unterlagen des Vermieters an den Gutachter

Damit der Gutachter das investierte Kapital berechnen kann, benötigt er Unterlagen vom Vermieter. Während der Hausbesichtigung übergab Vincent dem Gutachter Gustave einen Stapel Papier, dessen Dicke ich auf circa 7 cm schätze. Zunächst blieb völlig unklar, was in dem Stapel Papier enthalten war, da weder Vincent noch Gustave irgendwelche Anstalten machten, mir den Inhalt dieses Papierstapels zu zeigen noch mich in anderer Art und Weise über den Inhalt des Papierstapels aufzuklären. Kurzum der Papierstapel war eine „Blackbox" für mich.

Während der Hausbesichtigung verlangte Gustave von Vincent keine weiteren Schriftstücke. Den Stapel Papier mit einer geschätzten Dicke von circa 7 cm hatte Gustave noch nicht mal durchgeblättert, als er ihn von Vincent empfangen hatte.

Trick 45 vom Vermieter Vincent:
Vincent zeigte mir nicht, welche Unterlagen er Gustave ausgehändigt hatte.

Der Trick hierbei besteht darin, dass der Mieter nicht weiß, welche Unterlagen der Gutachter von dem Vermieter zur Berechnung des investierten Kapitals erhalten hat.

Trick 4 vom Gutachter Gustave:
Auch der Gutachter Gustave verriet mir nicht, welche Unterlagen Vincent ihm übergeben hatte.

Auch hier besteht der Trick darin, dass der Mieter nicht weiß, welche Unterlagen der Gutachter von dem Vermieter zur Berechnung des investierten Kapitals erhalten hat.

Mir wurde übrigens nie ein Grund genannt, warum ich nicht wissen durfte, welche Unterlagen Gustave erhalten hatte.

Weil Gustave mir nicht zeigte, welche Unterlagen er von Vincent erhalten hatte, forderte ich auch deswegen vom Friedensgericht später die Auswechslung von Gustave als Gutachter.

Reformvorschläge

Um Mauscheleien zwischen dem Vermieter und dem Gutachter und willkürliches Handeln des Gutachters möglichst weitgehend zu vermeiden, biete ich die folgenden Reformvorschläge für das Mietgesetz an.

- Der Mieter erhält vom Gutachter eine Kopie des Schreibens, welche Unterlagen er vom Vermieter gemäß Artikel 443 NCPC angefordert hat. Dieses Schreiben ist ein erster Indikator, ob der Gutachter pflichtgemäß gearbeitet hat.
- Für die Ermittlung des investierten Kapitals werden nur Originalrechnungen und Originaldokumente zugelassen. Nur bei Originalrechnungen lässt sich grob anhand des Papiers das Alter der Originalrechnung erkennen. Eventuell lässt sich außerdem feststellen, ob die Rechnung noch mit der Schreibmaschine geschrieben worden war.
- Der Vermieter übergibt dem Gutachter und dem Mieter eine durchnummerierte Liste der an den Gutachter übergebenen Rechnungen, in der zu jeder Rechnung der Rechnungsbetrag und die Gesamtsumme der Originalrechnungen enthalten ist. Welche von den übergebenen Originalrechnungen für die Ermittlung des investierten Kapitals verwendet worden ist, ergibt sich aus dem Gutachten. Nur so ist eine Vollständigkeitskontrolle gewährleistet. Nur so kann sichergestellt werden, dass der Vermieter hinter den Rücken des Vermieters irgendwelche obskuren Rechnungen zuschanzt. Dass so etwas möglich sein kann, zeigt die Tatsache, dass Vincent sich hinter meinem Rücken an meine Hausversicherung gewandt hatte, um eine Versicherungsleistung zu erlangen.

- Der Mieter erhält eine Kopie, der an den Gutachter übergebenen Unterlagen.
- Der Gutachter ist verpflichtet, dem Mieter die Unterlagen bei der gemeinsamen Besichtigung des Mietobjekts zu zeigen, damit der Mieter sich davon überzeugen kann, dass der Vermieter dem Gutachter nur Originaldokumente ausgehändigt hat.

Wie Sie wahrscheinlich schon bemerkt haben, dienen alle Vorschläge der Herstellung größtmöglicher Transparenz. Würden diese Vorschläge im Mietgesetz verankert, wäre das Friedensgericht wegen der klaren gesetzlichen Vorgaben entlastet. Es würde weniger Streitfälle geben und falls es doch in diesem Rahmen zu einer Gerichtsverhandlung kommen würde, könnte das Friedensgericht mühelos durchentscheiden.

Wie die Tricks von Gustave zeigen, ist die Tatsache, dass ein Immobiliengutachter vereidigt ist, keinen Pfifferling wert. Daher besteht dieser Reformbedarf.

Man könnte argumentieren, dass diese Reformvorschläge ins Leere laufen, wenn der Vermieter behauptet, dass er keine Rechnungen (mehr) habe und daher keine Rechnungen vorlegen könne. Auch wenn ich für diesen Fall keine Lösung habe, bin ich doch optimistisch, dass eine Lösung gefunden werden kann, die den Vermieter daran hindert, ein solches Ausweichmanöver zu starten.

Eine weitere Entlastung des Friedensgerichts würde sich ergeben, wenn der Gutachter verpflichtet wäre, sein fertiggestelltes Gutachten dem Mieter vor der Einreichung beim Friedensgerichtes zu übersenden. Der Mieter oder sein Rechtsanwalt könnte das Gutachten vorab überprüfen. Führen Einwendungen gegen das Gutachten zu Korrekturen des Gutachtens wäre das Friedensgericht in diesem Stadium nicht mit Arbeit belastet und die Wahrscheinlichkeit wäre reduziert, dass der Mieter sich mit dem Vermieter/dem Gutachter vor dem Friedensgericht über die Werthaltigkeit des Gutachtens streitet.

Wie der Vermieter die Berechnung des investierten Kapitals verhindert

Wie bereits erwähnt, wusste ich nicht, welche Unterlagen Vincent an Gustave übergeben hatte. Ich beschwerte mich darüber beim Friedensgericht. Daraufhin knickte Vincent etwas ein und benannte immerhin von dem geschätzten 7 cm dicken Stapel Papier, die 5 folgenden Blätter:

- 1 Blatt vom Vermesser der Grundstücksfläche des Hauses
- 1 Blatt mit dem Grundriss des Hauses
- 1 Blatt mit einer Liste der Renovierungen
- 2 Blätter, die zeigen, wie das Grundstück aufgeteilt ist

Das kam so rüber, als ob Vincent nur diese 5 Blätter an Gustave ausgehändigt hatte. Ferner verwies Vincent darauf, dass Gustave gemäß Artikel 443 NCPC diese Dokumente angefordert hatte.

Dies ist der Text von Artikel 443 Nouveau Code de procédure civile.

„Le technicien peut demander communication de tous documents aux parties et aux tiers, sauf au juge à l'ordonner en cas de difficulté."

Die maschinelle Übersetzung lautet:

Der Techniker kann von den Beteiligten und Dritten die Übermittlung aller Schriftstücke verlangen, es sei denn, der Richter, ordnet das im Fall einer Schwierigkeit an.

Welche Unterlagen Gustave von Vincent angefordert hatte, wusste ich nicht, da ich das Anforderungsschreiben nicht kannte.

Trick 46 vom Vermieter Vincent:
Vincent legte keine Rechnungen vor. Weder als Kopie noch als Original.

Der Trick liegt darin, dass mangels Rechnungen das investierte Kapital nicht berechnet, sondern nur geschätzt werden kann.

Wann ist der Vermieter eher geneigt, Rechnungen für die Berechnung des investierten Kapitals vorzulegen? Bei einem neuen oder bei einem alten Mietobjekt?

Je älter das Mietobjekt ist, umso unwahrscheinlicher ist, dass wegen der Explosion der Immobilienpreise die Summe der Rechnungsbeträge und damit das investierte Kapital ausreicht, um die aktuelle Miete zu rechtfertigen. Mit den Immobilienpreisen steigen die Mieten, wenn auch nicht im gleichen Umfang. Die Anschaffungskosten oder Baukosten eines Mietobjekts vor z. B. 30 Jahren waren im Vergleich zu den heutigen Anschaffungskosten oder Baukosten verschwindend gering. Da helfen auch keine Inflationszuschläge bei der Berechnung des investierten Kapitals. Zumal es auch noch Bewertungsabschläge in Höhe von 2 % gibt, die das Alter und den Verfall des Mietobjektes pauschal berücksichtigen.

Dieser für ihn ungünstigen Konstellation kann sich der Vermieter ganz einfach entziehen, indem er keine Rechnungen vorlegt. Ob der Vermieter Rechnungen nicht vorlegen kann oder nicht vorlegen will, könnte bestenfalls anhand einer Hausdurchsuchung geklärt werden.

Der Begriff des investierten Kapitals gab es bereits in Artikel 2 des Mietgesetzes vom 14. Februar 1955 und nicht erst im Mietgesetz von 2006. Weder im Mietgesetz von 1955 noch im Mietgesetz von 2006 gibt es eine mit Sanktionen bedrohte Verpflichtung des Vermieters, Rechnungen zur Ermittlung des investierten Kapitals vorzulegen. Damit ist auch eine Hausdurchsuchung vom Tisch, durch die eventuell geklärt werden könnte, ob der Vermieter Rechnungen nicht vorlegen kann oder Rechnungen nicht vorlegen will.

Gustave lagen noch nicht mal die fundamentalen Rechnungen vor, aus denen sich der Kaufpreis des Grundstücks und der Kaufpreis des Hauses bzw. die Baukosten des Hauses ergeben hätten.

Wie bereits erwähnt, ist in einem solchen Fall die Berechnung des investierten Kapitals durch eine Schätzung zu ersetzen. Welche Faktoren eine Rolle bei der Schätzung eine Rolle spielen, wird in Artikel 3 Absatz 4 Satz 1 Mietgesetz von 2006 bestimmt, der davon ausgeht, dass das investierte Kapital mangels Rechnungen nicht berechnet werden kann.

Hier ein Teil des Textes von Artikel 3 Absatz 4 Mietgesetz:

„détermine le capitalinvesti compte tenu de la valeur du terrain, du volume de l'immeuble loué, de la surface louée, de la qualité del'équipement, de l'état d'entretien ou de réparation du logement, et de la finition du logement."

Die maschinelle Übersetzung lautet:

unter Berücksichtigung des Wertes des Grundstücks, des Volumens des gemieteten Gebäudes, der gemieteten Fläche, der Qualität der Ausstattung, des Zustands der Instandhaltung oder Reparatur der Wohnung und der Fertigstellung der Wohnung.

Dabei hatte ich mich für das Verfahren der Festlegung der Miete entschieden, weil es sich um ein mathematisch stark geprägtes Verfahren handelt. Schätzungen wollte ich soweit wie möglich ausschließen, da sie zu große Bewertungsspielräume enthalten. Da es in meinem Fall keine örtlich zuständige Mietkommission gab, musste der Gutachter schätzen. Da es keine Verpflichtung des Vermieters gibt, Rechnungen zur Ermittlung des investierten Kapitals vorzulegen, kommt eine Strafschätzung zu Lasten des Vermieters nicht in Betracht.

Artikel 3 Absatz 4 Satz 3 Mietgesetz bringt auf einmal den Marktwert (valeur marchande) des Mietobjekts ins Spiel.

> Fragen Sie Ihren Rechtsanwalt, ob der Marktwert des Mietobjekts geschätzt wird, wenn das investierte Kapital nicht anhand von Rechnungen ermittelt werden kann.

Eine Schätzung des Marktwertes des Mietobjekts wäre sehr nachteilig für den Mieter. Denn auf Grund der explodierenden Immobilienpreise in Luxemburg ist der Marktwert eines Mietobjekts höher als das investierte Kapital, dass anhand von alten Rechnungen ermittelt wurde. Da helfen auch keine Inflationszuschläge mehr, da die allgemeine Inflation niedriger ist als die Inflation der Immobilienpreise.

Je höher der Marktwert des Mietobjekts, umso höher darf die zulässige Miete sein. Sogar mit der Folge, dass die bisherige Miete zu niedrig war. Daher kann ich kaum glauben, dass wenn das investierte Kapital nicht anhand von Rechnungen ermittelt werden kann, nicht das investierte Kapital des Mietobjekts, sondern der Marktwert des Mietobjekts geschätzt wird.

Wie dem auch sei, auf jeden Fall gilt Folgendes:

> Je älter das Mietobjekt, umso törichter wäre es von dem Vermieter, Rechnungen für die Ermittlung des investierten Kapitals vorzulegen.

Mit der Schätzung des Marktwertes des Mietobjekts stellt der Vermieter sich besser. Findet der Vermieter nicht mehr alle alten Rechnungen, hat er gute Chancen, dass eine Schätzung des investierten Kapitals für ihn vorteilhaft ist.

Laut der luxemburgischen Presse hatte der Vermieter im Fall Limpertsberg für seine Eigentumswohnung aus dem Jahr 1957 ebenfalls keine Rechnung vorgelegt. Mut macht, dass laut den Berichten der Medien, das Friedensgericht den Marktwert der Eigentumswohnung für irrelevant hielt. Auch meinem Fall stellte das Friedensgericht auf das investierte Kapital ab. Der Marktwert des Hauses von Vincent spielte für das Friedensgericht keine Rolle. Der Marktwert des Hauses wurde weder von dem Friedensgericht noch von Vincent erwähnt.

> Fragen Sie Ihren Rechtsanwalt, was die Erwähnung des Marktwertes in Artikel 3 Absatz 4 Satz 3 Mietgesetz bedeutet.

Durch Nichtvorlage von Rechnungen drängt Ihnen der Vermieter ein Schätzungsverfahren auf.

> Stellen Sie fest, dass der Vermieter keine Rechnungen vorlegt, insbesondere keine Rechnungen über die Anschaffungskosten des Mietobjekts und seines Grundstücks, überlegen Sie sich zweimal, ob Sie das Verfahren der Festlegung der Miete fortbetreiben wollen.

Denn bei der Schätzung des Gutachters sind Sie als Mieter vollumfänglich darauf angewiesen, dass der vereidigte Gutachter neutral ist. Zumal Artikel 3 Absatz 4 Satz 1 Mietgesetz nicht festlegt, nach welchen Kriterien der Gutachter schätzt. Da der Gutachter wegen dem Schutz von Artikel 521 Nouveau Code de procédure civile so gut wie nie wegen Befangenheit abgelehnt werden kann, gibt es für einen Gutachter auch keinen Anreiz sich neutral zu verhalten. Das Gutachten eines nicht neutralen Gutachters werden Sie als Mieter nicht zerpflücken können. Erstens fehlt Ihnen das Knowhow und zweitens werden im Mietgesetz keine Kriterien genannt, wie der Gutachter zu schätzen ist. Dass Gustave sogar ein vereidigter Gutachter war, war in meinem Fall ohne Wert.

> Haben Sie nur den geringsten Zweifel an der Neutralität des Gutachters, ziehen Sie die Reißleine.

Kostengünstiger kommen Sie aus der Nummer nicht mehr heraus, wenn der Gutachter zu Gunsten des Vermieters schätzt.

Reformvorschlag

Artikel 3 Absatz 4 Mietgesetz sollte klarer formuliert werden. Kaum ein Mieter versteht diesen Absatz. Ob dieser Absatz wenigstens von allen Rechtsanwälten verstanden wird; da bin ich mir nicht sicher.

Kleine Reparaturen und geringfügige Instandhaltungsarbeiten

Wie bereits erwähnt, hatte Vincent eine Liste der Renovierungen an Gustave übergeben. Obwohl Vincent nach seinen eigenen Angaben auch für die Renovierungen keine Rechnungen vorlegte, will ich doch kurz darauf eingehen, welche Rolle kleine Reparaturen und geringfügige Instandhaltungsarbeiten bei der Ermittlung des investierten Kapitals spielen.

Gemäß Artikel 3 Absatz 2 Mietgesetz sind kleine Reparaturen und geringfügige Instandhaltungsarbeiten nicht bei der Ermittlung des investierten Kapitals zu berücksichtigen. Hier der französische Originaltext:

A défaut d'accord entre parties, le capital investi est celui engagé:

dans les travaux d'amélioration, dont le coût est établi au jour de l'achèvement des travaux, lesquels ne peuvent comporter des réparations locatives ou de menu entretien

> Fragen Sie Ihren Rechtsanwalt, was unter kleinen Reparaturen und geringfügigen Instandhaltungsarbeiten zu verstehen ist. Gibt es da eine Betragsobergrenze in Euro?

Da mir weder Gustave noch Vincent das Blatt mit der Übersicht über die Renovierungen gezeigt hatten, konnte ich nicht beurteilen, ob und inwieweit in dieser Übersicht kleine Reparaturen und geringfügige Instandhaltungsarbeiten enthalten waren. Auch die Übersicht über die Renovierungen war also für mich eine Blackbox geblieben.

Reformvorschlag:

In Artikel 3 Absatz 2 Mietgesetz sollte so weit wie möglich konkretisiert werden, was unter kleinen Reparaturen und geringfügigen Instandhaltungsarbeiten zu verstehen ist. Das reduziert die Zahl der Gerichtsstreitigkeiten und entlastet somit das Friedensgericht.

Das unklare Ende der Hausbesichtigung

Wie bereits erwähnt, war für mich der Startzeitpunkt der Hausbesichtigung nicht vollziehbar, da Gustave nicht wie vereinbart um 10 Uhr mit der Hausbesichtigung startete, sondern angeblich schon um 9 Uhr in meiner Abwesenheit.

Auch das Ende der Hausbesichtigung blieb unklar. Vincent und Gustave unterhielten sich und unterhielten sich in französischer Sprache. Auf einmal sagte Gustave, dass man sich privat unterhalte, weil er und Vincent aus dem gleichen Ort stammen. Wie lange diese private Unterhaltung schon andauerte, blieb bis heute unklar, da ich den Beginn der privaten Unterhaltung nicht mitbekommen hatte, weil Vincent und Gustave sich die ganze Zeit auf Französisch unterhielten.

Daher weiß ich auch nicht, ob Gustave mir die Zeit für diese private Unterhaltung auch in Rechnung gestellt hatte. Ich verließ dann das Haus. Gustave und Vincent blieben in dem Haus zurück. Wie lange Sie dann noch zusammen waren, weiß ich natürlich nicht.

Ein neutraler Gutachter, verkündigt unmittelbar das Ende der Besichtigung und verlässt anschließend das Mietobjekt. Der vermieterFür Privatgespräche mit dem Vermieter und Privatbesuche beim Vermieter bleiben ihm nach rechtswirksamer Beendigung des Verfahrens der Festlegung der Miete noch genügend Zeit.

Reformvorschlag
In das Mietgesetz sollte man den folgenden Passus aufnehmen.

Der Immobiliengutachter hat das Ende der Besichtigung offiziell zu verkünden und anschließend hat er das Mietobjekt zu verlassen. Kommt der Immobiliengutachter dieser Verpflichtung nicht nach, kann auf Basis dieser Besichtigung kein Gutachten erstellt werden. Das Friedensgericht kann in diesem Fall von dem Immobiliengutachter unmittelbar den Kostenvorschuss, notfalls im Wege der Zwangsvollstreckung, zurückverlangen, und den Immobiliengutachter austauschen.

Wie der Gutachter seinen Umsatz maximieren wollte

Wie bereits erwähnt, hatte das Friedensgericht in seinem Urteil Gustave die Verpflichtung auferlegt, zwischen Vincent und mir einen Versöhnungsversuch zu unternehmen.

Trick 5 vom Gutachter Gustave:

Das hatte Gustave aber nicht interessiert. Denn er unternahm keinen Versöhnungsversuch zwischen Vincent und mir.

An mich war Gustave während der Hausbesichtigung nicht mit einem Versöhnungsversuch herangetreten. Ob er Vincent von einer Versöhnung überzeugen wollte, weiß ich nicht, da Vincent und Gustave sich während der Hausbesichtigung die ganze Zeit auf Französisch unterhielten. Darauf kommt es aber nicht an, da begrifflich und logisch eine Versöhnung nur zwischen 2 Parteien stattfinden kann. Folglich sind beide Parteien vom den Gutachter anzusprechen, um auszuloten ob und in welcher Art und Weise eine Versöhnung möglich ist. Dieser Verpflichtung ist Gustave aber nicht nachgekommen.

Warum Gustave keinen Versöhnungsversuch unternahm, liegt auf der Hand. Er hatte kein wirtschaftliches Eigeninteresse an einer Versöhnung. Hätte während der Hausbesichtigung zwischen Vincent und mir eine Versöhnung stattgefunden, z. B. indem man sich auf eine fünfprozentige Mietreduktion geeinigt hätte, wäre kein Bedarf mehr für die Erstellung eines Gutachtens gewesen. Gustave hätte eine Umsatzeinbuße erlitten. Eine Umsatzeinbuße kam für Gustave auch wegen seinem operierten Knie nicht in Frage, sonst hätte er den Auftrag abgelehnt.

In das Mietgesetz sollte der folgenden Passus integriert werden.

Der Immobiliengutachter hat sich von dem Vermieter und dem Mieter schriftlich bestätigen zu lassen, dass er während der Besichtigung des Mietobjektes einen Versöhnungsversuch zwischen Vermieter und dem Mieter gestartet hat. Kann der Immobiliengutachter nicht nachweisen, dass von ihm ein Versöhnungsversuch unternommen worden ist, kann auf Basis dieser Besichtigung kein Gutachten erstellt werden. Das Friedensgericht kann in diesem Fall von dem Immobiliengutachter unmittelbar den Kostenvorschuss, notfalls im Wege der Zwangsvollstreckung, zurückverlangen, und den Gutachter austauschen.

Ist der Versöhnungsversuch des Immobiliengutachter erfolgreich, hat der Immobiliengutachter während der Besichtigung des Mietobjektes das Ergebnis des Versöhnungsversuchs zu protokollieren. Dieses Protokoll ist dann von dem Vermieter und dem Mieter zu unterschreiben. Anschließend lässt der Immobiliengutachter das Protokoll dem Friedensgericht im Original zukommen.

Wenn man will, kann man diese Verpflichtungen teilweise aus Artikel 9 Absatz 3 Mietgesetz herauslesen, obwohl dort nur die Mietkommission erwähnt ist.

Wie der Vermieter den unerwünschten Besuch eines Gutachters auffing

Vincent hatte gegen die Einleitung des Verfahrens der Festlegung beim Friedensgericht geklagt. Mit seiner Gegenklage wandte sich Vincent auch gegen die Hausbesichtigung durch einen Gutachter, da die Hausbesichtigung Bestandteil des Verfahrens der Festlegung der Miete war. Da Vincent mit seiner Gegenklage unterlag, war die Besichtigung des Hauses durch einen vereidigten Gutachter für Vincent unvermeidbar. Wie ging Vincent mit dieser unerwünschten Situation um? Hier fasse ich die einzelnen Gegenmaßnahmen von Vincent zusammen, damit das Gesamtkonzept von Vincent sichtbarer wird.

- Vor der Besichtigung des Gutachters sorgte Vincent für Zustandsverbesserungen im Haus. Soweit wie möglich, wurde dem Gutachter verschwiegen, dass die Zustandsverbesserungen erst kurz vor dem Besichtigungstermin mit dem Gutachter und damit nach der Einleitung des Verfahrens der Feststellung umgesetzt worden waren. Da Gustave das Haus von Vincent nie vor seiner Besichtigung gesehen hatte, konnte Gustave in vielen Fällen gar nicht erkennen, dass eine Zustandsverbesserung durchgeführt worden war. Wenn der alte Zustand dem Gutachter unbekannt ist, kann es schwierig sein herauszufinden, ob der aktuelle Zustand dem alten Zustand entspricht. Soweit eine Verbesserung des Zustands erkennbar war, berief sich Vincent darauf, dass die Verbesserung aus der Zeit vor der Einleitung des Verfahrens der Festlegung der Miete stammt. Rechnungen könne er keine vorlegen, da die Zustandsverbesserungen das Ergebnis von Eigenleistungen seien. Ein Gutachter, der ungesehen glaubt, dass das Dach vollständig isoliert sei, glaubt auch, dass die Zustandsverbesserungen schon älter sind.
- Nach der Durchführung der Zustandsverbesserungen und vor der Besichtigung des Gutachters ließ sich Vincent im Abnahmeprotokoll (état des lieux de sortie) von seiner Immobilienagentur bestätigen, dass das gesamte Haus in einem guten Zustand (bon état) ist. Dieses Abnahmeprotokoll übergibt man dann dem Gutachter während seiner Hausbesichtigung.
- Dem Gutachter übergab Vincent während seiner Hausbesichtigung keine Rechnungen, so dass der Gutachter gezwungen wurde, zu schätzen. Dadurch spielte der Zustand des Hauses eine größere Rolle.
- Vincent verließ sich darauf, dass auch der Gutachter mir nicht erklärte, welche Unterlagen ihm übergeben worden waren. In der Tat zeigte der Gutachter mir nicht, welche Unterlagen er von Vincent erhalten hatte. Daher wäre ich auch nicht in der Lage gewesen, zu erkennen, welche Unterlagen von Vincent, der Gutachter bei seiner Schätzung nicht berücksichtigt hatte. Dabei gehe ich optimistisch davon aus, dass sich aus dem Gutachten ergeben hätte, welche Unterlagen für die Schätzung von dem Gutachter verwendet worden wären.

Die Auswechslung eines Gutachters beantragen

Auf Grund der Tricks 1 bis 5 von Gustave blieb mir nichts Anderes übrig, als die Auswechslung von Gustave zu beantragen.

Mit einem parteiischen Gutachter ist das Verfahren der Festlegung der Miete nichts wert.

Denn ich kam zu dem Schluss, dass die ganze Zeit und Arbeit, die ich investiert hatte, um mit der Hilfe des Friedensgerichts das Verfahren der Festlegung der Miete in Gang zu setzen, durch Gustave wertlos geworden war. Gustave musste daher durch einen anderen, einen neutralen Gutachter ersetzt werden. Da das Friedensgericht den Gutachter ernennt, kann nur das Friedensgericht Gustave durch einen neuen Gutachter ersetzen.

Vorher musste ich dafür sorgen, dass Gustave nicht weiter Kosten produziert oder sogar mit dem Schreiben des Gutachtens anfängt. Ich hatte das Glück, dass direkt nach dem Besichtigungstag ein Wochenende war. Um zu verhindern, dass Gustave am Montag anfängt die Ergebnisse seiner Hausbesichtigung zu verarbeiten, war es wichtig, ihm noch am Wochenende per Fax wissen zu lassen, dass ich ihn wegen Befangenheit ablehne. Zudem hatte ich ihn in diesem Fax gebeten, solange seine Arbeit ruhen zu lassen, bis über seine Befangenheit und damit über seine Auswechslung entschieden ist.

Wenn Sie den Verdacht haben, dass der Gutachter parteiisch ist, ziehen Sie sofort die Reißleine!

Das Gesetz erwartet das auch von Ihnen. Denn in Artikel 434 Nouveau Code de procédure civile steht nämlich Folgendes:

„La partie qui entend récuser le technicien doit le faire devant le juge qui l'a commis ou devant le juge chargé du contrôle avant le début des opérations ou dès la révélation de la cause de la récusation."

Die maschinelle Übersetzung lautet:

Die Partei, die den Techniker ablehnen will, muss dies vor Beginn der Arbeiten oder nach Bekanntwerden des Ablehnungsgrundes vor dem Gericht, das den Techniker beauftragt hat oder vor dem mit der Kontrolle beauftragten Richter tun.

Wenn Sie nicht sofort die Reißleine ziehen, kann der Gutachter weiterhin Kosten produzieren. Die er dann mit dem schon erhaltenen Kostenvorschuss verrechnet. Außerdem können Sie nicht beweisen, welche Tätigkeiten der Gutachter vor oder nach ihrer (verzögerten) Ablehnung ausgeübt hat. Denn sie sind ja nicht dabei, wenn er in seinem Büro arbeitet. Zumal Gustave ohnehin an einer Maximierung seines Umsatzes interessiert war.

Nachdem ich Gustave per Fax informiert hatte, dass ich ihn wegen Befangenheit ablehnte, stellte ich ebenfalls per Fax und noch am Wochenende beim Friedensgericht einen Antrag auf Auswechslung von Gustave. Ich hatte diesen Antrag mit der Befangenheit bzw. mit der Parteilichkeit von Gustave begründet.

Die Verhandlung beim Friedensgericht: Auswechslung des Gutachters

Da das Friedensgericht Gustave als Gutachter bestellt hatte, konnte nur das Friedensgericht über die Auswechslung von Gustave entscheiden. Weder der Mieter noch der Vermieter können über die Auswechslung von Gustave entscheiden.

Das Friedensgericht setzte daraufhin einen Verhandlungstermin fest, der fast 8 Wochen nach meinem Antrag auf Auswechslung von Gustave lag. Ein weiteres Indiz, wie überlastet das Friedensgericht ist.

Dass es bis zum Verhandlungstermin fast 8 Wochen dauerte, zeigt auch, wie wichtig es ist, den Gutachter sofort aufzufordern, seine Arbeit erstmal einzustellen. Schließlich ist es durchaus möglich, dass der Gutachter innerhalb von fast 8 Wochen sein Gutachten fertig erstellen kann. Zumal es sich um ein kleines Haus mit einer geschätzten Wohnfläche von circa 120 qm handelte. Möchten Sie ein Gutachten von einem Gutachter bezahlen, denn Sie wegen Parteilichkeit ablehnen?

Vincent hatte die Gerichtsverhandlung provoziert, weil er sich gegen die Auswechslung von Gustave sperrte. Warum eigentlich? Vincent kann es doch egal sein, welcher Gutachter tätig wird, solange der Gutachter sich neutral verhält und professionell arbeitet. Wieder mal nur Fundamentalopposition von Vincent?

Wie der Vermieter den Gutachter vor dem Friedensgericht unterstützte

Vincent sperrte sich gegen die Auswechslung von Gustave, indem er von seinem Anwalt, als Antwort auf meinen Antrag auf Auswechslung von Gustave, eine Gegenklage erstellen ließ. Diese Gegenklage war in erster Linie eine Verteidigungsschrift zu Gunsten des Gutachters Gustave. Zieht man die Teile „remarques prelinaires" (Vorbemerkungen) und „à ces causes" (6 Sätze mit Anträgen) ab, bestand die Gegenklage von Vincent nur aus rund 5 Seiten. Davon waren 4 Seiten der Verteidigung von Gustave gewidmet.

Warum eigentlich? Vincent kann es doch grundsätzlich egal sein, ob Gustave ausgewechselt wird. Verhält sich der neue Gutachter neutral und arbeitet er professionell, was man von jedem vereidigten Gutachter erwarten kann, spricht nichts gegen den neuen Gutachter.

Ging es Vincent nur wieder darum, mit Gegenklagen Geld zu verdienen? Ich hatte ich mich zudem gefragt, ob Vincent und Gustave sich die Rechtsanwaltskosten für diese Gegenklage geteilt hatten. Falls nein, hätte Vincent dem Gutachter Gustave faktisch eine kostenlose Rechtsverteidigung geschenkt. Das wäre im Widerspruch zu dem Geiz von Vincent gestanden. Vincent war ja sogar eine neue Heizöltankanzeige zu teuer gewesen, an deren Kosten ich mich mit 50 Prozent beteiligt hätte.

Warum der Gutachter für den Vermieter nicht befangen war

Vincent wies gleich am Anfang seiner Gegenklage daraufhin, dass er die Gegenklage darauf reduzieren möchte, die Unparteilichkeit von Gustave zu bestätigen.

Es wurde also nicht verheimlicht, sondern sogar am Anfang der Gegenklage hervorgehoben, dass die Gegenklage von Vincent eine Verteidigungsschrift zu Gunsten von Gustave ist.

Vincents Verteidigungsschrift verwies auf Artikel 434 Satz 1 Nouveau Code de procédure civile genannt. Dieser lautet wie folgt.

„Les techniciens peuvent être récusés pour les mêmes causes que les juges. „

Die maschinelle Übersetzung lautet:

Techniker können aus denselben Gründen wie Richter abgelehnt werden.

Gustave ein Techniker? Was hatte denn Gustave bisher unternommen?

- Er hatte Fotos vom dem Haus gemacht.
- Er hatte mit einem kleinen Laser-Entfernungsmesser, den heutzutage jeder Immobilienmakler mit sich herumträgt, die Größe der Räume ermittelt.
- Er hatte von Vincent einen Stapel Unterlagen während der Hausbesichtigung in Empfang genommen.

Dennoch hatte das Friedensgericht bejaht, dass Gustave ein Techniker ist. Folglich stellt sich die Frage, aus welchen Gründen ein Richter abgelehnt werden kann.

Das wird in Artikel 521 Nouveau Code de procédure civile erklärt. In Artikel 521 werden 9 Gründe für die Ablehnung eines Richters genannt.

Im Wesentlichen kann ein Richter abgelehnt werden, wenn er mit einer der beiden Parteien verwandt oder verheiratet ist oder der Lebenspartner einer der beiden Parteien ist. Hinzukommen noch einige Spezialfälle, wie z. B. dass der Richter Vormund, Pfleger, Zeuge einer der beiden Parteien war oder von einer der beiden Parteien vorher Geschenke entgegengenommen hatte.

Selbst wenn einer dieser Fälle bei einem Immobiliengutachter vorliegen sollte. Wie wollen sie das herausfinden und beweisen?

> Einen Immobiliengutachter wegen Befangenheit abzulehnen, ist so gut wie unmöglich.

Ein Immobiliengutachter kann also zu Gunsten des Vermieters parteiisch sein, wie er will, solange er nicht mit ihm verwandt, verheiratet etc. ist.

> Ohne einen neutralen Gutachter ist das Verfahren der Festlegung der Miete wertlos.

Auch Artikel 437 Nouveau Code de procédure civile, der unter anderem die Neutralität eines Gutachters (Technikers) einfordert, ist durch die Schutzwirkung des Artikel 521 wertlos.

Vincent kam in seiner Gegenklage zu dem Schluss, dass meine Klage unbegründet ist und daher abzuweisen ist, weil ich die Befangenheit von Gustave nicht beweisen kann.

Verweise auf Rechtsprechung (Gerichtsurteile) von Vincents Anwalt

Zusätzlich zu den bisherigen Erläuterungen, warum Gustave nicht für befangen erklärt werden kann, verwies Vincents Anwalt noch mit Zitaten auf Cour d'appel 18 fèvrier 2009, Pas. 34, p.553 und auf Cour d'appel 2 juin 2010, Pas. 35, p.239. Er zitierte also aus zwei Urteilen des Berufungsgerichts.

Damit wurde nichts Neues vorgetragen. Denn die Zitate aus den beiden Urteilen bestätigten nur, was im Text von Artikel 434 Satz 1 Nouveau Code de procédure civile steht.

Warum streute der Anwalt von Vincent Hinweise auf Rechtsprechung bzw. Gerichtsurteile als Füllmaterial in die Gegenklage ein?

Das gibt der Gegenklage einen professionellen Anstrich und sieht so aus, als ob der Anwalt sich besonders viel Mühe gegeben hätte. In Wirklichkeit wird aber in Gesetzeskommentaren auf die Rechtsprechung zu einem bestimmten Artikel bzw. zu einem bestimmten Paragraphen hingewiesen. Der Anwalt von Vincent musste also nicht lange nach diesen Gerichtsurteilen suchen. Sie wurden ihm quasi auf dem Silbertablett serviert. Zudem kann davon ausgegangen werden, dass Gerichtsurteile in der Regel in elektronischer Form vorliegen, so dass der Anwalt von Vincent nicht für Zitate Textpassagen aus Gerichtsurteilen mühsam abtippen muss. Hatte der Anwalt von Vincent in einem anderen Gerichtsverfahren diese Textpassagen aus den hier genannten Gerichtsurteilen bereits verwendet, lagen ihm diese Textpassagen bereits als Textbausteine vor. Das Rad muss nicht jedes Mal neu erfunden werden.

Reformvorschlag

Ein Immobiliengutachter hat weder die gesellschaftsrechtliche noch die gesellschaftspolitische Bedeutung und Verantwortung eines Richters. Was hätte denn Gustave nach der Hausbesichtigung noch gemacht? Wenn er auf der Höhe der Zeit ist, hat er ein Computerprogramm, in das er die Daten des besichtigten Hauses eingibt. Das Programm rechnet ihm dann die zulässige Miete aus. Leicht verdientes Geld.

Juristisch ist die Lösung ganz einfach. Man stellt in Artikel 521 Absatz 10 NCPC, den folgenden Satz ein:

Artikel 521 NCPC ist für Immobiliengutachter nicht anwendbar.

Den Schutz, den Artikel 521 NCPC gewährt, verdient ein Gutachter wie Gustave nicht.

Wie der Vermieter den Gutachter sonst noch verteidigte

> Da Artikel 521 NCPC Gustave umfassend schützt, musste ich Gustave wegen anderer Pflichtverletzungen ablehnen.

Aber auch diesen Weg verbaute mir Vincent. Die Unterstützung von Vincent für Gustave wurde nämlich in der Gegenklage von Vincent konsequent durchgezogen.

Vincent behauptete in der Gegenklage, dass er und Gustave sich während der Hausbesichtigung nur dann auf Französisch unterhalten hatten, wenn ich abwesend war. Wenn ich also während der Hausbesichtigung in einem anderen Raum oder in einem anderen Stockwerk unterwegs war. Dann in solchen Situationen zu verlangen, dass sich beide auf Deutsch unterhalten, sei böswillig von mir.

Der Trick liegt darin, dass ich während meiner (behaupteten) Abwesenheit keinen Nachteil erleide, wenn die beiden sich auf Französisch unterhalten.

Wen ich abwesend war, wie konnte ich dann mitbekommen, dass Gustave und Vincent sich auf Französisch unterhielten? Ich war doch abwesend.

Zudem war ich während der Hausbesichtigung immer in der Nähe von Gustave geblieben. Bis auf den Speicher besichtigte Gustave das gesamte Haus. Es bestand also kein Grund für mich, von der Seite von Gustave zu weichen und getrennt von ihm im Haus herumzulaufen. Zudem kannte ich das Haus, weil ich über 3 Jahre in dem Haus von Vincent gewohnt hatte. Hier hatte Vincent zu Gunsten von Gustave gelogen.

Trick 48 vom Vermieter Vincent:

Vincent behauptete in seiner Gegenklage, dass Gustave eine Knieoperation hatte und deswegen die Treppe zum Speicher nicht hochsteigen konnte. Gustave konnte aber durch die Luke zum Speicher sehen, dass das Dach vollständig isoliert war.

Der Trick liegt darin, dass man wohl unter diesen Umständen wohl nicht von Gustave verlangen kann, dass er die Treppe zum Speicher benutzt. Für seine Behauptung, dass Gustave eine Knieoperation hatte, legte Vincent keinen Beweis vor. Der zweite Trick bestand darin, zu behaupten, dass es gar nicht notwendig gewesen sei, die Treppe zu benutzen, da man auch so sehen konnte, dass das Dach vollständig isoliert war. Wenn es nicht notwendig war, die Treppe zu benutzen, dann kann man Gustave keine Pflichtverletzung vorwerfen. Das Dach war übrigens nicht vollständig isoliert gewesen. Auch hier hatte Vincent zu Gunsten von Gustave gelogen.

Trick 49 vom Vermieter Vincent:

Vincent behauptete in seiner Gegenklage, dass der fehlende Keller für Gustave uninteressant war, weil die Programme der Immobilienagenturen einen „Heizraum" oder einen „Technikraum" automatisch in „Keller" umwandeln. Das sei Gustave bekannt gewesen und daher musste Gustave kein gesteigertes Interesse an dem fehlenden Keller haben. Somit kann nicht eine Pflichtverletzung von Gustave mit einem Desinteresse an dem fehlenden Keller begründet werden.

Der Trick liegt darin, dass zwangsläufig für Gustave klar gewesen war, dass hier ein Softwarefehler vorlag und somit die Tatsache, dass das Haus keinen Keller hat, für Gustave keine Überraschung bot. Zudem schied damit eine absichtlich falsche Angabe von Vincent in seinen Vermietungsanzeigen aus.

Doch nach seinen eigenen Angaben vermietete Vincent das Haus schon seit 30 Jahren. In den 30 Jahren war es ihm nie aufgefallen, dass bei allen beauftragten Immobilienagenturen der gleiche Softwarefehler auftrat und keine der beauftragten Immobilienagenturen diesen Fehler fand und beseitigte? Das ist nicht glaubwürdig. Auch ist nicht glaubwürdig, dass Vincent 30 Jahre lang seine Vermietungsanzeigen nicht las.

Wie der Gutachter sich seiner Auswechslung entzog

Wie bereits erwähnt, hatte ich beim Friedensgericht beantragt, dass Gustave gegen einen anderen Gutachter ausgetauscht werden sollte.

Trick 6 vom Gutachter Gustave:

Gustave legte sein Mandat nieder.

Der Trick liegt darin, dass man einen Gutachter, der sein Mandat niederlegt, nicht austauschen kann. Somit war es nicht mehr notwendig, die Pflichtverletzungen von Gustave vorzutragen, mit denen ich seine Auswechslung begründen wollte. Letztendlich war ich durch die Mandatsniederlegung daran gehindert worden, über die Pflichtverletzungen von Gustave vor dem Friedensgericht mündlich zu berichten.

Ich wollte mich bei meinem Vortrag auf Artikel 435 Satz 2 NCPC stützen.

Das ist der Text von Artikel 435 Satz 2 Nouveau Code de procédure civile.

„Le juge peut également, à la demande des parties ou d'office, remplacer le technicien qui manquerait à ses devoirs, après avoir provoqué ses explications."

Die maschinelle Übersetzung lautet:

Der Richter kann auch auf Antrag der Parteien oder von Amts wegen den Techniker ersetzen, der seinen Pflichten nicht nachkommt, nachdem er seine Erklärungen abgegeben hat.

Dem Artikel 435 Satz 2 NCPC ging Vincent in seiner Gegenklage, in der er Gustave unterstützte, weitestgehend aus dem Weg. Vielleicht war das der Grund, dass Gustave trotz rund 4 Seiten Verteidigungsschrift von Vincent sein Mandat niederlegte?

Trick 7 vom Gutachter Gustave:

Gustave legte so kurzfristig vor der Gerichtsverhandlung sein Mandat nieder, dass mich das Friedensgericht erst zu Beginn der Gerichtsverhandlung über die Mandatsniederlegung informieren konnte.

Zwischen meinem E-Mail, in dem ich Gustave wegen Befangenheit abgelehnt hatte und dem Tag der Gerichtsverhandlung über seinen möglichen Austausch lagen fast 8 Wochen. Obwohl Gustave fast 8 Wochen Zeit gehabt hatte, sein Mandant niederzulegen, legte er erst sehr kurz vor dem Verhandlungstermin sein Mandat nieder.

> Wenn schon Immobiliengutachter den Befangenheitsschutz eines Richters genießen, sollte man wenigstens in regelmäßigen Abständen die fachliche, körperliche und charakterliche Eignung von Immobiliengutachtern überprüfen.

Ich war natürlich von der Mandatsniederlegung überrumpelt und hatte mich vergeblich auf diese Gerichtsverhandlung vorbereitet. Denn es bestand keine Notwendigkeit mehr, die Pflichtverletzungen von Gustave beim Friedensgericht vorzutragen. Erschwerend kam noch hinzu, dass mir das Friedensgericht mitteilte, dass Gustave kurz vor Verhandlungsbeginn, also vor 9 Uhr morgens, beim Friedensgericht angerufen hatte und ausrichten ließ, dass er den Kostenvorschuss in Höhe von 1.000 Euro nicht zurückzahlen wolle. Ich solle ihn doch auf Rückzahlung verklagen.

Ich saß also beim Friedensgericht, konfrontiert mit diesen beiden Neuigkeiten. Was sollte ich nun tun? Da die Gerichtsverhandlung bereits angefangen hatte, hatte ich nicht viel Zeit für eine Entscheidung.

Ich teilte dem Friedensgericht mit, dass ich in der Kürze der Zeit diese beiden Neuigkeiten nicht verarbeiten und rechtlich durchprüfen konnte und beantragte Vertagung. Meinem Antrag auf Vertagung wurde insoweit stattgegeben, dass zwar die Gerichtsverhandlung weiterlief, aber ohne über die Rückzahlung des Kostenvorschusses zu verhandeln.

Wie das Verfahren der Festlegung der Miete ausging

Da Gustave nicht mehr ausgewechselt werden konnte, konnten die Pflichtverletzungen von Gustave nur noch eine Rolle bei der Rückforderung des Kostenvorschusses spielen. Genau für diesen Punkt hatte ich erfolgreich eine Vertagung erreicht.

Folglich konnte es in der schon laufenden Gerichtsverhandlung nur noch darum gehen, wie das Verfahren der Festlegung der Miete fortgesetzt wird. Naheliegend wäre es gewesen, dass das Friedensgericht als Ersatz für Gustave einen zweiten Gutachter bestellt.

Doch mir fiel auf, dass Vincent zum ersten Mal persönlich neben seinem Anwalt zu einer Gerichtsverhandlung erschien. Warum war mir nicht eindeutig klar.

> Fragen Sie ihren Rechtsanwalt, wenn das Friedensgericht das Erscheinen einer anwaltlich vertretenen Person anordnet, ob das ein Indiz ist, dass das Friedensgericht bei dieser Gerichtsverhandlung eine Einigung zwischen den beiden Parteien erzielen möchte.

Da ich vermutete, dass das Friedensgericht die Anwesenheit von Vincent erforderlich hielt, um bei dieser Gerichtsverhandlung, eine Einigung zwischen den beiden Parteien zu erzielen, bot ich sofort eine gütliche Einigung an. Zudem ich an der Einschaltung eines zweiten Gutachters nicht mehr richtig interessiert war, da ich mit Gustave auf die Nase gefallen war. Mein Vertrauen in vereidigte Immobiliengutachter war zutiefst erschüttert.

Da ich bereits bei der ersten Gerichtsverhandlung, in der es um die Bestellung eines Gutachters durch das Friedensgericht ging, eine gütliche Einigung vorgeschlagen hatte, wärmte ich diesen Vorschlag wieder auf. 5 % Reduzierung auf die monatliche Miete ohne Nebenkosten. Das Friedensgericht folgte dieser Idee und schlug als Gesamtbetrag über alle in Betracht kommenden Monate eine Zahlung in Höhe von insgesamt 750 Euro vor. In dem Vorschlag des Friedensgerichts inbegriffen war, dass jede Partei ihre eigenen Kosten trägt und Schadensersatzansprüche nach Artikel 240 NCPC (Textbaustein 1) und nach Artikel 6 Absatz 1 in Verbindung mit Artikel 1382 Code civil (Textbaustein 2) ausgeschlossen sind. Es sollte also ein ganz dicker Schlussstrich gezogen werden.

Der Anwalt von Vincent sagte, dass er den Vorschlag des Friedensgerichts mit seinem Mandanten besprechen muss. Er verließ dafür kurz den Gerichtssaal mit Vincent. Als die beiden in den Gerichtssaal zurückkehrten, erklärte der Anwalt von Vincent Folgendes:

Er sei mit der gütlichen Einigung einverstanden, aber nur unter der Bedingung, dass es meine Angelegenheit sei, den Kostenvorschuss in Höhe von 1.000 Euro von Gustave zurückzufordern.

> Spätestens jetzt hätte ich einen Rechtsanwalt gebraucht, der mich hätte beraten können, ob ich mich darauf einlassen soll, das es alleine meine Angelegenheit sei, den Kostenvorschuss in Höhe von 1.000 Euro von Gustave zurückzufordern.

Da nicht Vincent, sondern ich, den Kostenvorschuss an Gustave bezahlt hatte, erschien es mir nicht abwegig, dass es meine Angelegenheit sei, denn Kostenvorschuss von Gustave zurückzufordern. Zudem ging es bei der gütlichen Einigung nur um den Kostenvorschuss und nicht um eine endgültige Zahlung. D. h., es ging nicht um die Frage, wer und in welcher Höhe den Gutachter Gustave endgültig zu bezahlen hat. Dass Gustave sich wegen vermeintlicher, endgültiger Zahlungsansprüche auch an Vincent wenden darf, war mit dieser Einigung nicht ausgeschlossen worden. Das lässt sich auch nicht ausschließen, da dies eine Vereinbarung zu Lasten Dritter gewesen wäre. Ich kann doch nicht mit Vincent vereinbaren, dass Gustave einen potentiellen Schuldner verliert. Nämlich Vincent. Solange das Friedensgericht nicht den Kostenvorschuss in eine endgültige Zahlung umgewandelt hatte, blieb der Kostenvorschuss ein Vorschuss. Alles andere würde zu dem absurden Ergebnis führen, dass ich der Gewinner, der von Vincent 750 Euro erhalten hatte, den Gutachter Gustave alleine bezahlen muss. Soweit mein Verständnis. Im Nachhinein bin ich mir nicht sicher, ob ich das alles richtig verstanden hatte. Zumal ein so geiziger Mensch wie Vincent nicht grundlos 750 Euro überweist.

Ich ließ mich auf die einschränkende Bedingung von Vincents Anwalt ein und es kam somit zu einer gütlichen Einigung, deren schriftliche Fixierung das Friedensgericht später an beide Parteien verschickte.

Diese Einigung hätte Vincent übrigens schon rund ein halbes Jahr früher haben können. Seine Rechtsanwaltskosten wären für ihn geringer gewesen und Gustave hätte nicht eingeschaltet werden müssen. Aber Vincent wollte ja unbedingt (wie immer) mit seiner Gegenklage Geld verdienen.

Da es zu einer gütlichen Einigung zwischen mir und Vincent kam, blieb offen, wie das Friedensgericht, den Umstand beurteilt hätte, dass Vincent keine Rechnungen für die Berechnung des investierten Kapitals vorgelegt hatte.

Vielleicht sind Sie als Mieter doch nicht hoffnungslos einer Schätzung zu Gunsten des Vermieters ausgeliefert?

Das Verfahren der Festlegung der Miete, wurde also in der Gerichtsverhandlung beendet, in der über den Austausch von Gustave verhandelt werden sollte.

Den Kostenvorschuss vom Gutachter zurückholen

Vor dem Termin der Gerichtsverhandlung über die Rückzahlung des Kostenvorschusses hatte mir Gustave eine Abrechnung bzw. eine Rechnung für seine bisherige Gutachtertätigkeit geschickt und mir einen Teil des Kostenvorschusses an mich zurücküberwiesen. Damit wich er von seiner bisherigen Meinung ab, dass ich ihn wegen des vollen Betrags des Kostenvorschusses verklagen soll.

Während der Gerichtsverhandlung in der ich eine Einigung mit Vincent erzielt hatte, hatte ich klar zum Ausdruck gebracht, dass ich meinen Kostenvorschuss in Höhe von 1.000 Euro von Gustave per Klage zurückholen werde. Ich kann das nicht beweisen, aber ich gehe davon aus, das Vincent den Gutachter Gustave über meine Klageandrohung informiert hatte.

Die intransparente Rechnung des Gutachters

Vermutlich waren das die beiden Gründe, warum Gustave einknickte und mir von den 1.000 Euro Kostenvorschuss rund 480 Euro zurücküberwies und mir eine Rechnung schickte.

Hier einige Details der Rechnung von Gustave:

- Arbeitszeit insgesamt 6,25 Stunden, Hausbesichtigung 2,75 Stunden plus pauschale Bearbeitungsgebühr 3,5 Stunden

- Pro Arbeitsstunde 72,76 Euro (Bezug auf den Verbraucherpreisindex)
- Pro gefahrenen Kilometer 0,75 Euro
- Pauschale Bürokosten in Höhe von 35 Euro.

Sind diese Rechnungsdetails für Sie nachvollziehbar?

Für mich war diese Rechnung aus den folgenden Gründen nicht transparent.

- Unklar ist, wie es zu einer pauschalen Bearbeitungsgebühr von 3,5 Stunden kommt. Gibt es dafür eine gesetzliche Grundlage?
- Unklar ist, ob Gustave pro Kilometer 0,75 EUR verlangen kann. Gibt es dafür eine gesetzliche Grundlage?
- Unklar ist, was ich hinter den 35 EUR Bürokosten verbirgt. Gibt es eine gesetzliche Grundlage dafür, dass ein Gutachter pauschal 35 Euro Bürokosten verlangen kann.

Trick 8 vom Gutachter Gustave:

Gustave erstellt eine intransparente Rechnung, die richtig sein kann. Verklagt man ihn, trägt man das Risiko, dass man die Klage verliert, weil letztendlich seine Abrechnung doch sachlich und rechnerisch richtig ist.

Auch wenn ich mich über diese intransparente Abrechnung geärgert hatte, überwog doch die Zufriedenheit bei mir, dass ich so früh die Reißleine bei Gustave gezogen hatte. Nach telefonisch, unverbindlich erteilten Auskünften anderer Immobiliengutachter kann so ein Gutachten und damit auch die Gutachtertätigkeit insgesamt 2.000 bis 3.000 EUR kosten. Da setze ich bei einem nicht neutralen Gutachter wie Gustave, lieber rund 520 Euro in den Sand, als 2.000 bis 3.000 Euro für ein Gutachten zu bezahlen, dass nur den Zweck hat, den Vermieter zu unterstützen. Zumal die Endabrechnung von Gustave wahrscheinlich auch nicht transparenter gewesen wäre.

Um nicht letztendlich 2.000 bis 3.000 Euro für das Gutachten bezahlen zu müssen, hätte ich das Gutachten von Gustave anfechten müssen. Wie soll mir das gelingen? Wenn nicht der Spezialfall einer offensichtlich falschen, mathematischen

Berechnung in dem Gutachten vorliegt, wird das so gut wie unmöglich sein. Wenn das Friedensgericht sich zwischen den Ausführungen eines vereidigten Experten und mir entscheiden muss, wird es sich für die Ausführungen des vereidigten Experten entscheiden, da ich kein Experte bin. Das Friedensgericht ist Experte in Rechtsfragen, aber ist kein Experte für die Berechnung des investierten Kapitals. Sonst könnte das Friedensgericht selber das investierte Kapital berechnen und müsste keinen Gutachter bestellen. Zudem gilt der Grundsatz: Iudex non calculat. Der Richter rechnet nicht.

Ich hätte ein zweites Gutachten beantragen können. Bestenfalls steht dann Gutachten gegen Gutachten. Ferner hätte Vincent bestimmt nicht die Kosten für das zweite Gutachten übernehmen wollen.

Vincent kann Gustave, den Gutachter, Aufträge auf privater Basis anbieten. Erhält Gustave auch nur einen privaten Auftrag von Vincent, kann Gustave die rund 480 Euro, die er an mich zurücküberwiesen hatte, locker verschmerzen.

> Ziehen Sie die Reißleine, wenn es Indizien gibt, dass der Gutachter nicht neutral ist. Es wird sonst alles noch viel teurer für Sie.

Ihre Vorwürfe, dass der Gutachter nicht neutral ist, muss das Friedensgericht nur insoweit überprüfen, ob Sie beweisen können, dass die engen Voraussetzungen von Artikel 521 Nouveau Code de procédure civile (siehe oben) vorliegen. Das wird Ihnen so gut wie nie gelingen.

Reformvorschlag

Laut dem Friedensgericht ist der Gutachter Gustave ein Techniker. Da der Techniker schon 39-Mal im Nouveau Code de procédure civile erwähnt ist, könnte man den folgenden Passus in den Nouveau Code de procédure civile aufnehmen.

Der Techniker hat jede seiner Rechnungen so zu erstellen, dass sie für jeden Rechnungsempfänger voll verständlich sind. Insbesondere sind in jeder Rechnung die gesetzlichen Grundlagen für jeden Rechnungsposten gut verständlich zu erläutern. Unklarheiten gehen zu Lasten des Technikers, auch falls sich der Gesamtbetrag der Rechnung des Technikers letztendlich als richtig erweist.

Man könnte dafür den Immobiliengutachtern eine Musterrechnung als Beispiel zur Verfügung stellen. Damit für die Gutachter klar ist, wie eine transparente Rechnung auszusehen hat.

Von jedem Handwerker hatte ich bisher eine transparentere Rechnung erhalten. Da kann man eine transparente Rechnung erst recht von einem vereidigten Gutachter erwarten.

Transparenz war nicht das Ziel von Gustave. Das zeigen auch die Tatsachen, dass Gustave mir nicht die von Vincent erhaltenen Unterlagen zeigte und dass, das Anfang und Ende seiner Hausbesichtigung unklar blieben.

Beim Friedensgericht den Kostenvorschuss vom Gutachter zurückfordern

Da Gustave inzwischen von dem Kostenvorschuss rund 480 Euro zurückgezahlt hatte, ging es bei dieser Gerichtsverhandlung nur noch um eine Rückforderung in Höhe von rund 520 Euro.

Der Anwalt von Vincent erschien nicht zu dieser Gerichtsverhandlung, da Vincent und ich uns darauf geeinigt hatten, dass es meine Angelegenheit sei, den Kostenvorschuss von Vincent zurückzufordern. Das Friedensgericht hatte mich zu Beginn der Gerichtsverhandlung darauf hingewiesen, dass es Gustave angeboten hatte, zu dem Verhandlungstermin zu erscheinen. Dieser Einladung war Gustave nicht gefolgt. Daraus schloss ich, dass das Friedensgericht das Erscheinen von Gustave nicht zwingend anordnen konnte. Im Übrigen war das für mich ein weiteres Indiz wie unseriös Gustave war,

Da es so gut wie unmöglich ist, wegen der Schutzwirkung von Artikel 521 NCPC einen Gutachter als befangen abzulehnen, beschränkte ich mich darauf, Gustave wegen anderer Pflichtverletzungen nach Artikel 435 Satz 2 NCPC abzulehnen und somit den Rest des Kostenvorschusses einzufordern. Da die Tricks von Gustave und damit seine Pflichtverletzungen bereits dargestellt worden sind, verzichte ich an dieser Stelle auf Wiederholungen.

Stattdessen liste ich hier meine vorgetragenen Argumente auf, warum ich mich mit meiner Rückforderung des Kostenvorschusses noch im Mietrecht befinde. Das Friedensgericht hatte mich ausdrücklich darum gebeten, dass ich mich zu diesem Punkt äußere.

Da es mein Ziel war, dass innerhalb des bestehenden Gerichtsverfahrens mit seinem Aktenzeichen über die Rückzahlung des Kostenvorschusses entschieden wird, trug ich beim Friedensgericht die folgenden Argumente vor.

- Gemäß Artikel 11 Mietgesetz hatte das Friedensgericht in einem Mietrechtsurteil bestimmt, ab welchem Monat die Miete zu reduzieren ist, wenn sich aus der Berechnung des investierten Kapitals durch den Gutachter ergibt, dass die Miete unzulässig hoch ist.
- In einem Mietrechtsurteil hatte das Friedensgericht bestimmt, dass ich 1.000 Euro Kostenvorschuss an den Gutachter Gustave zu zahlen hatte.
- In dem gleichen Mietrechtsurteil behielt sich das Friedensgericht das Recht vor, einen zusätzlichen Vorschuss, der die 1.000 Euro übersteigt, für den Gutachter anzufordern.
- Die Beauftragung des Gutachters durch das Friedensgericht erfolgte gemäß Artikel 3 Abs. 4 Mietgesetz.
- Voraussetzung für die Beauftragung eines Gutachters durch das Friedensgericht ist, dass ein Antrag auf Festlegung der Miete nach Artikel 8 Mietgesetz ordnungsgemäß gestellt wird. Dass dies geschehen war, hatte das Friedensgericht in einem Mietrechtsurteil bestätigt.
- Voraussetzung für einen ordnungsgemäßen Antrag auf Festlegung der Miete ist, dass es einen wirksamen Mietvertrag gibt. Dass es einen wirksamen Mietvertrag gab, war durch das Friedensgericht in einem Mietrechtsurteil bestätigt worden.
- Basis von allem ist also das Mietrecht bzw. das Mietgesetz und der Mietvertrag. Das Mietverhältnis ist eine conditio sine qua non für die Einbeziehung des Gutachters. Ohne das Mietverhältnis wäre der Gutachter vom Friedensgericht nicht bestellt worden.
- Wenn das Friedensgericht das Recht hat, dem Gutachter ein Recht auf einen Kostenvorschuss in einer durch das Friedensgericht bestimmten

Höhe einzuräumen, dann hat das Friedensgericht als actus contrarius das Recht, dem Gutachter das Recht auf einen Vorschuss ganz oder teilweise zu entziehen. Insbesondere dann, wenn der Gutachter ohne Begründung sein Mandat niederlegt. Das Schreiben von Gustave, in dem er sein Mandat niedergelegt hatte, hatte ich übrigens nie gesehen.

- Wenn das Friedensgericht das Recht hat, dem Gutachter ein Recht auf einen Kostenvorschuss in einer durch das Friedensgericht bestimmten Höhe einzuräumen, dann hat das Friedensgericht auch das Recht in den Verfahren zu entscheiden, ob und in welcher Höhe zu Lasten vom wem, der Vorschuss in eine endgültige Zahlung umzuwandeln ist. Solange das Friedensgericht nicht über die Umwandlung entschieden hat, bleibt der Vorschuss ein Vorschuss.

Das Friedensgericht hörte sich das alles geduldig an und entschied dann in seinem Urteil, das meine Klage auf Rückzahlung des Kostenvorschusses in Höhe von rund 520 Euro in dem Gerichtsverfahren der Festlegung der Miete unzulässig sei. Das Friedensgericht begründete das mit Artikel 448 Nouveau Code de procédure civile (NCPC).

In Artikel 448 NCPC steht unter anderem:

„Lorsque les parties contestent le montant des indemnités et frais réclamé par le technicien, ce montant est taxé par le juge saisi par simple lettre, le technicien et les parties entendus. Le juge peut délivrer un titre exécutoire."

Die maschinelle Übersetzung lautet:

Streiten die Parteien die Höhe der vom Techniker geforderten Entschädigungen und Auslagen, so wird dieser Betrag von dem angerufenen Gericht nach Anhörung des Technikers und der Parteien mit einem einfachen Schreiben festgesetzt. Das Gericht kann einen vollstreckbaren Titel ausstellen.

Mit dem Verweis auf Artikel 448 NCPC brachte das Friedensgericht zum Ausdruck, dass die Rückforderung des Kostenvorschusses von Gustave nur in einem neuen Verfahren mit einem neuen Aktenzeichen verhandelt werden kann. Das Friedensgericht nannte in seinem Urteil dieses Verfahren „taxation d'expert".

Da wurde mir klar, warum das Friedensgericht das Erscheinen von Gustave nicht zwingend anordnen konnte. Gustave war gar nicht Partei dieses Gerichtsverfahren. Da er nicht Partei dieses Verfahrens war, war es für ihn auch nicht notwendig, die gegen ihn erhobenen Vorwürfe zu widerlegen. Umso unerklärlicher für mich, warum die Gegenklage von Vincent eine Verteidigungsschrift zu Gunsten von Gustave war. Denn Vincent war rechtlich nicht verpflichtet gewesen, eine Person zu verteidigen, die nicht Partei des Verfahrens war.

Dem Friedensgericht waren auch hier die Hände gebunden. Es musste auf Artikel 448 NCPC verweisen. Immerhin ordnete das Friedensgericht laut seinem Urteil die Eröffnung einer neuen Akte an und wollte Gustave vorladen. Ferner entnahm ich dem Urteil des Friedensgerichts, dass es meinen Schriftsatz, in dem die Pflichtverletzungen von Gustave aufgelistet hatte, an Gustave übersandte.

Ich bin kein Berufskläger. Nachdem Vincent 5 Gerichtsstreitigkeiten provoziert hatte, war ich müde und abgekämpft. Noch an dem Tag, am dem ich das Urteil erhalten hatte, teilte ich dem Friedensgericht mit, dass mir ein ganz neues Verfahren viel zu kompliziert sei und in dem man eventuell wieder ganz von vorne anfangen müsste. Trotz der intransparenten Rechnung von Gustave und seiner Pflichtverletzungen erklärte ich also die Angelegenheit für erledigt.

> Falls Sie eine größere Ausdauer als ich haben sollten, fragen Sie Ihren Rechtsanwalt, wie das Verfahren „taxation d'expert" en detail abläuft.

Reformbedarf

Hier besteht ein Reformbedarf. Mit der Weigerung eines Gutachters den Kostenvorschuss zurückzuzahlen, wird der Mieter gezwungen, den bisherigen Mietrechtsprozess zu verlassen und ein ganz neues Verfahren einzuleiten. Seit der Einleitung des Verfahrens der Festlegung der Miete bis zu dem ablehnenden Urteil des Friedensgerichts waren rund 1,5 Jahre vergangen. Das bedeutet, ich hatte mich schon rund 1,5 Jahre mit dem Verfahren der Festlegung der Miete abgequält. Jetzt sollte ich ein ganz neues Verfahren anstrengen, nur weil der Gutachter sich weigerte, den Kostenvorschuss zurückzuzahlen, obwohl er sein Mandant ohne Begründung niedergelegt hatte. Das ist nicht verfahrensökonomisch und kein effektiver Rechtsschutz für Mieter, die nach so einer langen Zeit quasi wieder bei null beginnen müssen. Daher ist diese Art von Rechtsschutz für die Mieter auch nicht effizient.

Angesichts der großen Sachnähe zum Mietrecht ist das ein Systembruch. Wegen dem engen Sachzusammenhang ist es auch unlogisch, dass der Mieter aus dem Mietrechtsverfahren herausgespült wird, nur weil ein Gutachter das so will. Ferner kann es nicht sein, dass somit faktisch der Gutachter Gustave über die Umwandlung eines Kostenvorschusses in eine endgültige Zahlung entscheidet. Die Rechnung über rund 520 Euro ist schließlich kein Beweis, dass Gustave die rund 520 Euro tatsächlich zustehen.

Da mir diese Art von Rechtsschutz viel zu ineffektiv und viel zu kompliziert ist, hatte ich Gustave nicht auf Rückzahlung der rund 520 Euro verklagt. Zudem war mir die Rechnung von Gustave viel zu intransparent und damit für ein abgesondertes Gerichtsverfahren nicht griffig genug. Außerdem hatte sich bei mir ein allgemeines Unbehagen und damit auch ein Misstrauen breitgemacht, welchen Schutz ein parteiischer Immobiliengutachter wie Gustave im Rechtssystem genießt. Wenn es fast unmöglich ist, einen Gutachter wie Gustave für befangen erklären zu lassen, besteht die ganz große Gefahr, dass Gustave auch bei der Rückzahlung des Kostenvorschusses Welpenschutz genießt. Ich konnte mir lebhaft vorstellen, dass in dem Urteil des abgesonderten Verfahren der folgende Satz stehen würde:

Soweit überhaupt Pflichtverletzungen des Gutachters vorliegen, rechtfertigen diese keine vollständige Rückzahlung des Kostenvorschusses. Zumal der Gutachter unstrittig tätig geworden war.

Ich witterte also eine Falle. Aber keine Falle, die vom Friedensgericht aufgestellt worden war. Sondern die Falle ergab sich für mich aus dem überbordenden Schutz, den ein Immobiliengutachter im Rechtssystem genießt.

Das Friedensgericht kann dem Gutachter einen oder mehrere Kostenvorschüsse zukommen lassen. Es kann den Arbeitsfortschritt des Gutachters in der Hülle des Gerichtsverfahrens wegen der Festlegung der Miete kontrollieren. Dann werden aber die Rechte des Friedensgerichts insoweit amputiert, dass es im gleichen Verfahren den oder die Kostenvorschüsse dem Gutachter nicht wieder entziehen kann. Obwohl das Friedensgericht den Gutachter bestellt bzw. beauftragt und nicht der Mieter oder der Vermieter. Ob das Friedensgericht mit dieser (schiefen) Konstruktion glücklich ist, vermag ich nicht zu beurteilen. Verfahrensökonomisch ist das auf jeden Fall nicht. Angesichts seiner großen Bedeutung und seiner wichtigen Funktion sollte man das Friedensgericht zumindest mal informell befragen. Mir steht dieses Privileg nicht zu.

Hätte sich Vincent nicht gegen die Auswechslung gesperrt und auch seine Unzufriedenheit mit Gustave zum Ausdruck gebracht, wäre vermutlich die Rückforderung des Kostenvorschusses einfacher gewesen. Dass der Vermieter Vincent uneingeschränkt mit der Arbeit von Gustave zufrieden war, hätte der Rechtsanwalt von Gustave mit hoher Wahrscheinlichkeit in dem abgesonderten Verfahren genussvoll vorgetragen. Auch insoweit lag für mich eine Falle vor.

Reformvorschlag

Diesen Passus könnte man in den Nouveau Code de procédure civile integrieren:

Legt ein Immobiliengutachter ohne erhebliche Begründung sein Mandat nieder, verliert er seinen Anspruch auf einen Kostenvorschuss. Kein erheblicher Grund für die Niederlegung des Mandats liegt vor, wenn behauptet wird, dass er sich nicht neutral verhalten hat oder behauptet wird, dass er sich Pflichtverletzungen schuldig gemacht hat. Über die Rückzahlung des Kostenvorschusses und über seinen endgültigen Zahlungsanspruch wird in dem Verfahren entschieden, in dem er vom Friedensgericht als Gutachter bestellt worden ist. Ist beim Friedensgericht beantragt worden, über den Kostenvorschuss des Immobiliengutachter zu entscheiden, wird der Immobiliengutachter insoweit automatisch Partei dieses Verfahrens. Gleiches gilt, wenn beim Friedensgericht die Auswechslung des Gutachters beantragt wird. Er kann als hinzugetretene Partei bei Tatsachenvortrag und Beweisantritt selbstständig agieren. Seine Handlungen und Anträge werden den anderen beteiligten Parteien nicht zugerechnet. Der Immobiliengutachter kann sich durch einen Rechtsanwalt vertreten lassen. Dennoch kann das Friedensgericht sein persönliches Erscheinen zu einem Verhandlungstermin zwingend anordnen. Das Friedensgericht hat den Immobiliengutachter über seinen automatischen Beitritt als Partei unmittelbar zu informieren. Der Immobiliengutachter erhält fortan zu jedem künftigen Verhandlungstermin eine Ladung vom Friedensgericht. Der Immobiliengutachter wird auch dann Partei oder bleibt Partei, wenn er sein Mandat niederlegt. Ob und wie er die Niederlegung seines Mandates begründet, ist für seinen Status als Partei ohne Bedeutung. Artikel 448 NCPC ist nicht für Immobiliengutachter bei dem Verfahren der Festlegung der Miete anwendbar.

Gäbe es bereits solche Regeln, wäre nicht die absurde Situation entstanden, dass Vincent eine Verteidigungsschrift für Gustave erstellen ließ. Gustave hätte sich selber verteidigt. Auch das zeigt, wie schief die jetzt geltenden Regeln im Rechtsraum hängen.

Den Mieter in Verruf bringen und seine Glaubwürdigkeit zerstören

Von den Hollywoodfilmen übernahm Vincent die Strategie, meine Glaubwürdigkeit abzuschrauben. Jede meiner Klagen bezeichnete er als rechtsmissbräuchlich und schikanös. Je wackeliger und aussichtsloser die Rechtsposition des Vermieters ist, umso größer ist die Chance, dass man mit Ihnen auch so verfährt. Den Mieter in Verruf bringen und seine Glaubwürdigkeit zerstören, dient weder dem Rechtsfrieden noch der Gerechtigkeitsfindung. Denn es geht nur darum, Sie vor dem Friedensgericht in ein schiefes Licht zu rücken. Oder anders ausgedrückt: Dem Friedensgericht zu zeigen, was Sie für ein schlechter Mieter sind. Lassen Sie sich dadurch nicht provozieren. Blenden Sie das aus, wenn Sie beim Friedensgericht vortragen. Prozessgegner wie Vincent sind nichts für Mimosen.

Der in jeder Gegenklage vorkommende Textbaustein 2 (siehe unten) ist ein schönes Beispiel dafür. Unter dem Vorwand Schadensersatz zu verlangen, wurde ich beschimpft. Auch der neue Makler als Marionette von Vincent passte in dieses

Konzept, den Mieter in Verruf zu bringen bzw. seine Glaubwürdigkeit zu demontieren.

Bestandteil dieser Strategie war auch die Aussage des Schleimers, dass die Geschirrspülmaschine funktioniert. Diese Aussage war mitverantwortlich dafür, dass ich 230 Euro an Vincent zahlen musste.

Ab der dritten Klage wurde in den Gegenklagen darauf verwiesen, wie oft ich schon Vincent verklagt hatte. Dass Vincent diese Klagen provoziert hatte, wurde nicht erwähnt. Die einseitige Darstellung in den Gegenklagen ging sogar soweit, dass einmal hervorgehoben wurde, dass meine Klage gegenstandslos gewesen sei. Nicht erwähnt wurde, dass Vincent in diesem Verfahren trotzdem eine Prozessentschädigung an mich zahlen musste, weil andere Punkte der Klage gezündet hatten. Da konnte Vincent leichter Hand irgendetwas ins Blaue hinein behaupten, da man vom Friedensgericht nicht erwarten kann, dass es sich detailliert an alle Prozesse erinnert.

Die Absicht die dahinter steckt, ist offensichtlich. Ich sollte dem Friedensgericht als Prozesshansel und/oder als Querulant vorgeführt werden, der völlig unbegründet seinen Vermieter dauernd verklagt.

> Bitten Sie ihren Rechtsanwalt, dass er wahrheitsgemäß begründet, warum der Vermieter die Klage provoziert hat.

Nirgendwo wird so viel gelogen, wie..

Wie Sie wahrscheinlich schon bemerkt haben, beruhen viele der Tricks von Vincent auf Lügen. Der Volksmund sagt „Nirgendwo wird so viel gelogen, wie vor Gericht".

Je schlechter und wackeliger die Rechtsposition der Gegenpartei ist, umso größer ist der Anreiz für die Gegenpartei, vor Gericht zu lügen. Eine Partei, die schon vor dem Urteil als klarer Sieger feststeht, braucht nicht zu lügen. Es reicht dann aus, dass der Sachverhalt wahrheitsgemäß dargelegt und belegt wird und das Gericht das Gesetz korrekt anwendet.

Wenn Sie vor Gericht ziehen, seien sie nicht überrascht, wenn die Gegenpartei lügt.

Am besten überlegen Sie vorab, in welcher Art und Weise die Gegenpartei lügen könnte. Damit Sie den wahren Sachverhalt mit Beweisen so hieb- und stichfest wie möglich machen können. Ihr Rechtsanwalt wird Ihnen dabei bestimmt helfen. Die Gegenpartei wird nicht nur nach rechtlichen Argumenten suchen, sondern ihre Klageschrift nach Schwachstellen abklopfen. Oft gewinnt bei Gericht nicht derjenige, der Recht hat, sondern der, der die wenigsten Fehler macht.

Alleine schon deswegen, weil die Gegenklagen mit ihren Lügen vor dem Friedensgericht vorgelesen worden waren, wurden diese Bestandteil der Gerichtsverhandlung.

Wieso gelangten Lügen ungefiltert in Gegenklagen?

In der luxemburgischen Geschäftsordnung für Rechtsanwälte (Règlement de l'Ordre des avocats du Barreau de Luxembourg du 14 septembre 2016) habe ich keine explizite Regelung gefunden, die den Anwalt von Vincent verpflichtet hätte, die Angaben von Vincent zu überprüfen. Dann kann Vincent wohl ganz oder größtenteils den Sachverhalt selber schreiben? Und dadurch Geld sparen?

In Deutschland jedenfalls muss der Rechtsanwalt nicht die Angaben seines Mandanten überprüfen.

Der deutsche Bundesgerichtshof in seinem Urteil vom 02.04.1998 - IX ZR 107/97, NJW 1998, 2048

Es gehört zu den grundlegenden Pflichten eines Anwalts, zu Beginn eines Mandats zunächst den Sachverhalt möglichst genau zu klären, den er beurteilen soll. Dabei darf er allerdings den tatsächlichen Angaben des Mandanten vertrauen, braucht also keine eigenen Nachforschungen anzustellen, solange er deren Unrichtigkeit nicht kennt oder kennen muss.

Der Rechtsanwalt von Vincent war also rechtlich nicht verpflichtet, die Tatsachenbehauptungen und die Sachverhaltsschilderungen von Vincent auf Ihren Wahrheitsgehalt zu überprüfen. Er konnte sich insoweit von Vincent füttern lassen.

> Überprüfen Sie als Mieter jede Klage und jede Gegenklage der Gegenpartei mehrmals auf Lügen.

Auch wenn Sie einen Rechtsanwalt beauftragt haben, ist das als Mieter ihr Job. Sie kennen im Zweifelsfall den Sachverhalt besser als ihr Rechtsanwalt. Der Rechtsanwalt kennt den Sachverhalt nur aus ihren Schilderungen und von Ihrem Schriftverkehr mit dem Vermieter und anderen Beteiligten. Da Lügen auch verklausuliert formuliert werden können, lesen Sie jede Klage und jede Gegenklage mehrmals durch.

> Vermeiden Sie es, erst während der Gerichtsverhandlung Lügen abzuwehren.

Die Zahl der Lügen in den Gegenklagen verringern

Da die Lügen vom Vincent ungefiltert in die Gegenklagen aufgenommen wurden, überlegte ich mir, wie ich die Zahl der Lügen in den Gegenklagen verringern konnte. Erstens nervte es mich diese Lügen lesen zu müssen und zweitens war die Widerlegung der Lügen für mich mit einem enormen Arbeitsaufwand verbunden. Ich musste dann in dem umfangreichen Schriftverkehr mit Vincent nach einer E-Mail suchen, die geeignet war, eine Lüge zu widerlegen. Fand ich eine passende E-Mail, musste ich dieses E-Mail ausdrucken, das E-Mail meinem Schriftsatz als nummerierte Anlage beifügen und dieses E-Mail in das Anlagenverzeichnis meines Schriftsatzes aufnehmen. In meinem Schriftsatz musste ich sauber und leicht verständlich erklären, warum das angehängte E-Mail eine Lüge von Vincent widerlegt. Erschwerend kam noch hinzu, dass einige Lügen so verklausuliert, dass ich diese übersah.

Das Hauptproblem war, dass Vincent nach Einreichung meiner Klage beim Friedensgericht alle Zeit der Welt hatte, um sich irgendwelche Lügen für die Gegenklage auszudenken.

Je kürzer der Sachverhalt und kleiner das Anlagenverzeichnis in Ihrer Klage ist, umso weniger Steilvorlagen bieten Sie der Gegenpartei für Lügen. Ein nicht vorhandener Sachverhalt kann keine Basis für eine Lüge sein.

Folglich kam ich auf die Idee, einige Sachverhalte erst in der Gerichtsverhandlung vorzutragen und auch erst in der Gerichtsverhandlung einige Dokumente vorzulegen. Da Vincent bis auf eine Ausnahme nie in den Gerichtsverhandlungen anwesend war, hatte er keine Möglichkeit bezüglich der neu vorgetragenen Sachverhalte und bezüglich der vorgelegten, neuen Dokumente zu lügen. Selbst wenn Vincent in der Gerichtsverhandlung anwesend gewesen wäre, hätte er nicht viel Zeit gehabt, sich eine neue Lüge einfallen zu lassen.

Der Anwalt von Vincent erklärte, dass er die neuen Tatsachen und die neuen Dokumente nicht annehme, da er vor der Gerichtsverhandlung nicht darüber informiert worden war.

Auch das Friedensgericht verbaute mir diesen Lösungsansatz bzw. diesen Weg. Denn es verwies in dem Urteil auf Artikel 64 und Artikel 65 Nouveau Code de procédure civile (Zivilprozessordnung).

Dies ist der Text von Artikel 64 NCPC.

„Les parties doivent se faire connaître mutuellement en temps utile les moyens de fait sur lesquels elles fondent leurs prétentions, les éléments de preuve qu'elles produisent et les moyens de droit qu'elles invoquent, afin que chacune soit à même d'organiser sa défense."

Die maschinelle Übersetzung lautet:

Die Parteien müssen einander rechtzeitig mitteilen, auf welche tatsächlichen Gründe sie ihre Anträge stützen, welche Beweismittel sie vorlegen und welche rechtlichen Gründe sie geltend machen, damit jede Partei in der Lage ist, ihre Verteidigung vorzubereiten.

Dies ist der Text von Artikel 65 NCPC.

Le juge doit en toutes circonstances faire observer et observer lui-même le principe de la contradiction. Il ne peut retenir dans sa décision les moyens, les explications et les documents invoqués ou produits par les parties que si celles-ci ont été à même d'en débattre contradictoirement. Il ne peut fonder sa décision sur les moyens de droit qu'il a relevés d'office sans avoir au préalable invité les parties à présenter leurs observations.

Die maschinelle Übersetzung lautet:

Der Richter hat in jedem Fall selbst den Grundsatz des Widerspruchs zu beachten und zu beachten. Das Gericht darf die von den Parteien vorgebrachten oder vorgelegten Klagegründe, Erläuterungen und Schriftstücke in seiner Entscheidung nur dann berücksichtigen, wenn die Parteien in der Lage waren, sie kontradiktorisch zu erörtern. Er kann seine Entscheidung nicht auf die von Amts wegen erhobenen Klagegründe stützen, ohne zuvor die Beteiligten zur Stellungnahme aufgefordert zu haben.

Artikel 64 und Artikel 65 Nouveau Code de procédure civile (Zivilprozessordnung) stellen also einen Überrumpelungsschutz dar.

Was darf während der Gerichtsverhandlung beim Friedensgericht erstmalig vorgetragen werden?

Das Friedensgericht hatte in dem Urteil auch darauf hingewiesen, dass in einem beschränkten Umfang während der Gerichtsverhandlung Neues vorgetragen und vorgelegt werden darf. Es listete in seinem Urteil die folgenden Ausnahmen auf.

- Öffentlich zugängliche Unterlagen wie Zeitungsartikel, Gesetzesvorhaben etc.
- Kleine Tabellen und kleine Berechnungen, in denen der bisherige Sachverhalt zusammengefasst wird
- Neue, kurze Argumentationsschriften

Sie können von diesen Ausnahmen aber nur dann Gebrauch machen, wenn Sie während der Gerichtsverhandlung diese neuen Argumente mündlich vortragen und der Gegenpartei eine Kopie der neuen Argumente übergeben.

Nicht verstanden hatte ich, ob es zulässig ist, dass man erst in der Gerichtsverhandlung z. B. auf bestimmte Artikel des Mietgesetzes verweist, auf die man sich stützen will. Dafür spricht, dass das Mietgesetz und andere Gesetze im Internet veröffentlicht sind und daher für jeden zugänglich sind. Falsl ja, würde das bedeuten, dass neue rechtliche Ausführungen während der Gerichtsverhandlung zulässig sind. Nicht neue Anträge, aber neue rechtliche Argumente. Fraglich ist auch, wenn Sie erst kurz vor der Gerichtsverhandlung ein aus Ihrer Sicht passendes Gerichtsurteil finden und erst bei der Gerichtsverhandlung darauf verweisen, ob dies noch zulässig ist.

> Fragen Sie Ihren Rechtsanwalt, inwieweit Sie bei der Gerichtsverhandlung bisher nicht erwähnte Gesetzestexte und Gerichtsurteile vortragen dürfen.

Wäre es erlaubt, während der Gerichtsverhandlung auf bisher unbekannte Tatsachen aufmerksam machen und/oder neue Dokumente als Beweis zur Überraschung der Gegenpartei vorlegen, könnten Sie von dem Vermieter überrumpelt werden. Der Überrumpelungsschutz schützt also nicht nur den Vermieter, sondern auch den Mieter.

Da ist es dann in der Abwägung das kleinere Übel, wenn Leute wie Vincent alle Zeit der Welt haben, in der Gegenklage Lügen zu konstruieren.

<u>Nicht auf jede Lüge reagieren</u>

Einer der Gegenklagen von Vincent bestand fast nur aus Lügen und dem Textbaustein 1 und den Textbaustein 2.Es wäre sehr viel Arbeit für mich gewesen, auf jede Lüge von Vincent einzugehen, um diese zu widerlegen.

Folglich durchschlug ich den gordischen Knoten, indem ich die Gegenklage in Word einscannte, die Lügen en bloc in Word durchstrich und die durchgestrichenen Texte dem Friedensgericht als seitenlangen Anhang in meiner Erwiderung zur Gegenklage präsentierte. Damit war jede Lüge von Vincent bestritten.

Zudem kann die Widerlegung von Lügen richtig teuer für Sie werden, wenn Sie mit ihrem Rechtsanwalt einen Stundensatz vereinbart haben. Je mehr die Gegenpartei lügt, umso mehr Lügen müssen widerlegt werden. Umso höher der zeitliche Aufwand für Ihren Rechtsanwalt. Mit anderen Worten: Durch eine Vielzahl von Lügen kann die Gegenpartei ihre Rechtsanwaltskosten in die Höhe treiben. Dabei ist zunächst unklar, ob Sie Ihre gesamten Rechtsanwaltskosten auf die Gegenpartei abwälzen können. Zudem kann es sein, dass das Friedensgericht die von Ihnen widerlegte Lüge nicht für entscheidungsrelevant hält. Das bedeutet, dass die von Ihnen oder Ihrem Rechtsanwalt widerlegte Lüge keinen Einfluss auf das Urteil des Friedensgerichts hatte.

Erstmals in der Gerichtsverhandlung vorgetragene Lügen abwehren

Natürlich können Sie in der Gerichtsverhandlung auch noch Lügen abwehren. Aber Sie müssen damit rechnen, dass Sie vor dem Friedensgericht nervös sind und Sie daher nicht so improvisieren können, wie Sie das von sich selber erwarten. Da Sie in der Gerichtsverhandlung weniger Zeit haben als daheim beim Verfassen eines Schriftsatzes, sind Sie schnell in der Situation, dass Sie vor dem Friedensgericht improvisieren müssen.

Daher werden Sie in der Gerichtsverhandlung wohl eher Lügen bestreiten als diese zu wiederlegen. Eigentlich überflüssig zu erwähnen, dass zwischen dem Bestreiten einer Lüge und dem Widerlegen einer Lüge ein qualitativer Unterschied besteht. Aber nicht immer können alle Lügen widerlegt werden. Nicht alle Lügen haben daher kurze Beine.

Jede Lüge müssen Sie zumindest bestreiten. Wenn Sie das nicht machen, wandert die unbestrittene Lüge in den Sachverhalt des Urteils. Denn das Friedensgericht ist nicht verpflichtet, jede Behauptung dreimal umzudrehen und zu schauen, welche Wahrheit darunterliegt. Bei Strafprozessen kann das Gericht auch dann einen Sachverhalt untersuchen, ohne dass diesbezüglich ein Antrag von einer der beiden Parteien gestellt worden ist.

Bestreiten Sie also während der Gerichtsverhandlung den Inhalt dieser Lügen einfach und weisen Sie zudem die neuen Lügen als verspätetes Vorbringen zurück. Das Friedensgericht darf dann diese Lügen nicht bei seiner Urteilsfindung berücksichtigen.

Hatte der Gutachter das Friedensgericht angelogen?

Gustave erschien nicht vor dem Friedensgericht und reichte beim Friedensgericht auch keinen Schriftsatz ein. Auch nicht dann, als es um seine mögliche Auswechslung ging. Die Gegenklage von Vincent, in der er Gustave unterstützte, hatte Gustave nicht unterschrieben. Folglich hatte Gustave das Friedensgericht nicht angelogen.

Vincent log dafür zu Gunsten von Gustave. Das wäre für Gustave von Vorteil, falls es in Luxemburg eine ähnliche Rechtsmeinung vertreten wird, wie die vom Oberlandesgericht Brandenburg in seinem Beschluss vom 04.05.2020 - 12 W 31/19.

Bereits der durch die von ihm verwendeten Formulierungen verursachte Anschein von Parteilichkeit macht das Gutachten des Sachverständigen unbrauchbar, auch wenn es sachlich ohne Mängel ist. Der Sachverständige verliert dann seinen Vergütungsanspruch.

Vielleicht war das der Grund gewesen, warum die Gegenklage von Vincent eine Verteidigungsschrift für Gustave war, in der Vincent zu Gunsten von Gustave log?

Lügen des Vermieters auf andere Art und Weise verhindern

Es lässt sich also nicht verhindern, dass Lügen in einer Gegenklage auftauchen und Sie sich damit beschäftigen müssen.

Es gibt aber die Möglichkeit, die Anzahl der Lügen zu reduzieren bzw. zu behindern. Da die Hemmschwelle für schriftliche Lügen höher ist als für mündliche Lügen.

Lange vor der Einreichung meiner ersten Klage beschloss ich, mit Vincent nicht mehr zu telefonieren. Schließlich hätte ich in der Regel den Inhalt des Telefonates mit Vincent nicht beweisen können. Die Telefonate mit Vincent heimlich aufnehmen, wollte ich nicht, da dies wahrscheinlich illegal gewesen wäre und somit die Aufnahmen beim Friedensgericht nicht verwertbar gewesen wären.

Wenn es irgendeinen Grund gab, Vincent zu kontaktieren, rief ich also nicht mehr an, sondern schrieb ihm eine E-Mail.

Etwas schwieriger, aber doch leichter umsetzbar, als ich gedacht hatte, war es zu verhindern, dass Vincent mich anrief.

Bei meinem Smartphone konnte ich mit einigen Klicks die Festnetznummer und die Handynummer von Vincent selber sperren. Das ging bei meinem Festnetztelefon nicht. Auf gut Glück rief ich die Post Telecom an und fragte, ob es möglich sei, ob die Post Telecom meine Festnetznummer so einstellen kann, dass diese für 2 bestimmte Telefonnummern nicht mehr erreichbar ist. Das war überhaupt kein Problem. Ich diktierte dem Mitarbeiter der Post Telecom die Festnetznummer und die Handynummer von Vincent. Damit war die Angelegenheit erledigt. Ein schriftlicher Antrag mit Begründung war nicht notwendig und Gebühren für die Sperrung der beiden Telefonnummern von Vincent fielen auch nicht an. Ein toller, unbürokratischer Service. Fortan war ich gegen weitere Lügen von Vincent etwas geschützt. Auch für Stalking-Opfer ist dieser Service der Post Telekom sehr brauchbar.

Einige der leeren Versprechungen von Vincent sind gute Beispiele für die Wertlosigkeit von mündlichen Zusagen, auch wenn diese Zusagen nicht telefonisch abgegeben worden waren.

Nachdem ich die Mietkaution von Vincent erhalten hatte und alle Gerichtsverfahren mit Vincent erledigt waren, stellte die E-Mail-Adresse von Vincent auf Spam. Ich wusste zwar nicht. aus welchem Grund Vincent mir noch mal ein E-Mail schicken sollte, aber so war ich sicher, dass sein E-Mail automatisch gelöscht wird. Ich wollte mit Vincent nichts mehr zu tun haben.

Verfahrensspielchen des Vermieters beim Friedensgericht

Mit Verfahrensspielchen versucht die eine Partei die Gegenpartei zu irritieren und die Wahrnehmung der Rechte der Gegenpartei zu erschweren. In gewisser Weise sind das natürlich auch Psychospielchen. Diese Verfahrensspielchen dienen also weder dem Rechtsfrieden noch der Gerechtigkeitsfindung. Eine Mietstreitigkeit vor dem Friedensgericht ist zudem kein Geschicklichkeitswettbewerb, bei dem die Partei gewinnen soll, die Verfahrensspielchen besser beherrscht.

Da der Rechtsanwalt von Vincent beauftragt worden war, rechne ich die Verfahrensspielchen Vincent zu. Zumal Vincent als Auftraggeber die Verfahrensspielchen hätte verhindern können.

Die 7-Tage-Regel des Friedensgerichts

3 verschiedene Gerichtsschreiber (greffiers) hatten mich darauf hingewiesen, dass ich Schriftsätze mindestens 7 Tage vor der Gerichtsverhandlung einzureichen habe. Die Gründe dafür liegen auf der Hand. Das Friedensgericht hat genügend Zeit, den Schriftsatz an die andere Partei weiterzuleiten und der anderen Partei verbleiben ein paar Tage, um sich mit diesem (neuen) Schriftsatz auseinanderzusetzen. Die 3 Gerichtsschreiberei versicherten mir, dass diese Regel auch für die Gegenpartei, also für alle Parteien gilt. Dabei spielen Artikel 64 und Artikel 65 Nouveau Code de procédure civile (Zivilprozessordnung) wahrscheinlich eine Rolle. Die Texte von Artikel 64 und Artikel 65 Nouveau Code de procédure civile finden sie in dem Kapitel „Den Lügen in den Gegenklagen den Weg abschneiden".

Einen Artikel im Nouveau Code de procédure civile (Zivilprozessordnung), der die 7-Tage-Frist explizit erwähnt, habe ich nicht gefunden. Aber das Friedensgericht wird auf Grund seiner Erfahrung wohl am besten wissen, welche Einreichungsfrist, unter Berücksichtigung seiner organisatorischen Kapazitäten, für die Gegenpartei zumutbar ist.

Zudem sich diese Frist von 7 Tagen in etwa mit der Mindestfrist von 8 Tagen deckt, die das Friedensgericht bei der Ladung von Parteien zu beachten hat (Artikel 49 Absatz 3 NCPC). Mit anderen Worten: Das Friedensgericht ist verpflichtet, die Parteien mindestens 8 Tage vor der mündlichen Verhandlung über Tag, Uhrzeit und den Ort (Saal) der Gerichtsverhandlung zu informieren.

Bei der ersten Gerichtsverhandlung hatte ich gerade 2 Sätze vorgetragen, als der Anwalt von Vincent mir 2 Gegenklagen von Vincent mit insgesamt 16 Seiten in französischer Sprache übergeben und aufdrängen wollte. Ich verweigerte die Annahme dieser beiden Gegenklagen und stellte einen Antrag auf Vertagung der Gerichtsverhandlung. Diesem Antrag gab das Friedensgericht statt, da ich nicht genügend Zeit hatte, mich mit den Gegenklagen zu beschäftigen. Da dem Antrag auf

Vertagung stattgegeben wurde, waren der Anwalt von Vincent und ich zur Gerichtsverhandlung vergeblich angereist. Außerdem hatten der Anwalt von Vincent und ich über eine Stunde sinnlos im Gerichtssaal gewartet, bis das Friedensgericht die Streitsache mit Vincent aufrief. Der Unterschied ist aber, dass dem Anwalt von Vincent – im Gegensatz zu mir – die Reisekosten und die Wartezeit bezahlt werden. Nach dem Verlassen des Gerichtsgebäudes ließ ich mir die beiden Gegenklagen von Vincents Anwalt aushändigen. Ich führ nach Hause und fand Vincent vor dem Haus vor. Er grinste mich breit an. Da wusste ich, dass Vincent noch nicht darüber informiert worden war, dass ich einen Vertagungsantrag gestellt hatte.

Auch bei der dritten Gegenklage hielt Vincent die 7-Tage-Regel des Friedensgerichts nicht ein, obwohl ich mich beim Friedensgericht darüber beschwert hatte, dass bei den ersten beiden Gegenklagen, die 7-Tage-Regel des Friedensgerichts nicht eingehalten worden war. 2 Tage vor dem Verhandlungstermin hatte ich immer noch nicht die dritte Gegenklage von Vincent erhalten. Ich schrieb daher den Anwalt von Vincent an und bat ihn, mir die Gegenklage per E-Mail zu übersenden. Er schickte mir daraufhin die Gegenklage als PDF-Datei, sodass ich noch circa 1,5 Tage bis zur Gerichtsverhandlung Zeit hatte, um die Gegenklage in die deutsche Sprache zu übersetzen und diese dann zu prüfen.

Reformvorschlag

Hier besteht Reformbedarf, da dem Friedensgericht die Hände gebunden waren. Dass das Friedensgericht meinem Vertagungsantrag stattgegeben hatte, ist keine Sanktion für den Anwalt von Vincent, da er seine Arbeitszeit bezahlt bekommt. Für Vincent fühlte sich dies auch nicht als Sanktion an, da er in seinen Gegenklagen immer davon ausging, dass ich letztendlich seinen Rechtsanwalt bezahle.

Man könnte in den Nouveau Code de procédure civile den folgenden Passus aufnehmen.

Übermittelt die eine Partei der anderen Partei am Tag der Gerichtsverhandlung einen Schriftsatz, gilt dieser Schriftsatz als nicht existent. Die empfangende Partei muss sich nicht auf die Möglichkeit eines Vertagungsantrages verweisen lassen. Reicht eine Partei unter Verletzung der 7-Tage-Regel beim Friedensgericht so kurzfristig einen Schriftsatz ein, dass das Friedensgericht der Gegenpartei den Schriftsatz nicht mehr 5 Tage vor dem Termin der Gerichtsverhandlung zustellen kann, gilt dieser Schriftsatz als nicht existent.

Dieser Passus dient auch dem Friedensgericht, da es dann weniger oft Verhandlungstermine verschieben muss, auf die es sich vorbereitet hatte. Der Anwalt der übergebenden Partei wäre dadurch nicht belastet, da es ihm zumutbar ist, sich besser zu organisieren. Jeder Bierfahrer kann und muss Termine einhalten. Dann kann man das von einem Rechtsanwalt auch verlangen. Zudem verbleibt dem Anwalt - im Gegensatz zum Bierfahrer – noch grundsätzlich die Möglichkeit, rechtzeitig einen Vertagungsantrag zu stellen.

Regeln ohne Sanktionsmöglichkeit, wie die 7-Tage-Regel des Friedensgerichts, werden von Leuten wie Vincent nicht beachtet.

Das Datum der Gegenklagen

Sollten Gegenklagen ein Datum haben? Falls ja, welches?

Trick 50 vom Vermieter Vincent:
Die ersten 3 Gegenklagen hatten kein Datum.

Stellen Sie sich mal vor, der Anwalt von Vincent hätte mir kurz vor der Gerichtsverhandlung in einer unbeobachteten Ecke des Gerichtsgebäudes die beiden Gegenklagen von Vincent übergeben. Ich hätte nicht beweisen können, dass ich die beiden Gegenklagen erst kurz vor der Gerichtsverhandlung erhalten hatte. Zudem wäre es mir gar nicht aufgefallen, dass die beiden Gegenklagen ein Datum haben, da ich irrtümlich davon ausgegangen wäre, dass es eine Rechtspflicht gibt, Gegenklagen mit einem Datum zu versehen.

Zudem ist bei einer Gegenklage ohne Datumsangabe nicht so offensichtlich, dass die 7-Tage-Regel des Friedensgerichts nicht eingehalten worden ist.

Erst als ich das Friedensgericht über dieses Verfahrensspielchen informiert hatte, waren die Gegenklagen mit dem Datum der Gerichtsverhandlung versehen. Wann die Gegenklagen unterschrieben worden waren oder wann Sie an das Friedensgericht übersendet worden waren, blieb nach wie vor unklar.

Reformvorschlag

Das Datum der drei ersten Gegenklagen kenne ich bis heute noch nicht. Ich kenne bei den ersten beiden Gegenklagen nur das Datum der Übergabe an mich. Als ich dann in einer Erwiderung auf die beiden Gegenklage Bezug nahm, musste ich immer schreiben:

„bezugnehmend auf die Gegenklage, die ich am [Datum] nach dem Verlassen des Gerichtsgebäudes erhalten hatte,…."

Als ich dann in einer Erwiderung auf die dritte Gegenklage Bezug nahm, schrieb ich:

„bezugnehmend auf die Gegenklage, die ich am [Datum] per E-Mail erhalten hatte,…."

Hier wurden also unnötige Beweis- und Formulierungsprobleme konstruiert, die keinen Sinn ergeben.

Daher könnte man in den Nouveau Code de procédure civile den folgenden Passus integrieren.

Beim Friedensgericht eingereichte Schriftsätze oder der Gegenpartei übermittelte Schriftsätze sind mit einem Datum und einer Unterschrift zu versehen. Als Datum ist der Tag zu nennen, an dem der Schriftsatz fertiggestellt worden ist. Fehlt das Datum, gilt dieser Schriftsatz, unabhängig davon, ob er unterschrieben oder nicht unterschrieben ist, als nicht existent. Hat der Schriftsatz ein Datum, aber keine Unterschrift, gilt dieser Schriftsatz als nicht existent.

Ich halte diesen Passus für zumutbar, da ein Datum und eine Unterschrift unter ein Schreiben üblich sind, weil es die allgemeine Höflichkeit gebietet. Im Übrigen könnte man daran denken, dass das Friedensgericht nach dem Empfang eines Schriftsatzes den Absender auf die fehlende Unterschrift oder das fehlende Datum mit einem Textbaustein auf die Konsequenzen dieser Formfehler hinweist. Dafür braucht es keinen offiziellen, gerichtlichen Beschlusses. Den Hinweis kann auch der Gerichtsschreiber mit Verweis auf den Gesetzestext verwenden. Bei dem von mir vorgeschlagenen Passus dürften diese Fälle ohnehin wegen der strengen Sanktion sehr selten vorkommen.

Vertagungsanträge beim Friedensgericht

Es gibt natürlich Konstellationen, bei denen es legitim ist, Vertagungsanträge beim Friedensgericht zu stellen.

Trick 51 vom Vermieter Vincent:
Vincent beauftragte seinen Rechtsanwalt, kurzfristig Anträge auf Vertagung des Verhandlungstermins zu stellen.

Mehrmals stellte der Rechtsanwalt vor den angesetzten Verhandlungsterminen einen Antrag auf Vertagung, und zwar so kurzfristig, dass das Friedensgericht gar keine Chance hatte, mich noch rechtzeitig per Brief über die Vertagung zu informieren. Ziel von Vincent war es also, dass ich vergeblich zur Gerichtsverhandlung anreiste, auf die mich gut vorbereitet hatte, um dann im Gerichtssaal zu erfahren, dass der Verhandlungstermin verschoben worden ist. Es liegt auf der Hand, dass ich dann in solchen Fall, wie von Vincent beabsichtigt, frustriert nach Hause gefahren wäre.

Der Vertagungsantrag musste von Vincents Rechtsanwalt noch nicht mal begründet werden. Mein Einspruch gegen einen Antrag auf Vertagung verpuffte. Mein Einspruch wurde noch nicht mal mit mir diskutiert.

Bei der Vertagung der ersten Gerichtsverhandlung hatte ich Glück. Da Vincent bisher nicht auf meine Klage reagiert hatte und sogar unklar war, ob Vincent einen Rechtsanwalt beauftragt hatte, rief ich beim Friedensgericht am Tag vor ersten Verhandlung an und wies auf die eben genannten Umstände hin. Daraufhin erfuhr ich, dass die Verhandlung vertagt worden sei und dass man mir den neuen Verhandlungstermin schriftlich mitteilen würde. Fortan, schrieb ich das Friedensgericht immer am Vortag des Verhandlungstermins an, um zu erfahren, ob der Verhandlungstermin wie geplant stattfindet oder vertagt worden ist. Das kann aber keine Lösung sein. Das kann noch nicht mal eine Lösung für das Friedensgericht sein, dem hier anscheinend die Hände gebunden sind.

Reformvorschlag

Damit das Friedensgericht und der Mieter vor einem Missbrauch von Vertagungsanträgen besser geschützt sind, könnte man den folgenden Passus in den Nouveau Code de procédure civile aufnehmen.

Ein Antrag auf Vertagung einer Gerichtsverhandlung eine Mietstreitigkeit betreffend, ist für das Friedensgericht schriftlich zu begründen. Es sei denn, der Vertagungsantrag geht beim Gericht innerhalb von 5 Tagen nach Zustellung der Ladung (Convocation) ein. Einem schriftlich begründeten Antrag auf Vertagung kann nur stattgeben werden, wenn ein erheblicher Grund für die Vertagung vorliegt. Wird eine Vertagung wegen Krankheit beantragt, ist dem Gericht in der Regel ein ärztliches Attest zu übermitteln. Bei einer Anwaltssozietät ist ein erheblicher Grund vorzubringen, warum nicht ein Sozius einspringen kann.

Kein erheblicher Grund liegt vor:

Wenn ein Rechtsanwalt pauschal auf seine Arbeitsüberlastung hinweist.

Wenn der Rechtsanwalt so spät von seinem Mandanten beauftragt worden ist, dass der Rechtsanwalt sich nicht ausreichend auf den Verhandlungstermin vorbereiten kann.

Über die Vertagung einer Verhandlung entscheidet das Friedensgericht per Beschluss. Bei der Entscheidung, ob eine Verzögerungsabsicht vorliegt, ist das vorausgegangene Prozessverhalten der Partei oder ihres Prozessbevollmächtigten zu berücksichtigen. Die Entscheidung ist kurz zu begründen. Der Beschluss des Friedensgerichts ist unanfechtbar.

Man wird dann sehen, ob sich auch zu Gunsten des Friedensgerichts, die Anzahl der Vertagungsanträge reduziert. Und somit Mietrechtsstreitigkeiten nicht mehr so oft verschleppt werden. Zwischen dem Zugang der Ladung (Convocation) des Friedensgerichts und dem Verhandlungstermin war immer genügend Zeit gewesen, sich in Ruhe auf die Gerichtsverhandlung vorzubereiten.

Beauftragt eine Partei den Rechtsanwalt zu spät, verbleibt dieser Partei immer noch die Möglichkeit, ohne Anwalt ihre Rechte wahrzunehmen. Schließlich besteht für Mietstreitigkeiten beim Friedensgericht kein Anwaltszwang.

Der Missbrauch mit der Sprachenauswahl

Beim Friedensgericht sind 3 Sprachen zugelassen. Französisch, Deutsch und Luxemburgisch.

Trick 52 vom Vermieter Vincent:

Vincent wusste, dass ich kein Französisch kann. Daher hatte Vincent seinen Rechtsanwalt angewiesen, sämtliche Schriftsätze in französischer Sprache zu verfassen und beim Friedensgericht in französischer Sprache vorzutragen.

Der Rechtsanwalt von Vincent konnte fließend und akzentfrei Deutsch sprechen. Er war also nicht darauf angewiesen, die französische Sprache zu benutzen.

Um diesen Missbrauch noch besser zu verdeutlichen: Wenn die Gegenpartei von Vincent nur die französische Sprache beherrscht, müsste Vincent konsequenterweise und entsprechend seinem Charakter, seinen Rechtsanwalt beauftragen, sämtliche Schriftsätze in deutscher Sprache zu verfassen und beim Friedensgericht nur in deutscher Sprache vorzutragen

Trick 53 vom Vermieter Vincent:

Der Rechtsanwalt von Vincent wies während der Gerichtsverhandlung daraufhin, dass der Mietvertrag in französischer Sprache sei. Und dass deshalb die Verwendung der französischen Sprache nicht beanstandet werden kann.

Dabei wurde verschwiegen, dass der Mietvertrag nur deswegen in französischer Sprache war, weil die Immobilienmaklerin von Vincent damals keinen Mietvertrag mit deutscher Sprache zur Verfügung hatte.

Die gesamte Korrespondenz (E-Mails) mit Vincent fand übrigens in deutscher Sprache statt. Auch die Vermietungsanzeige war in deutscher Sprache verfasst worden.

> Fragen Sie den Immobilienmakler, in welchen Sprachen er den Mietvertrag anbieten kann. Diese Frage steht Ihnen zu, da Sie als Mieter in der Regel den Immobilienmakler bezahlen und nicht der Vermieter.

Obwohl Vincent versuchte mich bei allen gerichtlichen Auseinandersetzungen in die französische Sprache abzudrängen, konnte er nicht verhindern, dass ich deutschsprachige Urteile vom Friedensgericht erhielt.

Trick 54 vom Vermieter Vincent:
Vincent suchte sich dann einen Nachmieter aus, der keine der beim Friedensgericht zugelassenen Gerichtssprachen versteht.

Wenn dann mein Nachmieter sich an das Friedensgericht wenden will, müsste mein Nachmieter einen Rechtsanwalt beauftragen, da er selber nicht vor Gericht vortragen kann. Somit wird dann faktisch aus einem Verfahren ohne Anwaltszwang wegen der Sprachbarriere ein Verfahren mit Anwaltszwang. Mein Nachmieter müsste dann im Zweifelsfall nicht nur die Kosten für den gegnerischen Anwalt, sondern auch die Kosten für seinen Anwalt tragen.

Reformvorschlag
Das Friedensgericht hatte schon versucht, den in französischer Sprache gehaltenen Vortrag des Rechtsanwalts von Vincent zusammengefasst in die deutsche Sprache zu übersetzen. Da dies aber nur eine Hilfskrücke sein kann, besteht Reformbedarf.

Die Partei, die als erstes einen Schriftsatz beim Friedensgericht einreicht, hat mit ihrem Schriftsatz eine der 3 zulässigen Gerichtssprachen ausgewählt. Widerspricht die zweite Partei nicht, ist dann diese Gerichtssprache die Sprache für das betreffende Verfahren. Bevorzugt die zweite Partei eine andere Gerichtssprache kann sie dies beim Friedensgericht vor dem ersten Verhandlungstermin beantragen und begründen. Lehnt die erste Partei die von der zweiten Partei ausgewählte Gerichtssprache ab, hat die erste Partei diese Ablehnung vor der ersten Verhandlung zu begründen.

Das Friedensgericht entscheidet dann vor der ersten Verhandlung über die Gerichtssprache. Lehnt ein Rechtsanwalt eine Gerichtssprache ab, obwohl er laut seinem Profil im Internet diese Sprache beherrscht, ist sein Antrag abzulehnen. Kann man sich auf eine Gerichtssprache einigen, muss sich dann das Friedensgericht nicht mehr mit dieser Angelegenheit befassen.

Eine andere Möglichkeit wäre es, dass eine gesetzliche Verpflichtung besteht, die Gerichtssprache im Mietvertrag zu bestimmen. Kann man sich mit dem Vermieter nicht auf eine der beim Friedensgericht zugelassenen Gerichtssprachen nicht einigen, sollte man trotz der allgemeinen Wohnungsnot in Luxemburg den Mietvertrag nicht unterschreiben.

Auf die Möglichkeiten der maschinellen Übersetzung (siehe Kapitel „Quellen für maschinelle Übersetzungen") würde ich nicht setzen. Der Übersetzungsaufwand ist zu groß. Zudem ist eine maschinelle Übersetzung zu ungenau und zu fehlerhaft. Beherrschen Sie keine der 3 Gerichtssprachen und tragen Sie beim Friedensgericht einen maschinell übersetzten Text in einer der 3 Gerichtssprachen vor, kann es ihnen passieren, dass Sie vom Friedensgericht nicht verstanden werden, weil sie die Aussprache nicht beherrschen. Ferner verstehen Sie nicht, was das Friedensgericht zu Ihnen sagt.

Ferner verweise ich im Zusammenhang mit meinem Reformvorschlag auf Artikel 6 Absatz der Europäischen Menschenrechtskonvention (MRK).

3) Jede angeklagte Person hat mindestens folgende Rechte:

a)   innerhalb möglichst kurzer Frist in einer ihr verständlichen Sprache in allen Einzelheiten über Art und Grund der gegen sie erhobenen Beschuldigung unterrichtet zu werden;

Die Überschrift von Artikel 6 MRK lautet: „Recht auf ein faires Verfahren". Aber an fairen Gerichtsverfahren war Vincent, entsprechend seinem Charakter, mit seinen Verfahrensspielchen nicht interessiert.

Bei allen hier genannten Verfahrensspielchen sind dem Friedensgericht die Hände gebunden. Daher ist es gezwungen, diese Verfahrensspielchen zu tolerieren. Ich erwähne es gerne nochmal: Alle diese Verfahrensspielchen leisten keinen Beitrag zum Rechtsfriedens oder zur Gerechtigkeitsfindung. Sie sind daher unnötig wie ein Kropf.

Psychospielchen des Vermieters

Da ich nicht jede Lüge von Vincent als Psychospielchen bewerte und nicht jedes Psychospielchen auf einer Lüge basierte, fasse ich die Psychospielchen von Vincent hier kurz zusammen. Warum betrieb Vincent Psychospielchen? Um mich psychisch unter Druck zu setzen. Dafür, dass ich ihn verklagte, sollte ich leiden.

Trick 55 vom Vermieter Vincent:

Vincent beauftragte seinen Rechtsanwalt mir so oft wie möglich zu schreiben. Da wurde hier und da noch eine Unterlage von dem Anwalt von Vincent nachgereicht oder es wurde mit unter anderen Vorwänden Post von dem Rechtsanwalt von Vincent nachträglich übersendet.

Das schüchterte mich zwar nicht ein, aber es war mir unangenehm, denn ich bin es nicht gewohnt (ständig) Post von einem Rechtsanwalt zu erhalten. Außerdem fragte ich mich, was denn das für einen Eindruck bei dem Briefträger machte, der mich persönlich kannte, wenn er ständig DIN A4 Umschläge in meinem Briefkasten von einem Rechtsanwalt einwerfen muss.

Zudem gab es jedes Schreiben doppelt: Einmal als einfacher Brief und einmal als Einschreiben mit Rückschein. Da es jedes Schreiben doppelt gab und ich fast nie daheim war, als mir der Postbote das Einschreiben mit Rückschein übergeben wollte, blieben die Einschreiben mit Rückschein bei der Poststelle liegen. Denn ich holte die Einschreiben mit Rückschein nicht ab, da ich bereits den Schriftsatz des Rechtsanwaltes als einfachen Brief im Briefkasten vorgefunden hatte.

Jedes Mal wenn ich einen einfachen Brief von Vincents Rechtsanwalt erhalten hatte, schickte ich ihm noch am gleichen Tag ein Fax, in dem ich ihm den Erhalt seines Schriftsatzes bestätigte und gleichzeitig versicherte, dass ich ihm auch den Erhalt weiterer Schriftsätze per Fax bestätigen würde. So dass er sich die Ausgaben für das Einschreiben mit Rückschein sparen könne.

Dennoch wurde dieses Procedere weiter stur durchgeführt. Überschlägig berechnet hatte das Vincent bis zur ersten Gerichtsverhandlung über 100 Euro Porto gekostet.

Das war Vincent also über 100 Euro wert, zu versuchen, mich auf diese Art und Weise einzuschüchtern. Wo er doch sonst so geizig ist.

Erst nachdem ich das Friedensgericht darauf hingewiesen hatte, dass ich hier ständig Post von Vincents Rechtsanwalt erhalten hatte und gleichzeitig dem Rechtsanwalt mündlich klargemacht hatte, dass ich mich auf diese Art und Weise nicht einschüchtern lasse, normalisierte sich die Frequenz der Schreiben des Rechtsanwaltes von Vincent.

Die im Folgenden aufgelisteten Psychospielchen habe ich bereits detailliert erklärt.

- Eine über 40-tägige Instandhaltungsmaßnahme androhen.
- Die mir gegenüber erklärte Absicht, das Haus in absehbarer Zeit zu verkaufen.
- Die Behauptung, dass der Mietvertrag nach 3 Jahren zu jeder Zeit kündbar sei.
- Verleumderische Dokumente tauchen nach Monaten auf einmal als Anlage zu einer Gegenklage auf.
- Dass Vincent in jeder seiner Gegenklagen von mir 2.000 Euro Schadensersatz forderte, weil meine Klage angeblich rechtsmissbräuchlich und schikanös sei. Damit wollte Vincent mich auch von weiteren Klagen abhalten.

In gewisser Wiese tat mir der Rechtsanwalt von Vincent leid. Die Ausbildung zum Rechtsanwalt ist langwierig und anspruchsvoll. Statt sich darauf konzentrieren zu können, Vincent juristisch zu verteidigen, musste er sich noch zusätzlich für Psychospielchen und Verfahrensspielchen hergeben. Ob er das wohl, genauso wie ich, als entwürdigend empfand?

Die Rechtsanwaltskosten des Vermieters

Laut der folgenden Quelle kostet die Erstberatung durch einen Rechtsanwalt in Deutschland bei einem Mietstreit zwischen 80 und 190 Euro zuzüglich Umsatzsteuer.

- Siehe: https://www.advogarant.de/rechtsanwalt/gebiete/rechtsanwalt-fuer-mietrecht--pachtrecht/allgemein/anwaltskosten-im-mietrecht

Was ich von mehreren zuverlässigen Quellen weiß, dass ein Rechtsanwalt, der in Luxemburg gegen die Kündigung eines Arbeitsverhältnisses klagt, 270 EUR bis 300 EUR pro Stunde nicht nur verlangen kann, sondern diesen Stundensatz auch tatsächlich erhält. Vincent verlangte pro Gegenklage 3.500 EUR (1.500 plus 2.000) Schadensersatz. Daher vermute ich, dass eine Erstberatung für einen Mietstreit durch einen Rechtsanwalt in Luxemburg im Durchschnitt teurer ist als eine Erstberatung durch einen Rechtsanwalt in Deutschland.

Wie bereits erwähnt, ist einer der Schwachpunkte von Artikel 240 Nouveau Code de procédure civile, dass der Antragsteller seine Rechtsanwaltskosten nicht offenlegen muss. Wenn also die Rechtsanwaltskosten unter dem Betrag liegen, der einem als Schadensersatz nach Artikel 240 Nouveau Code de procédure civile zugesprochen wird, hat man mit einer Klage oder einer Gegenklage Geld verdient. Die Befürworter der möglichen Erzielung eines Gewinnes werden darauf verweisen, dass der so erzielte Mehrertrag lediglich den immateriellen Schaden abdeckt, der durch die Klage oder die Gegenklage verursacht worden ist. Das halte ich für weit hergeholt. Derjenige, der klagt, muss davon überzeugt sein, dass er die Klage gewinnt. Ist jemand von seiner Klage überzeugt, begibt er sich in eine zivilisierte Auseinandersetzung, die ihm ein Rechtsstaat bietet. Für dieses Privileg ist ihm kein Betrag zu gewähren, der über den tatsächlich entstandenen Kosten liegt. Da die Alternative die Ausübung des germanischen Faustrechts wäre. Ist jemand von seiner Klage nicht überzeugt, steht im erst recht kein Schadensersatz für irgendeine Art von immateriellen Schaden zu.

Bei einem Stundensatz von 270 EUR hätte der Rechtsanwalt von Vincent einen Arbeitsaufwand von rund 13 Stunden pro Gegenklage gehabt. Dass Vincent so viel Geld an seinen Rechtsanwalt pro Gegenklage zahlen musste, glaube ich aus den folgenden Gründen nicht.

- Da Vincent nach eigenen Angaben oft klagt, ist es möglich, dass er von seinem Rechtsanwalt einen Mengenrabatt als Stammkunde erhalten hatte. Nach der luxemburgischen Geschäftsordnung für Rechtsanwälte

(Règlement de l'Ordre des avocats du Barreau de Luxembourg du 14 septembre 2016) Art. 2.4.5.3. ist ein Abonnementvertrag (un abonnement entre le mandant et son avocat) möglich.

- Da die Lügen von Vincent ungefiltert in den Sachverhalt (En Fait) der Gegenklagen von seinem Rechtsanwalt übernommen worden waren, halte ich es für möglich, dass Vincent den Sachverhalt ganz oder größtenteils selber zusammengestellt und geschrieben hatte. In diesem Fall hätte Vincent eine Menge Geld gespart. Wenn es möglich ist, dass der Rechtsanwalt sich für die Darstellung des Sachverhalts eine Haftungsfreistellung von Vincent unterschreiben lässt, hätte der Rechtsanwalt die Verantwortung für den Sachverhalt abgewälzt.
- Die Verwendung der Textbausteine, in denen Vincent jedes Mal 3.500 EUR einforderte, war für den Rechtsanwalt von Vincent bestimmt kein nennenswerter Mehraufwand.
- Während der Rechtsanwalt im Gerichtssaal darauf wartet, dass sein Fall verhandelt wird, kann er Akten anderer Fälle lesen.
- Falls es Vincent gelungen war, dass Gustave sich an den Kosten für die Gegenklage bezüglich des Austausches des Gutachters beteiligt, hätte Vincent noch zusätzlich Rechtsanwaltskosten eingespart.

Mit oder ohne diese Einsparmöglichkeiten verblieb Vincent zudem die Möglichkeit, dass er für jede Gegenklage mit seinem Rechtsanwalt einen Pauschbetrag, also einen festen Betrag, vereinbarte.

Ersatz für andere Kosten beim Friedensgericht

Guichet.lu (Guide administratif) nennt die folgenden Kosten.

Kosten fallen erst für Fahrten zu den verschiedenen Gerichtsterminen, für Kopien von Unterlagen sowie für den Versand der Unterlagen per Einschreiben an die gegnerische Partei an.

- Siehe:https://guichet.public.lu/de/citoyens/logement/location/litige/defen se-droits-tribunal-bail-loyer.html

> Fragen Sie Ihren Rechtsanwalt, ob Sie auch noch für andere Kosten z. B. für Parkhausgebühren Ersatz verlangen können.

Schadensersatz für Kopierkosten

Als dass Friedensgericht für meinen Antrag auf Festlegung der Miete 8 identische Versionen verlangt hatte, war mir sofort klar, dass ich in einen Copyshop aufsuchen würde und nicht daheim meinen kleinen Kopierer verwenden würde. Erstens geht das Kopieren im Copyshop schneller. Zweitens wurden im Copyshop die Seiten beim Ausdrucken gleich gelocht. Drittens ist der Farbverbrauch beim Kopieren von Fotos enorm. Ich hatte meinem Antrag zahlreiche Fotos beigelegt, die belegen sollten, dass Teile des Haus schon sehr alt sind und das Haus insgesamt einen unrenovierten Eindruck machte. Ich wollte damit begründen, dass Vincent in sein Haus schon länger nicht mehr investierte hatte und es deshalb wahrscheinlich sei, dass die Berechnung des investierten Kapitals ergeben würde, dass die aktuelle Miete zu hoch sei. Es sollte beim Friedensgericht nicht der Eindruck entstehen, dass ich meinen Antrag nur gestellt hatte, um Vincent zu ärgern.

Kopien von Fotos vom Mietobjekt

Fotos können nicht die gesamte Realität abbilden. Aber es lässt sich anhand von Fotos schon erkennen, ob

- die Küche
- die Jalousien
- die Innentüren
- die Hauseingangstür
- der Heizöltank.
- die Heizkörper
- das Garagentor und dessen Öffnungsmechanismus
- etc.

schon älter sind. Auch Mauerrisse sind geeignete Fotomotive. Eventuell lässt sich auch an dem Farbmuster der Fliesen erkennen, ob diese schon älter sind.

Wichtig ist dabei, dass Sie Objekte zeigen, die größere Investitionen erfordern. Ein veralteter Lichtschalter gehört nicht dazu. Noch wichtiger ist, dass Sie an dem Tag fotografieren, am dem Sie den Vermieter um eine gütliche Einigung gebeten hatten. Sonst besteht die Gefahr, dass der Vermieter die alten Sachen austauscht und/oder Mängel wegrenoviert und Sie nicht beweisen können, dass zum Zeitpunkt der Stellung Ihres Antrags ein Investitionsstau vorhanden war.

Wie Sie erkennen können, ob die Fenster nur eine Einfachverglasung haben, können Sie hier nachlesen:

- https://www.fenster24.de/fenster/fensterverglasung/einfachverglasung/#:
  ~:text=Wie%20erkennt%20man%20eine%20Einfachverglasung,so%20ist%2
  0ein%20Einfachglas%20eingebaut.

Die Kopierkosten nachweisen

Ein weiteres Argument für einen Copyshop ist, dass Sie bei Benutzung ihres kleinen Kopiergerätes daheim, die Kopierkosten nicht beweisen können. Zu behaupten, dass sich wegen der benötigten Kopien Ihre Tonerkartusche zu 87 % entleert hat, ist kein Beweis.

Im Copyshop dagegen ist klar, was eine Kopie kostet. Damit Vincent nicht behaupten konnte, dass der von mir ausgewählte Copyshop zu teuer sei, beauftragte ich einen Copyshop, bei dem eine Kopie nur 5,5 Cent kostete. Da das Friedensgericht 8 identische Versionen verlangte, benötigte ich von jeder Seite 7 Kopien. Erst nach dem Kopiervorgang unterschrieb ich die 8 Versionen, da ich nicht wusste, wie viele der Versionen mit einer Originalunterschrift versehen werden mussten. Sicher ist sicher!

Da mein Antrag auf Festlegung der Miete inklusive Anlagen 80 Seiten umfasste, rechnete ich dem Friedensgericht und der Gegenpartei in meinem Antrag auf Ersatz der Kopierkosten Folgendes vor:

7 Versionen mal 80 Seiten mal 5,5 Cent = 30,8 Euro.

Ich ließ mir dann von dem Copyshop eine Quittung ausstellen, in der mein Name, der Preis pro Kopie der Kopie mit 5,5 Cent, die Anzahl der Kopien mit 560 Seiten und der Gesamtbetrag von 30,8 Euro bestätigt wurden.

Folglich stellte ich beim Friedensgericht einen Antrag auf Ersatz meiner Kopierkosten in Höhe von 30,8 Euro und verwies dabei darauf, dass der durchnummerierte Textteil meines Antrages 20 Seiten umfasste und sich aus dem Anlagenverzeichnis ergab, dass dieses 60 Seiten stark war. Die Quittung des Copyshops legte ich bei.

Da ich nicht wusste, ob für Kopierkosten auch Artikel 240 Nouveau Code de procédure civile die passende Norm ist, ließ ich offen, auf Grund welcher Rechtsnorm ich den Ersatz der Kopierkosten verlangte. Da kein Anwaltszwang bestand, ging ich davon aus, dass ich die passende Rechtsnorm nicht nennen musste und das Friedensgericht schon wissen würde, nach welcher Rechtsnorm es mir den Ersatz der Kopierkosten zuspricht.

Vincent hatte natürlich keine Lust, mir die Kopierkosten zu erstatten.

<u>Trick 56 vom Vermieter Vincent:</u>
Vincent verlangte, dass in der Quittung des Copyshops für jede einzelne der 80 Kopien aufgelistet ist, was genau kopiert worden ist. Zudem hätte der Copyshop bestätigen müssen, dass die 7 kopierten Versionen mit der Originalversion identisch sind.

Der Trick hierbei liegt darin, die Dokumentationspflichten des Copyshops künstlich so hochgeschraubt werden, dass man wohl keinen Copyshop finden wird, der sich die Mühe macht, eine so detaillierte Quittung zu erstellen. Würde das Schule machen, könnte man nie den Ersatz von Kopierkosten verlangen. Einen Ersatz der Kopierkosten für 3 Kopien sollte man nicht verlangen, das wirkt querulantenhaft.

Nehmen wir mal an, dass der Anwalt von Vincent sich nur 10 Minuten mit meinen Kopierkosten beschäftigt hatte. Wie hoch darf dann der Stundensatz von Vincents

Anwalt maximal sein, damit sich die Weigerung von Vincent 30,8 Euro Kopierkosten zu erstatten, noch ökonomisch ist?

Das ist ganz einfach. Denn 30,8 Euro/10 Minuten * 60 Minuten ergibt einen Stundensatz von 184,80 Euro.

Läge bei diesem Beispiel der Stundensatz von Vincents Anwalt über 184,80 Euro, wären die Rechtsanwaltskosten von Vincent höher als meine Kopierkosten in Höhe von 30.80 Euro gewesen.

Da ich mich mit Vincent darauf geeinigt hatte, dass er an mich 750 Euro zahlt, blieb offen, ob mir das Friedensgericht einen Ersatz der Kopierkosten zugesprochen hätte. Die Einigung von Vincent bedeutete auch, dass Vincent auf seinen Anwaltskosten hockenblieb. Damit musste Vincent auch die Arbeitszeit bezahlen, in der sich sein Rechtsanwalt mit meinen 30,80 Euro Kopierkosten abgemüht hatte.

Die Einreichung von Bilddateien (Fotos) beim Friedensgericht

Nicht nur bei dem Verfahren der Festlegung der Miete, sondern auch bei Klagen auf Beseitigung von Mängeln können Fotos vom Mietobjekt eine große Rolle spielen. Mietstreitigkeiten sind geradezu prädestiniert für die Vorlage von Fotos.

Abgesehen von den Kopierkosten haben Papierfotos eine große Schwäche. Es lässt sich anhand der Papierfotos nicht erkennen, wann diese gemacht worden sind. Da muss der Rechtsanwalt des Vermieters nicht sehr ausgebufft sein, wenn er auf diesen Nachteil hinweist.

Theoretisch lässt sich dieses Problem lösen, indem man dem Friedensgericht alle Fotos in elektronischer Form zur Verfügung stellt. Denn in jeder Bilddatei ist bei Dateiinfo oder bei Dateieigenschaft das Aufnahmedatum enthalten. Doch gibt es hier ein Mengenproblem bzw. ein Größenproblem.

Haben Sie z. B. 100 Fotos von dem Mietobjekt mit jeweils 3 MB gemacht, kann das Friedensgericht nicht daran interessiert sein, alle 100 Fotos bzw. 300 MB per E-Mail zu empfangen. Da ist es rücksichtsvoller alle Fotos jeweils einmal auf zwei verschiedene USB-Sticks zu kopieren. Den einen USB-Stick erhält das

Friedensgericht, den anderen USB-Stick bekommt der Vermieter, damit er zu ihren Fotos Stellung beziehen kann. Das hört sich nach einer guten Lösung an, aber eine Anfrage von mir an das Friedensgericht ergab, dass es zurzeit keine gesetzliche Regelung gibt, ob Beweisunterlagen digital eingereicht werden können oder nicht. Daher liegt es im Ermessen des Friedensrichters, ob er digital eingereichte Beweisunterlagen akzeptiert.

Reformvorschlag

Da eine gesetzliche Regelung fehlt, schlage ich Folgendes vor:

Beim Friedensgericht können bei Mietstreitigkeiten zu Beweiszwecken Fotos von dem Mietobjekt auf einem USB-Stick oder auf einer DVD eingereicht werden. Die einreichende Partei hat diese Fotos auch der Gegenpartei zur Verfügung zu stellen. Fotos mit einer Gesamtgröße von nicht mehr als 10 MB können gleichzeitig an das Friedensgericht und an die Gegenpartei per E-Mail eingereicht werden. Soweit keine Einwendungen der Gegenpartei bezüglich des Inhaltes der Fotos zu berücksichtigen sind, hat das Friedensgericht die Fotos in digitaler Form zu akzeptieren.

Ersatz von Gerichtsvollzieherkosten

Guichet.lu (Guide administratif) verweist an der folgenden Stelle darauf, dass Gerichtsvollzieherkosten entstehen können.

- Siehe:https://guichet.public.lu/de/citoyens/citoyennete/voies-recours-reglement-litiges/frais-avocat/frais-proces.html

Auf der Webpage von Chambre des Huissiers de Justice du Grand-Duché de Luxembourg fand ich keine Preistabelle.

Da bei meinen Mietstreitigkeiten bzw. Gerichtsverfahren kein Gerichtsvollzieher eingeschaltet worden war, beende ich hiermit dieses Kapitel.

Wie der Vermieter mit Gegenklagen Geld verdienen wollte

Wie bereits in dem Kapitel „Die Rechtsanwaltskosten des Vermieters" dargelegt, gab es für Vincent mehrere Optionen seine Rechtsanwaltskosten gering zu halten. Wären seine Rechtsanwaltskosten pro Gegenklage (demande reconventionnelle) unter 3.500 EUR gewesen, hätte Vincent mit seinen Gegenklagen Geld verdient, wenn ihm das Friedensgericht bei jeder Gegenklage 3.500 EUR Schadensersatz zugesprochen hätte.

Trick 57 vom Vermieter Vincent:

Vincent provozierte Klagen, um zu versuchen, mit Gegenklagen Geld zu verdienen. Anschließend beauftragte Vincent seinen Rechtsanwalt, auf jede Klage von mir mit einer Gegenklage zu antworten. In jeder dieser Gegenklagen gab es 2 Textbausteine, die dafür sorgen sollten, dass Geld reinkommt.

Für den Inhalt der Textbausteine 1 und 2 rechne ich Vincent zu, da er der Auftraggeber seines Rechtsanwalts war. Zudem hätte er als Auftraggeber die Verwendung der Textbausteine verhindern können.

Textbaustein 1

Einer der Grundsätze des luxemburgischen Mietrechts ist, dass bei einer gerichtlichen Auseinandersetzung jede Partei ihre eigenen Kosten zu tragen hat.

Jede Partei muss ihre gesamten Anwaltskosten alleine tragen, unabhängig davon, ob sie den Prozess gewinnt oder verliert.

- Siehe: https://guichet.public.lu/de/citoyens/citoyennete/voies-recours-reglement-litiges/frais-avocat/frais-proces.html

<u>Trick 58 vom Vermieter Vincent:</u>

Vincent wollte in jeder seiner Gegenklagen 1.500 EUR Schadensersatz von mir für seine Aufwendungen. Soweit ersichtlich, hatte Vincent im Wesentlichen nur Rechtsanwaltskosten.

Bei Mietstreitigkeiten muss nicht notwendigerweise ein Anwalt hinzugezogen werden. Die Kosten des Verfahrens sind sehr begrenzt, falls der Mieter nicht die Dienste eines Anwalts in Anspruch nimmt.

- https://guichet.public.lu/de/citoyens/logement/location/litige/defense-droits-tribunal-bail-loyer.html

Der Grundsatz, dass jede Partei ihre eigenen Rechtsanwaltskosten zu tragen hat, wurde von Vincents Anwalt völlig durchlöchert, weil er in jeder Gegenklage eine Prozesskostenentschädigung von mir in Höhe von 1.500 EUR gemäß Artikel 240 Nouveau Code de procédure civile forderte. Aus welchem Grund sonst hätte Vincent Aufwendungen in Höhe von 1.500 EUR haben können?

Für die Forderung nach Prozesskostenentschädigung wurde von Vincents Anwalt der folgende Textbaustein verwendet.

Condamner le Ex-Locataire à une indemnité de procédure sur base des dispositions de l'article 240 NCPC de 1500 EUR ;"

Die maschinelle Übersetzung lautet:

Den ehemaligen Mieter zu einer Verfahrensentschädigung gemäß Artikel 240 NCPC in Höhe von 1500 EUR zu verurteilen;

Das Friedensgericht nannte diesen Posten in seinen Urteilen Prozesskostenentschädigung.

Wie Sie sehen, ist dieser Textbaustein recht kurz. Mehr war aus Sicht von Vincents Anwalt nicht notwendig. Welche Aufwendungen in Höhe von 1.500 EUR angefallen waren, musste von Vincents Anwalt nicht offengelegt werden.

Weil ich kein Rechtsanwalt bin, kannte ich bis zur ersten Gegenklage von Vincent nicht die Möglichkeit nach Artikel 240 NCPC eine Prozesskostenentschädigung zu fordern. Ich halte das für Unsinn, dass über Artikel 240 NCPC bei Mietrechtsstreitigkeiten der Ersatz von Rechtsanwaltskosten und dann noch ohne Beleg eingefordert werden kann. Schließlich besteht kein Anwaltszwang.

Da aber die Vincent von dieser Möglichkeit Gebrauch machte, forderte ich fortan auch immer pauschal eine Prozesskostenentschädigung von Vincent, obwohl ich keine Rechtsanwaltskosten hatte. In einem Fall erhielt ich 90 Euro Prozesskostenentschädigung vom Friedensgericht. Den Betrag von 90 Euro hatte das Friedensgericht geschätzt.

> Sie können beim Friedensgericht auch dann eine Prozesskostenentschädigung geltend machen, wenn Sie den Prozess ohne Anwalt führen.

Ich hatte meinen Antrag auf Prozesskostenentschädigung damit begründet, dass für mich der Arbeitsaufwand noch größer ist als bei einem Rechtsanwalt, da ich eben kein Rechtsanwalt bin und daher mehr Zeit brauche, um meine Rechtsposition dem Friedensgericht dazulegen. Ob das Friedensgericht diesem Argument gefolgt ist, weiß ich nicht. Ich weiß auch nicht, wie ich meine Freizeit bewerten soll. Dennoch bin ich mir sicher, dass mein tatsächlicher Arbeitsaufwand nicht mit 90 Euro abgegolten war. Wäre ich in der gleichen Zeit putzen gegangen, hätte ich mehr als 90 Euro eingenommen. In einem anderen Fall war Vincent eine Prozesskostenentschädigung in Höhe von 230 Euro zugesprochen worden. Damit war der Arbeitsaufwand von Vincents Anwalt bestimmt nicht abgedeckt.

Auch aus diesem Grund ist es Unsinn, dass man bei Mietrechtsstreitigkeiten unbelegt eine Prozesskostenentschädigung geltend machen kann und man, wenn überhaupt, quasi nur einen Tropfen auf den heißen Stein erhält.

So auch Guichet.lu (Guide administratif):

„Der Betrag einer solchen Entschädigung ist jedoch oft nur symbolisch und deckt nur einen Teil des Honorars eines Anwalts ab."

- Siehe: https://guichet.public.lu/de/citoyens/citoyennete/voies-recours-reglement-litiges/frais-avocat/frais-proces.html

Reformbedarf

Man kann nicht davon ausgehen, dass nur der Anwalt von Vincent, sondern auch andere Rechtsanwälte in ihren Klagen oder Gegenklagen einen Textbaustein integrieren, indem pauschal und damit unbelegt eine Prozesskostenentschädigung gem. Artikel 240 Nouveau Code de procédure civile gefordert wird. Der Anreiz, einen solchen Textbaustein zu verwenden, ist einfach zu groß, da die tatsächlichen Anwaltskosten nicht preisgegeben werden müssen und der Aufwand, eine Prozesskostenentschädigung zu fordern, gegen null geht.

Das zieht einen erhöhten Arbeitsaufwand für das ohnehin schon überlastete Friedensgericht nach sich. Das Friedensgericht muss jedes Mal unter Gesamtwürdigung der Umstände abwägen und den Betrag für die Prozesskostenentschädigung schätzen. Zudem wird durch die Prozesskostenentschädigung das Klima zwischen den sich im Streit befindenden Parteien nicht besser. Der zugesprochene Betrag führt nicht zur Befriedung der obsiegenden Partei, da er zu gering ist. Folglich ist ein Reformbedarf gegeben.

Reformvorschlag

Artikel 240 Nouveau Code de procédure civile könnte man wie folgt ergänzen:

Artikel 240 gilt nicht bei Mietstreitigkeiten.

Dadurch erhält der Grundsatz, dass für Mietsstreitigkeiten kein Anwaltszwang besteht, ein höheres Gewicht. Außerdem wird dadurch der Grundsatz unterstützt, dass jede Partei ihre eigenen Rechtsanwaltskosten zu bezahlen hat.

Will Vincent sich den Luxus leisten, für Mietstreitigkeiten, die er provoziert hat, einen Rechtsanwalt zu engagieren, dann soll er ihn alleine bezahlen. Vielleicht wird dann sogar auch der Textbaustein 2 eingestampft.

Textbaustein 2

Der Textbaustein 2 begann in den Gegenklagen immer damit, dass Artikel 6 Absatz 1 Code civil zitiert wurde.

„Tout acte ou tout fait qui excède manifestement, par l'intention de son auteur, par son objet ou par les circonstances dans lesquelles il est intervenu, l'exercice normal d'un droit, n'est pas protégé par la loi, engage la responsabilité de son auteur et peut donner lieu à une action en cessation pour empêcher la persistance dans l'abus."

Die maschinelle Übersetzung von Artikel 6 Absatz 1 Code civil lautet:

Jede Handlung oder Tatsache, die nach dem Willen ihres Urhebers, ihrem Zweck oder den Umständen, unter denen sie eingetreten ist, offensichtlich über die normale Ausübung eines Rechts hinausgeht, ist nicht durch das Gesetz geschützt, zieht die Verantwortung ihres Urhebers nach sich und kann eine Unterlassungsklage zur Verhinderung der Fortsetzung des Missbrauchs nach sich ziehen.

Der von Vincent beauftragte Anwalt, verwies dann noch zusätzlich auf Artikel 1382 Code civil

Dies ist der Wortlaut von Artikel 1382 Code civil.

„Tout fait quelconque de l'homme, qui cause à autrui un dommage, oblige celui par la faute duquel il est arrivé, à le réparer."

Die maschinelle Übersetzung lautet:

Jede Handlung eines Menschen, die einer anderen Person einen Schaden zufügt, verpflichtet denjenigen, der sie verschuldet hat, zum Ersatz des Schadens.

Vincent fuhr noch weiteres schweres Geschütz auf. Die maschinelle Übersetzung brachte Worthülsen und Floskeln wie Arglist, Böswilligkeit, Bösgläubigkeit, Irrtum, der einem Betrug gleichkommt, schuldhafte Ungerechtigkeit etc. hervor. Wenn das halbwegs korrekt übersetzt worden ist, ist das ein harter Tobak für zulässige Klagen.

Ferner wurde dabei auf die folgende Rechtsprechung (Jurisprudence) bzw. auf das folgende Gerichtsurteil verwiesen:

Cour d'appel, 20 mars 1991, Pas. 28, p.150

Aus Sicht von Vincent handelt man also jedes Mal rechtsmissbräuchlich und schikanös, wenn man ihn verklagt. Jede Klage gegen Vincent war also fast schon eine Art von Gotteslästerung.

Trick 59 vom Vermieter Vincent:

Vincent forderte in jeder Gegenklage 2.000 EUR Schadensersatz, weil ich ihn angeblich rechtsmissbräuchlich und schikanös verklagt hatte. Zudem behauptete Vincent, dass ich rachsüchtig und bösgläubig sei.

> Wenn Sie auf diese Art und Weise beschimpft werden, fragen Sie ihren Rechtsanwalt, ob Sie Schadensersatz wegen Verleumdung verlangen können und ob sogar eine Strafanzeige wegen Beleidigung möglich ist.

Hier wird man meines Erachtens unter dem Deckmantel eines behaupteten Schadensersatzanspruches angepöbelt.

Ich hatte in meinem Klagen Vincent nicht mit solchen Attributen versehen. Das ist nicht mein Stil. Ich denke, auch wenn man sich vor Gericht streitet, sollte man die allgemeinen Umgangsformen wahren.

Meine Gegenargumente zu Textbaustein 2:

Zu Artikel 6 Absatz 1 in Verbindung mit Artikel 1382 Code civil hatte ich bei pro Gegenklage folgendes vorgetragen.

Artikel 6 i. V. m. Artikel 1382 Code civil ist deliktisches Recht. Geschützte Rechtsgüter im deliktischen Recht sind Leib, Leben, Körper, Gesundheit, Eigentum. Darum geht es aber hier nicht. Hier geht es um Mietrecht und damit um Mietvertragsrecht. Vertragsrecht schließt aber deliktisches recht aus.

Ferner muss die Böswilligkeit nach Artikel 6 Absatz 1 Code civil so gravierend sein, dass Sie einem Betrug gleichkommt. Das sei hier aber nicht der Fall. Zudem muss im Deliktrecht der Schaden bedeutend bzw. erheblich sein. Was beim Energiepass und der Geschirrspülmaschine nicht der Fall ist.

Zudem muss im Deliktrecht ein Schaden wieder herstellbar sein. Ein wiederherstellbarer Schaden ist in diesem Fall nicht ersichtlich.

Inwieweit meine Argumente für das Friedensgericht tragend waren, weiß ich nicht. Auf den Fall lehnte das Friedensgericht es immer ab, meine Klagen als rechtsmissbräuchlich und schikanös zu bewerten.

Vincent verblieb als Trostpreis, dass er mich mit dem Textbaustein 2 psychisch unter Druck gesetzt hatte.

Reformbedarf

Wie das Verhalten von Vincent zeigt, stacheln Artikel 6 i. V. m. Artikel 1382 Code civil den Vermieter geradezu an, den Mieter in Verruf bringen und seine Glaubwürdigkeit zerstören. Um dann konsequent die Klage des Mieters als schikanös und rechtsmissbräuchlich bezeichnen zu können.

Reformvorschlag

Man sollte in den Nouveau Code de procédure civile den folgenden Satz einbauen.

Bei Mietstreitigkeiten sind Artikel 6 i. V. m. Artikel 1382 Code civil nicht anwendbar. Daher können auch insoweit bei Mietstreitigkeiten keine Schadensersatzansprüche geltend gemacht werden.

Das würde nicht nur der allgemeinen Rechtshygiene dienen, sondern auch das Friedensgericht entlasten, da es sich dann bei Mietstreitigkeiten nicht mehr mit der Anwendung von Artikel 6 i. V. m. Artikel 1382 Code civil bzw. mit dem Textbaustein 2 befassen müsste.

Sollte bei einer Mietstreitigkeit doch mal ausnahmsweise eine Klage rechtsmissbräuchlich und schikanös sein, dann verliert diese Partei den Prozess und bleibt auf ihren Rechtsanwaltskosten sitzen. Zudem kann das Friedensgericht in seinem Urteil den Rechtsanwalt tadeln, dass er diese rechtsmissbräuchliche und schikanöse Klage nicht verhindert hat. Der Rechtsanwalt ist dann beim Friedensgericht gebrandmarkt. Zudem kann das Friedensgericht der Rechtsanwaltskammer (Barreau de Luxembourg) das Urteil zukommen lassen, damit diese das Verhalten des Rechtsanwalts standesrechtlich überprüft.

Wird eine rechtsmissbräuchliche und schikanöse Klage bei einer Mietstreitigkeit von einer Partei erhoben, die nicht von einem Rechtsanwalt vertreten ist, bedarf es auch nicht der Anwendung von Artikel 6 i. V. m. Artikel 1382 Code civil. Man kann nicht auf der einen Seite den Anwaltszwang ausschließen und auf der anderen Seite die große Keule von Artikel 6 i. V. m. Artikel 1382 Code civil schwingen. Zumal bei einem unbedarften Kläger fraglich ist, ob diesem überhaupt bewusst ist, dass seine Klage rechtsmissbräuchlich und schikanös ist.

Der Vermieter und seine Verbündeten

Ich hatte in verschiedenen Kapiteln schon erwähnt, wie Vincent, zumeist von ihm beauftragte Personen, gegen mich einsetzte. Ich fasse das hier zusammen, um zu zeigen, wie konsequent Vincent strategische Allianzen schmiedete. Zudem wird auch durch diese Zusammenfassung besser deutlich, welche Dimensionen dieses Problem für mich hatte.

Warum der Gutachter Gustave zu seinen Verbündeten gehörte, wurde bereits ausführlich dargelegt.

Der neue Immobilienmakler von Vincent, der ihm bescheinigte, dass weitere Hausbesichtigungen für Mietinteressenten nicht mehr möglich seien, weil das Haus angeblich so verdreckt sei.

Der schleimige Typ von irgendeinem Küchenstudio, der immer darauf hinwies, dass die Geschirrspülmaschine funktioniert. Nach eigenen Angaben ist Vincent schon länger Kunde bei diesem Schleimer und kommt gut mit ihm aus.

Der Bauunternehmer, mit dem Vincent nach eigenen Angaben schon seit über 10 Jahren zusammenarbeitet. Eine direkte Aussage von dem Bauunternehmer, das die Reparatur des Balkons eine Gefälligkeitsreparatur war, liegt mir nicht vor. Ich habe aber keine Zweifel, nachdem ich diesen Schleimer von irgendeinem Küchenstudio erlebt hatte, dass der Bauunternehmer Vincent den Gefallen getan hätte, die Reparatur des Balkons als Gefälligkeitsreparatur zu bezeichnen.

Gott sei Dank hatte ich nie die Handwerker beauftragt, die Vincent mir empfohlen hatte. Z. B. für die Wartung der Heizölanlage, den Anschluss und den Aufbau der begehbaren Dusche oder für die Wartung des Wasserfilters. Sonst hätte Vincent wahrscheinlich noch mehr Verbündete gehabt.

Das muss man Vincent lassen. Wo es nur ging, hatte er Verbündete gesucht und gefunden. Das war auch kein großes Problem für Vincent, da es sich in vielen Fällen um gestandene Geschäftsbeziehungen handelte. Diese Leute wollten weiterhin Geld mit Vincent verdienen. Der Schleimer will weiterhin seine Küchen verkaufen, die neue Makler und der Bauunternehmer wollen weiterhin von Vincent beauftragt werden etc. Von mir als Mieter waren keine Aufträge zu erwarten.

Diese Vorgehensweise hatte zudem für Vincent den Vorteil, dass er mit Ausnahme der Gegenklage zu Gunsten von Gustave, aus dem Fokus rückte. Er war scheinbar nicht beteiligt. Aussagen und Bescheinigungen stammten ja nicht von ihm.

Was können Sie als Mieter gegen solche strategischen Allianzen unternehmen, außer sich warm anzuziehen? Sie können zum Experten für Beweissicherung mutieren. Z. B. dass Sie vor jeder Hausbesichtigung von Mietinteressenten 100 Fotos machen, um zu belegen, dass das Mietobjekt nicht verdreckt ist und zu jeder Hausbesichtigung von Mietinteressenten Zeugen hinzuziehen. Bei der allgemeinen Wohnungsnot in Luxemburg ist nicht auszuschließen, dass auch ein Mietinteressent dem Vermieter bescheinigt, dass das Mietobjekt verdreckt ist, um vom Vermieter den Zuschlag für die Anmietung zu erhalten. So müsste man als Mieter auch bei dem kaputten Balkon verfahren, der angeblich nur aus Gründen der Gefälligkeit repariert worden war.

Aber wie wollen Sie ohne Einschaltung eines Gutachters beweisen, dass das Haus eben keine Energiebezugsfläche von 221,9 qm hat oder dass die Geschirrspülmaschine zu XY % nicht mehr funktioniert, weil 2 Sprühdosen fehlen?

Wenn es keine allgemeine Wohnungsnot in Luxemburg geben würde, könnte man nur empfehlen:

Ziehen Sie so schnell wie möglich aus. Sie werden mit diesem Vermieter nicht mehr glücklich werden.

Zumal dem Friedensgericht nichts Anderes übrigbleibt, als den o. g. Experten Glauben zu schenken und Ihnen als Mieter nicht, da Sie kein Experte sind. Da es sich um Mietrecht handelt, muss das Friedensgericht keine eigenen Untersuchungen anstellen. Das Friedensgericht ist überlastet. Ihr Fall ist nur ein Fall unter vielen.

Ein Wunder, dass ich unter solchen Umständen ohne Rechtsanwalt überhaupt so weit gekommen war. Einen Rechtsanwalt, der für mich die Klagen schreibt, die Erwiderungen auf die Gegenklagen von Vincent schreibt und mich bei den Gerichtsverhandlungen vertritt, hätte ich mir nicht leisten können.

Schlusswort

Als ich anfing, das Schlusswort zu schreiben, war überrascht, wie viele Tricks sich beim Schreiben des Buches angesammelt hatten. Nicht überrascht war ich, dass diese Tricks, die oft mit Lügen verbunden waren, sich wie ein roter Faden durch das Mietverhältnis zogen. Vom ersten Kontakt mit Vincent bis zum letzten Kontakt mit Vincent. Das Gefühl, von Vincent schlecht behandelt zu werden, verließ mich nie während der Mietzeit. Was ist das für ein Mensch, der so oft trickst und lügt? Ich bin kein Psychologe und kann daher diese Frage nicht beantworten. Eine Pseudologia phantastica liegt bei Vincent jedenfalls nicht vor, da Vincent immer nur zweckgebunden log, nämlich wenn es ihm passend erschien. Ich hätte Vincent trotzdem gerne Mal an einen Lügendetektor angeschlossen, um zu sehen, ob das Gerät funktioniert.

Viel wichtiger im Kontext dieses Buches ist die Frage, wie man so jemanden wie der Figur des Vincent juristisch beikommt bzw. wie ein Mieter sich vor so einem Vermieter wie Vincent rechtlich schützen kann.

Das Friedensgericht ist völlig überlastet. Das kann man alleine schon daran sehen, dass morgens um 9 Uhr einige Leute im Gerichtssaal stehen mussten, weil nicht genügend Sitze zur Verfügung standen. Natürlich wäre eine Lösung, dass Friedensgericht für den Bereich des Mietrechts personell zu verstärken. Eine wesentlich preiswertere Lösung wäre es, das bestehende Mietrecht zu präzisieren. Pflichten und Rechte von Vermietern und Mietern zu konkretisieren. Was ist erlaubt, was ist nicht erlaubt? Welche konkreten Sanktionen gibt es bei Pflichtverletzungen? Das Buch zeigt, dass Pflichten von Vincent nicht ernst genommen werden, wenn deren Verletzung nicht mit Sanktionen belegt sind.

Die Reformvorschläge laufen auf Gesetzesänderungen und nicht auf Änderungen oder Konkretisierungen der luxemburgischen Rechtsprechung hinaus. Der Grund hierfür ist einfach. Mieter ohne Rechtsanwalt können im Internet leichter Gesetze als Urteile finden. Zudem gelten Urteile erstmal nur für einen speziellen Fall. Der Anwalt der Gegenpartei würde immer argumentieren, dass sein Fall anders gelagert sei und daher nicht vergleichbar sei mit dem Fall, den Sie mit Verweis auf ein Gerichtsurteil ins Spiel bringen.

Einige Beispiele für die Notwendigkeit von klareren Gesetzesregeln:

Falsche Angaben in Vermietungsanzeigen (Keller/Speicher/parking extérieur/elektrische Rollläden etc.) sind zu per Gesetz sanktionieren.

Angaben wie plus/minus 150 qm in Vermietungsanzeigen ohne Bezug auf eine bestimmte Fläche sind nicht mehr erlaubt und sind per Gesetz zu sanktionieren.

Ferner soll es klare Sanktionen geben, wenn der Vermieter in der Vermietungsanzeige den Energiepass (passeport énergétique) nicht erwähnt und bei der Erstbesichtigung den Mietinteressenten nicht vorlegt.

Zudem sollte gesetzlich klar geregelt sein, welche Unterlagen in welcher Form der Vermieter dem Gutachter für die Feststellung der Miete zu übergeben hat. Und welche Unterlagen der Gutachter für die Feststellung der Miete verwenden darf.

Während der Gerichtsverhandlung behauptete der Anwalt von Vincent, dass Gustave frei entscheiden kann, welche Unterlagen er für die Erstellung des Gutachtens er verwendet. Kaum zu glauben. Aber falls das stimmt, wäre der Schutzwall zu Gunsten von Gustave noch höher gewesen.

Aus Gründen der Transparenz erhält der Mieter Kopien von diesen Unterlagen und kann diese mit den Unterlagen vergleichen, die der Gutachter von dem Vermieter erhalten hat.

Das alles dient nicht nur abstrakt der Rechtshygiene. Die Zahl der Mietstreitigkeiten wird dadurch reduziert, wodurch das Friedensgericht entlastet wird. Außerdem kann das Friedensgericht bei klaren gesetzlichen Regelungen schneller durchentscheiden. Dem Friedensgericht sind nicht mehr so oft zum Nachteil von Mietern die Hände gebunden, wie bei der jetzigen Rechtslage.

Wird das alles umgesetzt, wird es auch deswegen weniger Mietstreitigkeiten geben, weil ein seriöser Rechtsanwalt seinen Mandanten nicht in einen aussichtslosen Gerichtsprozess treiben wird.

Alle diese Effekte ergeben sich auch bei einer Vereinfachung der Verfahrensregeln.

Es wird per gesetzlicher Regelung zugelassen, dass Fotos von dem Mietobjekt in digitaler Form an das Friedensgericht eingereicht werden können. Da sich aus während der Gerichtsverhandlung vorgelegten Papierfotos nicht erkennen lässt, wann diese Aufnahmen gemacht worden sind.

Für die Feststellung, ob ein Haus einen Keller und/oder einen Speicher hat, bedarf es keines Gutachters. Da reicht es, wenn ein Mitarbeiter des Friedensgerichts kurz vorbeikommt und sich das Mietobjekt anschaut. Alleine dadurch, dass diese einfache Möglichkeit gegeben ist, wird die Zahl der Falschangaben/Lügen reduziert.

Was Immobiliengutachter angeht, stehen eher Gesetzesänderungen als Gesetzeskonkretisierungen im Vordergrund. Da die Gesetze in der jetzigen Form einem Immobiliengutachter einen Welpenschutz gewähren, der die Mieter weitestgehend schutzlos macht. Einen Immobiliengutachter bei der Frage der Befangenheit auf eine Stufe mit einem Richter zu stellen, entehrt den Beruf des Richters. Ich hoffe, dass durch dieses Buch klargeworden ist, dass auch das Friedensgericht den ungerechtfertigten Welpenschutz eines Immobiliengutachters nicht in den Griff bekommt. Daher sollte man dem Friedensgericht die folgenden Rechte einräumen, statt die Mieter nach über einem Jahr rechtlicher Auseinandersetzungen mit dem Vermieter in ein gesondertes Verfahren abzudrängen.

Da das Friedensgericht den Gutachter im Mietrechtsverfahren bestellt, kann es auch als actus contrarius im Mietrechtsverfahren den Gutachter abberufen.

Da das Friedensgericht im Mietrechtsverfahren anordnet, dass ein bestimmter Betrag als Kostenvorschuss dem Gutachter zu überweisen ist, kann das Friedensgericht im Mietrechtsverfahren als actus contrarius dem Gutachter das Recht auf den Kostenvorschuss ganz oder teilweise entziehen. Wird das umgesetzt, wird man sehen, ob es dann noch Immobiliengutachter gibt, die die Tricks von Gustave anwenden.

Ferner sollte Artikel 521 Nouveau Code de procédure civile nicht mehr für Immobiliengutachter anwendbar sein. Es ist ein Widerspruch in sich, dass man vom einem Immobiliengutachter verlangt, vereidigt zu sein und ihm damit eine besondere Verantwortung aufbürdet. Um auf der anderen Seite diese besondere Verantwortung dem Immobiliengutachter wieder von den Schultern zu reißen, indem man es fast unmöglich macht, ihn für befangen zu erklären. Zudem die Tätigkeit eines Immobiliengutachters bei der Ermittlung des investierten Kapitals im Vergleich zur Tätigkeit eines Richters eher belanglos ist. Da bei der Ermittlung des investierten Kapitals sich in der Regel nur graduelle Veränderungen der Miethöhe ergeben werden.

Würde man alle Reformvorschläge umsetzen, wäre die Position der Vermieter auf Grund der Wohnungsnot und der damit verbundenen Mietpreise in Luxemburg noch stark genug. Die Immobiliengutachter erhalten die Rechtsposition, die ihnen auf Grund ihrer Vereidigung zusteht.

Haftungsausschlüsse

Soweit auf Gesetzestexte oder Gerichtsurteile hingewiesen wird, wird keine Haftung übernommen, da der Autor kein Rechtsanwalt ist.

Da es sich hier nicht um eine Dissertation handelt, wird teilweise auf Quellenangaben verzichtet.

Soweit das Buch Links zu Webseiten Dritter enthält, wird für deren Inhalt keine rechtliche Verantwortung übernommen. Diese liegt allein bei den Anbietern, bzw. den Betreibern der betreffenden Seiten. Hiermit distanziere ich mich ausdrücklich von eventuell rechtswidrigen Inhalten aller verlinkten Seiten und übernehme hierfür auch keinerlei Gewähr.

Für die fortlaufende Richtigkeit, Vollständigkeit, Aktualität, Qualität sowie die ständige Verfügbarkeit der Links zu den genannten Webseiten wird ebenfalls keinerlei Gewähr übernommen.

Für Preisangaben und andere Konditionen wird keine Haftung übernommen. Diese Informationen können jederzeit geändert werden.

Für die Qualität der Bilder bzw. Abbildungen im Buch wird auch keine Haftung übernommen. In der dem Buch zu Grunde liegenden PDF-Datei sahen die Bilder in Ordnung aus.

Die It-Door GmbH übernimmt keine Gewähr für die Aktualität, Korrektheit, Vollständigkeit oder Qualität der bereitgestellten Informationen. Haftungsansprüche gegen die It-Door GmbH, welche sich auf Schäden materieller oder ideeller Art beziehen, die durch die Nutzung oder Nichtnutzung der dargebotenen Informationen bzw. durch die Nutzung fehlerhafter und unvollständiger Informationen verursacht wurden, sind grundsätzlich ausgeschlossen.

Impressum, Copyright und Verlag

Bibliografische Information der Deutschen Nationalbibliothek:

Die Deutsche Nationalbibliothek verzeichnet diese Publikation in der Deutschen Nationalbibliografie; detaillierte bibliografische Daten sind im Internet über http://dnb.dnb.de abrufbar.

© Klaus Mieter 1. Auflage 2021 It-Door GmbH, Peter-Scholzen-Str. 15A, 54296 Trier

Herstellung und Verlag: BoD – Books on Demand, Norderstedt

ISBN: 9783755757856

Anhang

Luxemburgische Rechtsquellen im Internet

Luxemburgische Gesetze sind in französischer Sprache verfasst. Es gibt allerdings einige wenige Ausnahmen. So sind z. B. viele Paragraphen der luxemburgischen Abgabenordnung und viele Paragraphen des luxemburgischen Bewertungsgesetzes in der deutschen Sprache verfasst. Diese Ausnahmen spielen aber hier keine Rolle. Folglich finden Sie bei den hier genannten Rechtsquellen nur französischsprachige Texte. Auch Mietverträge sind in Luxemburg oft in französischer Sprache abgefasst.

> Trotz Studiums dieser Rechtsquellen werden Sie wahrscheinlich Unterstützung durch einen Rechtsanwalt benötigen.

Die Sprache der Juristen ist eine besondere Sprache, die oft von der Umgangssprache abweicht. Dieses Problem haben auch die Mieter, die die französische Sprache beherrschen. Dennoch kann sich das Studium dieser Rechtsquellen für Sie lohnen, wenn Sie anschließend in der Lage sind, ihren Rechtsanwalt konkrete Fragen zu stellen und ihm um konkrete Erläuterungen zu bitten. Dies wäre dann auch für Ihren

Rechtsanwalt von Vorteil. Denn er müsste dann bei der Erklärung der Rechtslage für ihren Fall nicht bei null beginnen.

Die hier genannten Rechtsquellen hatte ich jeweils als PDF-Datei heruntergeladen.

Somit musste ich mir nicht die Links merken und konnte einfacher nach Stichworten in der PDF-Datei suchen und damit die Rechtsquellen bequemer prüfen.

Muster für deutschsprachigen Mietvertrag für Luxemburg

Da es sich um ein deutschsprachiges Buch handelt, verweise ich hier auf ein Muster für einen deutschsprachigen Mietvertrag für Luxemburg. Diesen Mustermietvertrag finden Sie auf Seite 30 bei der folgenden Quelle.

- http://www.muguet.lu/Uploads/FAQ/Doc/1_2_482_02_13342-10-SP_UCL_loyer_D_BD.pdf

Das luxemburgische Mietgesetz

Das Gesetz über die Miete zu Wohnzwecken (Loi du 21 septembre 2006 sur le bail à loyer à usage d'habitation) finden Sie hier im Internet:

- http://legilux.public.lu/eli/etat/leg/loi/2006/09/21/n1/jo

Das luxemburgische Energiepassgesetz

Das „Règlement grand-ducal du 9 juin 2021 concernant la performance énergétique des bâtiments." hat im PDF-Format 234 Seiten. Ich nenne dieses Reglement stark vereinfachend Energiepassgesetz, weil in ihm unter anderem die Regeln zum Energiepass enthalten sind.

Das luxemburgische Energiepassgesetz finden Sie hier im Internet:

- https://legilux.public.lu/eli/etat/leg/rgd/2021/06/09/a439/jo

Der luxemburgische Code civil

Den luxemburgischen Code civil, von mir „Bürgerliches Gesetzbuch" genannt, finden Sie hier im Internet.

- https://legilux.public.lu/eli/etat/leg/code/civil/20200101

Der luxemburgische Nouveau Code de procédure civile (NCPC)

Den luxemburgischen Nouveau Code de procédure civile, vom Friedensgericht „Zivilprozessordnung" genannt, finden Sie hier im Internet.

- https://legilux.public.lu/eli/etat/leg/code/procedure_civile/20210916

Règlement de l'Ordre des avocats du Barreau de Luxembourg

Das luxemburgische Règlement de l'Ordre des avocats du Barreau de Luxembourg du 14 septembre 2016, von mir luxemburgische Geschäftsordnung für Rechtsanwälte genannt, finden Sie hier im Internet:

- https://www.ccbe.eu/fileadmin/speciality_distribution/public/documents/ National_Regulations/DEON_National_CoC/FR_Luxembourg_RIO.pdf

Online-Broschüre des Ministère du Logement in französischer Sprache

Die Broschüre des Ministère du Logement (Ministerium für Wohnungsbau) trägt den Namen: Bail à loyer - La nouvelle législation en matière de bail à usage d'habitation" und stammt aus dem Jahr 2006.

Die maschinelle Übersetzung lautet:

Mietvertrag – Die neuen Rechtsvorschriften über die Vermietung von Wohnraum.

Die Broschüre des Ministeriums für den Wohnungsbau finden Sie hier.

- https://logement.public.lu/content/dam/logement/documents/publications/bail/bail-loyer.pdf

Aus dem Erscheinungsjahr der Broschüre schließe ich, dass es seit 2006 keine größere Gesetzesnovelle des luxemburgischen Mietrechts gegeben hat. Mit anderen Worten: Das Mietgesetz wurde seit dem Jahr 2006 in wesentlichen Teilen nicht mehr geändert. Mietgesetze und Mietrecht werden nur in großen Zeitabständen geändert.

Es wird keine Haftung übernommen, dass die in diesem Kapitel genannten Links beim Lesen dieses Buches immer noch gültig sind und dass Sie dort jeweils die aktuellste Version finden.

Maschinelle Übersetzungen von Gesetztestexten

Das luxemburgische Mietrecht ist wie bereits erwähnt nur in der französischen Sprache verfügbar. Ebenso gilt dies für viele Mietverträge in Luxemburg. Da viele Mieter in Luxemburg die französische Sprache nicht perfekt beherrschen, besteht für viele Mieter die Notwendigkeit, die französischsprachigen Texte in eine andere Sprache zu übersetzen. Eine manuelle Übersetzung ist oft viel zu mühsam. Folglich kommt in der Regel nur eine maschinelle Übersetzung in Frage. Z. B in die englische Sprache oder in die portugiesische Sprache oder in die deutsche Sprache etc.

Eine maschinelle Übersetzung ist aber kein Wundermittel, das alle Übersetzungsprobleme heilt. Das fängt schon damit an, dass bei den maschinellen Übersetzungen immer nur eine begrenze Anzahl von Wörter auf einmal übersetzt werden kann. Das bedeutet, dass Sie z. B. eine Gegenklage oder einen Mietvertrag mit 7 Seiten in mehreren Schritten maschinell übersetzen müssen. Aber für den

Absatz eines Gesetzesartikels reicht das Übersetzungsvolumen der maschinellen Übersetzung in der Regel.

Auch bei der Qualität der Übersetzung ist die maschinelle Übersetzung kein Wundermittel. Wenn Sie die französische und die deutsche Sprache beherrschen, haben Sie wahrscheinlich schon gemerkt, wie schlecht teilweise die maschinellen Übersetzungen in diesem Buch sind.

Vincent hat schon gewusst, warum er seinen Rechtsanwalt beauftragt hatte, eine Sprache zu verwenden, die sein Mieter nicht beherrscht. Zudem unklar ist, ob Vincent diese maschinellen Übersetzungsmöglichkeiten überhaupt bekannt waren.

Aus der Not geboren und trotz dieser Nachteile empfand ich die maschinellen Übersetzungen für so hilfreich, dass ich auf die folgenden Quellen für maschinelle Übersetzungen aufmerksam mache.

Quellen für maschinelle Übersetzungen

Ich kann an dieser Stelle nicht ausschließen, dass es irgendwo im Internet noch bessere maschinelle Übersetzungen gibt.

Die zwei folgenden Anbieter von maschinellen Übersetzungen hatte ich für maschinelle Übersetzungen vom Französischen ins Deutsche benutzt. Sie können natürlich sowohl bei SYSTRAN als auch bei Pons vom Französischen in andere Sprachen als Deutsch übersetzen. So können Sie z. B. französische Texte in die englische Sprache übersetzen.

- https://www.systransoft.com/de/lp/franzoesisch-deutsch-uebersetzung/

- https://de.pons.com/text-%C3%BCbersetzung

Bei beiden Quellen habe ich nur die kostenlosen Übersetzungsmöglichkeiten genutzt. Bei SYSTRAN können rund 2.000 Zeichen auf einmal übersetzt werden. Bei

Pons kann man nur 1.024 Zeichen auf einmal übersetzen. Wenn mir die Übersetzungsarbeiten zu mühselig wurden, dachte ich an den Charakter von Vincent. Das gab mir zusätzliche Kraft.

Die Gegenklagen des Rechtsanwaltes von Vincent konnte ich also nicht auf einmal übersetzen. Zudem mussten vorher diese Gegenklagen eingescannt werden und in einer Word-Datei abgebildet werden, damit Textteile der Gegenklagen für die maschinelle Übersetzung zur Verfügung standen.

Am besten Sie nutzen ein Scanprogran, dass accent aigu, accent grave und den accent circonflexe beim Scannen erkennen kann. Sonst ist Ihr Nachbearbeitungsaufwand bei den eingescannten Textteilen noch größer.

Davon abgesehen, fand ich die maschinellen Übersetzungen von Pons meistens qualitativ besser und damit brauchbarer. Daher benutzte ich die maschinelle Übersetzung von SYSTRAN ergänzend, wenn ich mit dem Übersetzungsergebnis von Pons nicht zufrieden war.

Dass Pons in vielen Fällen besser übersetzt als SYSTRAN, kann sich aber im Lauf der Zeit ändern. Zudem ist damit zu rechnen, dass wegen verfeinerter Übersetzungsalgorithmen alle maschinellen Übersetzungen zukünftig perfekter werden. Auch was die maschinelle Übersetzung von Gesetzestexten anbelangt. Ob zukünftig mehr Wörter auf einmal maschinell übersetzt werden können, ist fraglich. Schließlich wollen beide Anbieter mit ihren maschinellen Übersetzungen Geld verdienen und diese nicht nur kostenlos anbieten.